ケンペルやシーボルトたちが見た

九州、そしてニッポン

宮崎克則 編
福岡アーカイブ研究会

海鳥社

扉画＝面をかぶった踊り手（シーボルト『日本』九州大学附属図書館医学分館蔵）

東アジアの中のニッポン

九州大学　宮崎克則

　本書は、ヨーロッパの人々の目に映った江戸時代の九州および日本をとらえたものである。ケンペルやシーボルトらが日本について の本を出したことはよく知られ、日本語訳も出ているが、その中にどのように書かれているのか、何の資料に基づいているのか、その認識は正確かどうかなど、それほど明らかではない。本書は、各自がそれぞれのテーマについて現地調査を行い、関連する史料を博捜してまとめた成果である。

　ヨーロッパ人の初来日については二つの説がある。ポルトガル側の文献によると、一五四二年、ポルトガル人三名が暴風雨により鹿児島の種子島《たねがしま》へ漂着したことになっており、日本側の記録（『鉄炮記』慶長一一〈一六〇六〉年）では天文《てんぶん》一二年八月二五日（一五四三年九月二三日）に上陸したことになっている。いずれとも確定しがたいが、彼らがもたらした鉄砲は、戦国大名に歓迎され、戦法（足軽鉄砲隊の重視）や築城方法（山城《やまじろ》から平城《ひらじろ》へ）に大きな影響を与えた。

　そもそもポルトガルは、西を目指して植民地を広げるスペインに対抗して、アフリカ南端を回って東へ進出し、一五一〇年にインドのゴアを占領、翌年にマレー半島のマラッカを、そして中国のマカオを拠点に日本との貿易を開始する。マカオにおいて、ポルトガル商人は中国商人から生糸《きいと》や絹織物を買い、これを日本へ運んで銀と引き替え、銀を中国にもたらし莫大な利益をあげた。ポルトガルは、倭寇《わこう》によって途絶えていた日本と中国の間の貿易を一手に引き受けたのである。彼らは、日本の南からやって来たので「南蛮人《なんばんじん》」と呼ばれ、その船には地球儀や世界地図、カステラ、金平糖《こんぺいとう》、カルメラ、タバコなども積み込まれ、フランシスコ・ザビエルらの宣教師たちも乗り込んでいた。カトリックのアジア布教を目指すイエズス会の宣教師らは自ら貿易に投資し、その利益を布教資金に充てており、商人たちは布教活動を通じて日本事情に詳しい宣教師と手を結んだ。貿易と布教が密接に結びついてい

図１　アジア図（ヤンソン，1632年，九州大学附属図書館蔵）

日本付近の拡大図

たから、戦国大名たちは貿易のために布教を認め、自らキリシタンとなり、領地を寄進する者まで現れてくる。

オランダは一五八一年にスペインから独立したプロテスタントの国である。それまでオランダは、スペインへ運ばれてきたアジア産の香料などを北欧へ売却することによって利益をあげていたが、独立後はスペインからの入手が困難となり、国家をあげてアジア貿易に乗り出してくる。一六〇二年には、国内の貿易会社を統合してオランダ東インド会社を設立、ジャワ島の「ジャカトラ」を「バタビア」（バタビアはオランダ地方の古称）と改称してアジア支配の根拠地とした。これより前の一六〇〇年、日本とオランダの交流は大分県の佐志生《さしう》に漂着したリーフデ号から始まっていた。この船は、後に東インド会社に統合されるロッテルダム会社が派遣したものであり、イギリス人航海長ウィリアム・アダムスが乗っていた。彼は徳川家康に謁見《えっけん》してその顧問となり、三浦半島に領地を与えられ、「三浦按針《あんじん》」と名乗る。また同じ船に乗っていたオランダ人航海士ヤン・ヨーステンも家康に仕え、「耶揚子《やようす》」といった。「耶揚子」

図2　平戸図（シーボルト『日本』九州大学附属図書館医学分館蔵）

が住んでいた町を「八重洲《やえす》」と言うようになった（住んでいたのは今の八重洲でなく、日比谷《ひびや》辺り）。

日本とオランダが正式に国交を結んだのは、一六〇九（慶長一四）年のことである。平戸《ひらど》に来航したオランダ人は通商を求めるオランダ国王オラニエ公の国書を家康に差し出し、家康は通商を許可する国書（朱印状《しゅいんじょう》）を与えた。その許可状はオランダのハーグにある中央国立文書館に保存されており、「オランダ船は日本のどこの港に入港してもよい」と書かれている。オランダは平戸に商館を開き、日本との貿易を開始する。図2は、シーボルト『日本』に掲載された平戸オランダ商館の想像図である。

オランダが平戸に商館を開く以前から、ポルトガル船は平戸へやって来ていた。しかし彼らは日本人との殺傷事件を機に大村領の横瀬浦・福田へ、そして長崎へ来航するようになる。その後の平戸へは、フィリピンのマニラを根拠地としていたスペインが、続いてオランダ、イギリスがやって来る。イギリスも一六一三年から一〇年間ほど商館を置いていたが、オランダとの競争に敗れて撤退する。

当時の平戸には、ヨーロッパの船が次々と来航するばかりでなく、京都や堺などの商人たちもやって来て市場を開いたので「西の都」と称されるほど賑わった。海外貿易を目論《もくろ》む豪商や大名たちは、直接に海外へ渡航するため幕府へ許可状（朱印状）を申請し、朱印船を東南アジア方面へ派遣した。朱印船貿易が盛んになると、海外へ移住する日本人も増え、タイのアユタヤなどには日本町が形成されて

図３　地獄の沸湯（モンタヌス『日本誌』1680年，フランス語版，九州大学附属図書館蔵）
オランダの牧師モンタヌスは，宣教師の報告書や東インド会社の記録をもとに本書をまとめた。来日したことはなく，全般的に興味本位な内容となっており，挿絵も想像図が多い。

いく。

東南アジアから東アジアの海域には、ヨーロッパ船をはじめ倭寇や日本船が入り乱れて航行し、ほぼ例外なく、日本に中国の生糸・絹織物を運び、日本から銀を運び出した。この頃の日本は、一六世紀前半に新しい銀の精錬法が導入されたことによって、中南米に次ぐ銀産出国となり、世界の銀の三分の一を産出したと言われる。その銀山は、世界遺産となった島根県大田《おおだ》市にある石見《いわみ》銀山などであった。

カトリックの国であるポルトガル、スペインとの貿易にはキリスト教の布教が伴った。織田信長は新しい宗教に寛容であったが、豊臣秀吉はキリスト教が国家体制の障害になると考えるようになり、天正一五（一五八七）年、九州出兵の時にキリシタン大名の大村純忠《すみただ》が長崎をイエズス会に寄付していることを知り、バテレン追放令を出す。しかし、彼は日本人商人の海外渡航を保護するなど南方貿易を奨励したので、その取り締まりは不徹底にならざるを得なかった。徳川幕府は、初めキリスト教の布教を放任していたが、ポルトガル、スペインによる日本侵略を招く恐れがあると警戒するようになり、慶長一七（一六一二）年、まず幕府領に禁教令を出し、翌年には全国に発布して改宗を強制した。

この後、各地で宣教師・キリスト教信者の処刑や国外追放が行われていく。また幕府は、貿易に関与する西国の大名たちが強大になることを警戒し、貿易利潤を独占しようと、元和《げんな》二（一六一六）年にヨーロッパ船の寄港地を平戸・長崎に限定。寛永一〇（一六三三）年にスペイン船の来航禁止。同一二年に日本人の海外渡航と在外日本人の帰国を禁止した。

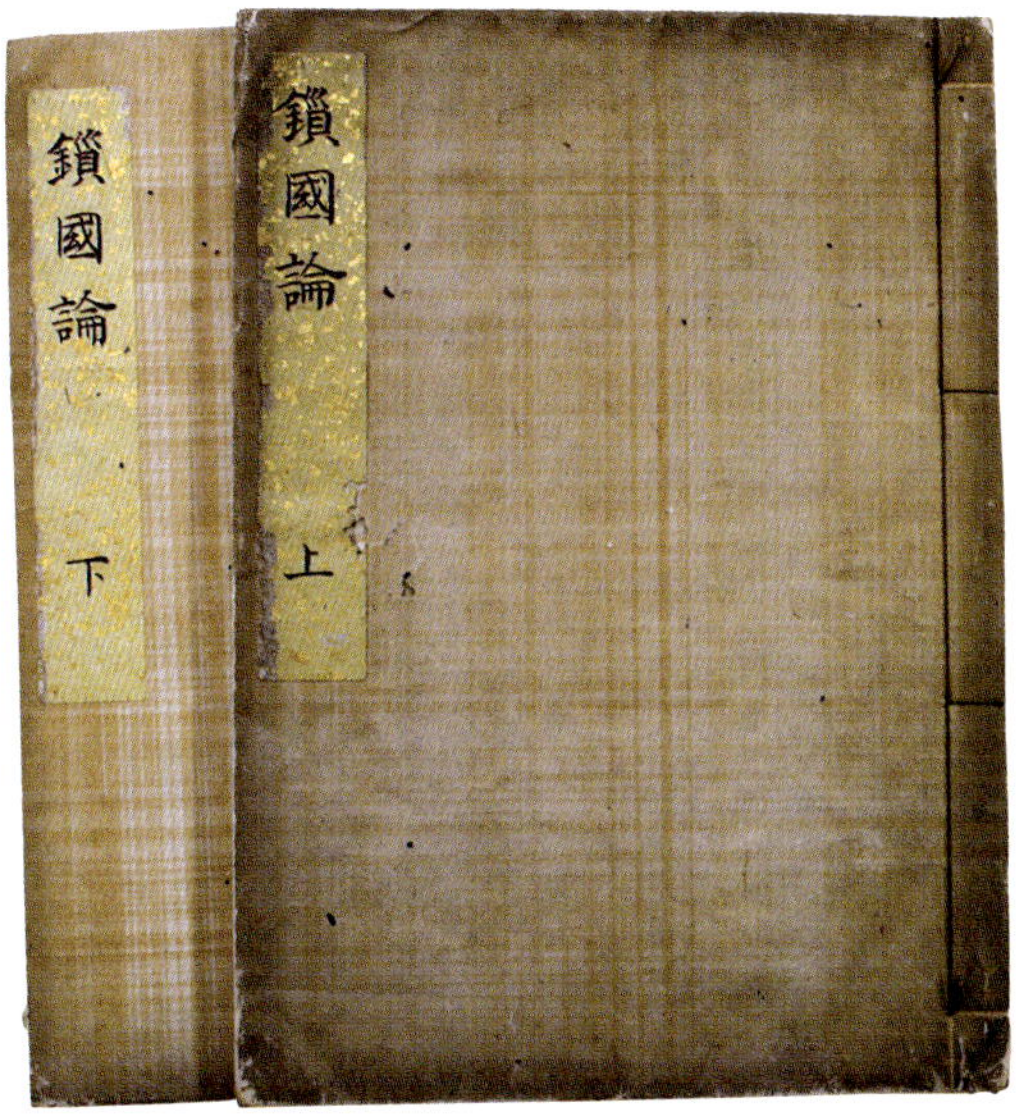

図4　志筑忠雄『鎖国論』（享和1〔1801〕年，九州大学附属図書館蔵，「桑木文庫」1509号）

その後に「島原の乱」は起こる。寛永一四年から翌年にかけて、島原・天草の農民ら約三万人が原城を拠点に幕藩連合軍約一二万人と武力衝突した。一揆勢の中にはキリシタン大名・有馬晴信《はるのぶ》の旧家臣やキリスト教徒が多く、キリシタン弾圧と苛酷な年貢徴収への反対から起こった一揆であった。乱の後、幕府はますますキリシタンを警戒し、同一六年にポルトガル船の来航禁止、同一八年に平戸のオランダ商館を長崎の出島へ移転させた。この後二〇〇年余、幕府領長崎にはオランダ・中国の船のみが来航する。

中国船の来航を見ておくと、当時の中国（明《みん》）では、私的な海外渡航を禁止する「海禁《かいきん》」政策が取られていた。一五七一年には一部緩和され、中国の商船が南へ渡航することは可能となったが、日本への渡航は依然として禁止であった。徳川家康は中国との国交回復を求め、日明勘合貿易の復活を望んだが、明はこれを拒否する。そうした日本側の意向は中国商人に伝わり、しだいに長崎などへ中国船が来航するようになる。

一七世紀半ばに明が滅んで満州民族の清《しん》が成立し、一六八三年には台湾を拠点に抵抗していた鄭《てい》氏も降伏した。これによって中国における覇権を確立した清政府は、その翌年に中国船の海外渡航を許可する「展界令《てんかいれい》」を出す。これによって長崎へ中国船が大挙して押し寄せてくることになる。多い時には二七〇隻余にもなり、たまりかねた幕府は元禄元（一六八八）年に清船の来航数を年七〇隻に限定。同二年、出島のオランダ人と同じように、長崎の町に雑居していた中国人を唐人《とうじん》屋敷に囲い込んだ。

鎖国という用語は、ずっと後の一八〇〇年代に生み出された。生み出したのは長崎のオランダ通詞《つうじ》だった志筑忠雄《しづきただお》である。彼はドイツ人医師ケンペルが書いた『日本誌』の一部を翻訳して『鎖国論』と題した。ケンペルは、日本は長崎を通してオランダとのみ交渉する、閉ざされた状態であることを指摘しており、志筑はこれを「鎖国」と呼んだ。

鎖国は今も江戸時代の社会体制を説明するキーワードとなっているが、それは決して実情を表わしてはいない。長崎からは中国・オランダへ、対馬からは朝鮮へ、鹿児島からは琉球を通して中国へ、松前《まつまえ》からは蝦夷《えぞ》へ、それぞれに窓口が開いており、貿易が行われ海外情報がもたらされていた（参考文献＝荒野泰典『近世日本と東アジア』東京大学出版会、一九八八年／松田毅一監修『日本の南蛮文化』淡交社、一九九三年／永積洋子編『鎖国を見直す』山川出版社、一九九九年）。

本書では、出島にやって来たケンペル、ツュンベリー、シーボルトを主体にしている。それぞれについて辞書的にまとめ、基本文献もあげておこう。

【ケンペル Kämpfer】（一六五一〜一七一六年） ドイツの医者・博物学者。レムゴーに牧師の子として生まれ、大学で医学・博物学を修めた。スウェーデンのペルシア派遣使節の書記として一六八三年から八五年までペルシアに滞在、その国情を観察。その後、オランダ東インド会社の船医となり、バタビアに赴き、一六九〇（元禄三）年に出島商館の医師として来日、九二年一〇月まで滞在した。この間、九一年と九二年の二回、商館長の江戸参府に随行し、日本の歴史・社会・政治・宗教・動植物などを総合的に観察し記録した。得意な絵筆をとって挿絵も準備した。帰国後は故郷レムゴーの領主の侍医《じい》となり、かたわら著述に励み、一七一二年に出版したラテン語の『廻国奇観《かいこくきかん》』は西洋思想界に好評を博した。死後の一七二七年に出版された英語版『日本誌』はすぐにフランス語・オランダ語にも翻訳され、ヨーロッパにおける日本研究のバイブル的存在となる。

ケンペル『江戸参府旅行日記』（齋藤信訳、東洋文庫三〇三、平凡社、一九七七年）／ケンペル『日本誌』上・下巻（今井正訳、霞ケ関出版社、一九七三年）

【ツュンベリー Thunberg】（ツンベルグ、ツンベルク、チュンベリーなどとも呼ばれる。一七四三〜一八二八年） スウェーデンの博物学者。一七六一年、ウプサラ大学に入学、医学と博物学を学ぶ。リンネの指導を受け、七〇年に医学博士となる。七一年、オランダ東インド会社の外科医としてオランダを出発し、七五（安永四）年八月、長崎に着く。七六年一二月まで長崎出島に外科医として滞在し、七九年、スウェーデンに帰国した。八一年、ウプサラ大学員外教授、八四年、教授、八五年、学長となる。日本では、植物の採集に努め、一七七六（安永五）年には商館長の江戸参府に随行、江戸では桂川甫周《かつらがわほしゅう》、中川淳庵《なかがわじゅんあん》らと医学や博物学の知識を交換し合った。帰国後の一七八四年に『日本植物誌』、一八二一〜二三年に『日本動物誌』などの博物誌を出し、旅行記として『ヨーロッパ・アジア・アフリカ紀行』（一七八八〜九三年）を出版した。旅行記の中の第三・四巻が日本に関する部分であり、日本の地理や国民性・社会制度などについて記している。

ツュンベリー『江戸参府随行記』(高橋文訳、東洋文庫五八三、平凡社、一九九四年)

図5　ミュンヘン市街の旧南墓地にあるシーボルトの墓(2006年12月撮影)　正面に肖像のレリーフがあり，裏面には『中庸』からとった「強哉矯」の漢字が彫り込まれている。目標に向かって不撓不屈の気力で邁進したシーボルトを讃える内容である。

【シーボルト Siebold】(ジーボルトとも呼ばれる。一七九六～一八六六年) ドイツの医者・博物学者。ドイツのヴュルツブルクで医学の名門家に生まれる。一八一五年、ヴュルツブルク大学に入学、医学のほか生物学、人類学、民族学、地理学などを学ぶ。卒業後の二二年にオランダ領東インドの陸軍軍医外科少佐となり、二三(文政六)年に長崎着。シーボルトは、日本・オランダ貿易強化のための総合的・科学的研究の使命を帯びていた。二四年、長崎郊外の鳴滝《なるたき》に塾を設けることを許可され、美馬順三《みまじゅんぞう》、岡研介《おかけんかい》、高野長英《たかのちょうえい》、伊藤圭介《いとうけいすけ》らに医学教育を行うとともに、弟子たちに日本研究のためのオランダ語論文を提出させた。二六(文政九)年の江戸参府では、その往復で動植物の採集、測量・観測などを実施、日本人の学者たちと知識や資料の交換を頻繁に行った。二八年の帰国に際して「シーボルト事件」が起こり、禁制品の日本地図などを幕府に没収されて日本追放となる。シーボルトが集めた多量の書籍・絵画、動植物標本はオランダのライデン大学図書館・ライデン国立民族博物館・ライデン大学植物園、大英図書館などに現存する。彼の日本に関する研究成果は、三二年から『日本』、三三年から『日本動物誌』、三五年から『日本植物誌』として二〇年以上の歳月を費やして自費出版された。シーボルトは開国後の五九(安政六)年に一時再来日し、晩年はドイツに帰り、六六年にミュンヘンで死亡(七〇歳)、墓は同地にある。

シーボルト『日本』全六巻・図録三巻(雄松堂、一九七七～七九年)/ジーボルト『江戸参府紀行』(齋藤信訳、東洋文庫八七、平凡社、一九六七年)/シーボルト『参府旅行中の日記』(自筆日記、齋藤信訳、思文閣出版、一九八三年)

ケンペルやシーボルトたちが見た
九州、そしてニッポン

◉目次

第三章　江戸のニッポン

＊本書掲載図版・写真について、所蔵ならびに提供元をそれぞれ写真説明文中に示しました。特に記していないものは福岡アーカイブ研究会による撮影です。

【第一章】

フロイスの時代と出島

長崎の墓所（フィッセル・コレクション，クンストカーメラ蔵）

フロイスが見た日本

桑田和明
Kuwata Kazuaki

一六世紀の東アジアとキリスト教の伝来

日本に鉄砲とキリスト教が伝えられた一六世紀の東アジアでは、倭寇《わこう》の活動が活発となっていた。この倭寇はそれまでの日本人を中心にした集団ではなく、中国人を中心に日本人・朝鮮人・イスラム教徒などの多民族からなる集団であった。このため、一四世紀までの倭寇が前期倭寇と言われるのに対し、後期倭寇と言われている。当時、中国の明は海外渡航を禁止する「海禁《かいきん》」策をとっていたので、倭寇は明の沿岸部に密貿易ルートを作り、東南アジアの物資を明・朝鮮・日本にもたらした。

一方、ヨーロッパでは一五世紀に大航海時代が始まっていた。スペインとともにいち早く海外に進出したポルトガルは、インドのゴアに拠点を置き、一五一一年には交易で栄えていたマレー半島のマラッカ王国を滅ぼし、東アジア進出の拠点とした。さらにポルトガル人は、密貿易ルートに乗り、中国の広州に姿を現し国交を開く交渉を行ったが、明はこれを拒絶した。このため、ポルトガル人は時には海賊行為も行い、「仏朗機《フランキ》」と呼ばれた。そして日本にも姿を現す。種子島《たねがしま》への鉄砲伝来に続き、天文一八（一五四九）年にはフランシスコ・ザビエルが鹿児島に上陸し、キリスト教を伝えた。ザビエルはマラッカで日本人の「アンジロウ」（ヤジロウともある）に出会い、同地に居住する中国人のジャンク船で来航したように、鉄砲とキリスト教の伝来は倭寇の活動と密接に絡んでいた。

ザビエルは二年余りで日本を去ったが、以後、多くの宣教師が布教のために日本を訪れ、日本

図1　フランシスコ・ザビエル像（1506〜52年。神戸市立博物館蔵）　江戸時代初期の作品。

図２　織田信長像（1534～82年。神戸市立博物館蔵）　古渓宗陳の賛がある。信長の一周忌に作成されたと推測されている。

について記録している。その中の一人に、永禄六（一五六三）年、三一歳で肥前国横瀬浦《よこせうら》（長崎県西海市）に上陸し、慶長二（一五九七）年に長崎で死去したポルトガル人宣教師ルイス・フロイスがいる。フロイスは『日本年報』という報告書や、『日本史』、『日欧文化比較』という本を書いている。これらは、宣教師から見た当時の日本の様子を知らせる貴重な史料として、よく知られている。

フロイスの足跡

長崎に上陸したフロイスは、布教のために上京する。フロイスは京都で将軍足利義輝《あしかがよしてる》と対面できたが、義輝は家臣に殺害された。堺に逃れたフロイスにとって、転機となったのは、永禄一一（一五六八）年九月に織田信長が足利義昭《よしあき》を擁して入京したことである。フロイスは京都に戻り、信長と会うことができた。『日本史』には、造営中の二条城の橋の上で話した会話の内容をはじめ、信長の出生や風貌・性格などが記述されている（四巻三五章他）。

その後、フロイスは天正四（一五七六）年一二月、豊後国に向かっている。豊後国を本拠にする九州最大の戦国大名大友《おおとも》宗麟《そうりん》（義鎮《よししげ》）は早くからキリスト教に理解を示していた。宗麟は天正六（一五七八）年七月に受洗し、ドン・フランシスコの受洗名を与えられた。彼の領内には多くの信者がおり、イエズス会にとって「豊後」は重要な教区であった。『日本史』には、受洗前の宗麟について、「今日に至るまで、全日本の異教徒の国主にして、彼ほど心からデウスの教えを愛好し、司祭やポルトガル人たちに対して多大の愛情を示した者とてはいなかったのである」とあるように、好意的な記述が目に付く（六巻五章）。

天正七年七月には、ローマのイエズス会総長から日本を含めた布教地での権限を与えられた巡察使アレシャンドゥロ・ヴァリニャーノが、マカオから来日する。ポルトガル人は、一五五七年に明からマカオでの居留を正式に認められており、マカオはイエズス会の東アジア布教の拠点となっていた。ヴァリニャーノはフロイスを連れて上京し、信長から歓待されている。信長と再会したフロイスの『日本史』には、馬揃えの式典、安土《あずち》城の様子などが記述されている。

日本人の資質を高く評価していたヴァリニャーノは、日本人司祭の養成などを進めている。宣教師がそれぞれヨー

図３　マカオにあるフランシスコ・ザビエル教会（編集部撮影）

ロッパに送っていた報告も『日本年報』に一本化しており、フロイスはそのほとんどを執筆するようになる。一連の改革を終えたヴァリニャーノは、天正一〇年、ローマ法王に派遣する少年使節団を組織し使節団とともに日本を去っている。

ヴァリニャーノがインドで書いた『日本諸事要録』には、日本管区が「下《しも》」・「豊後」・「都」の三つの主要な教区に分かれ、教会の数が大小合わせて約二〇〇、一五万の信者がいるとある。教区のうち、「豊後」を除く九州各国が含まれる「下」の教区には、「有馬、大村、天草、平戸の領地、及びその他数カ国があり、ここに我等は一一万五〇〇〇名のキリスト教徒を有し、これが現在の日本の教徒の最大の力となっている」とある。肥前国にはキリシタン大名有馬鎮純《ありましげずみ》（晴信《はるのぶ》、ドン・プロタジオ）と、鎮純の叔父で日本最初のキリシタン大名大村純忠《おおむらすみただ》（ドン・バルトロメオ）の領地があったが、ともに佐賀の龍造寺隆信《りゅうぞうじたかのぶ》から圧迫を受けていた。

「豊後」の教区には一万人以上の信者がいたが、大友氏は日向国で島津氏に大敗し、領国崩壊の危機に直面していた。『日本史』には、イエズス会にとって重要な「下」、「豊後」の教区が憂慮すべき事態となっていった様子が詳しく記述されている。京都を中心にする「都」には、差し引きすると約二万五〇〇〇人の信者がいたことになる。

天正一八（一五九〇）年には、ヴァリニャーノが少年使節団を連れインド副王（総督）使節の資格で再来日した。ヴァリニャーノは豊臣秀吉と対面し、返書をもってマカオに向かう。フロイスも『日本史』を携えて同行している。マカオでヴァリニャーノは『日本史』を短くするよう指示しているが、フロイスは原形のままローマに送ることができるようにイエズス会総長に懇願している。この願いは叶わず、文禄四（一五九五）年、長崎に戻っている。フロイスはその後も『日本史』の執筆を続け、慶長二（一五九七）年五月二四日、六五歳で死去している。

ヴァリニャーノは再来日時のキリスト教の情勢について、『日本諸事要録 補遺二』で報告している。有馬晴信領の島原では二万人の信者が七万人内外に増加し、肥後半国を領していたキリシタン大名小西行長領となった天草には、三万人の信者がいるとある。天正一五年六月一九日に豊臣秀吉が「伴天連《バテレン》追放令」を出したにもかかわらず、キリスト教徒は増加していた。

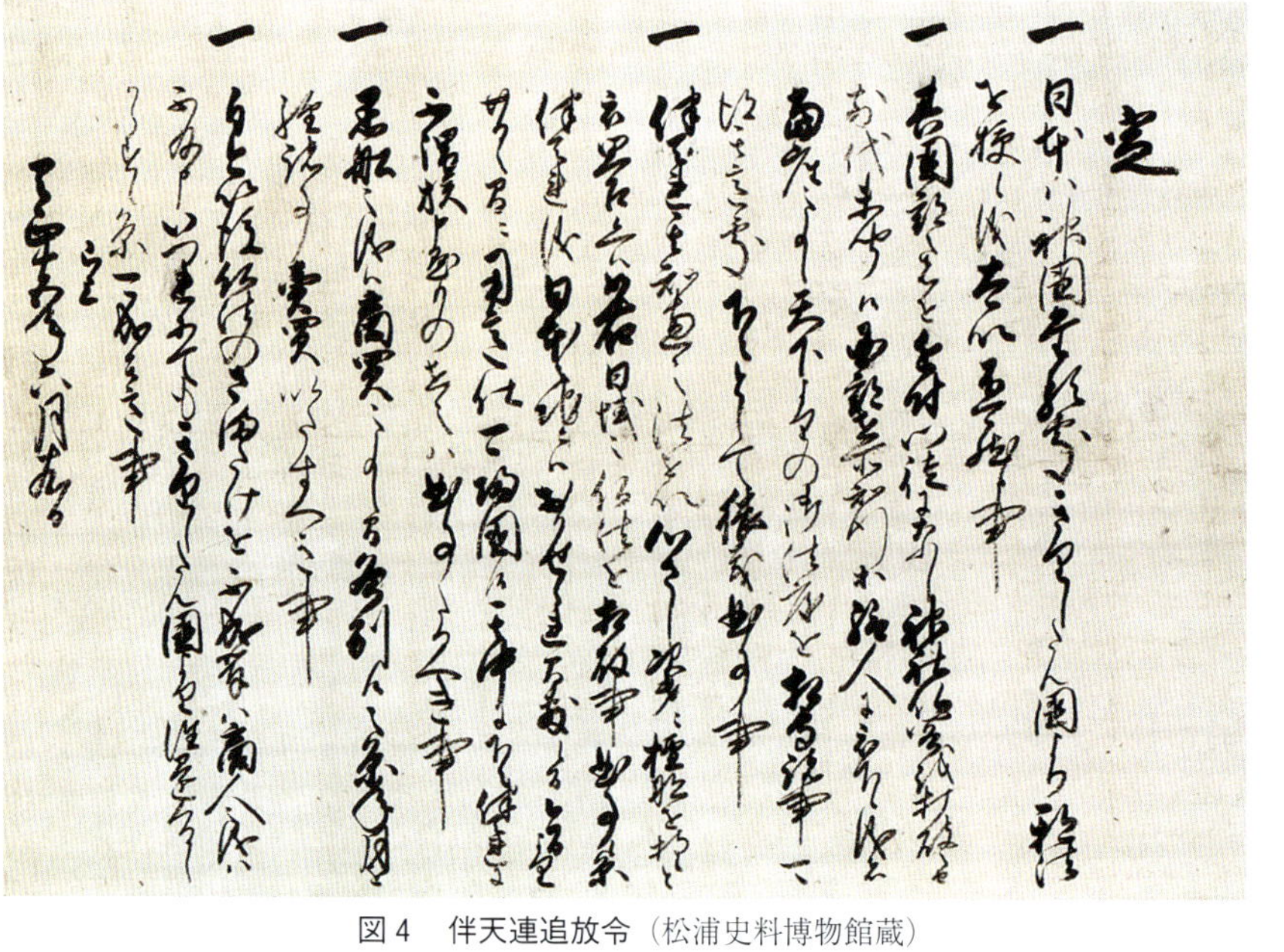

図4　伴天連追放令（松浦史料博物館蔵）

図5　天正10（1582）年の『日本年報』（大分市歴史資料館蔵）　1585年，イタリアのミラノで出版された。

フロイスの見た日本の文化・風習

ヴァリニャーノはフロイスの文才を認めて『日本年報』の執筆者としたが、『日本史』は分量が多く、その中には布教に都合のよくない部分や関係のない部分があったため、原稿をローマに送ることを許さなかった。マカオに保管されていた『日本史』の原稿は火災により焼失したと考えられており、完全な写本はいまだに発見されていない。松田毅一氏がヨーロッパ各地で写本を調査し、文禄二（一五九三）年までの写本を川崎桃太氏とともに翻訳・出版したのは近年のことである。

『日欧文化比較』はフロイスが天正一三（一五八五）年に書いている。一九五五年、ポルトガル文にドイツ語の訳文を添えて日本で初めて出版された。書名はないが、日本とヨーロッパの文化・風俗などを比較していることから、『日欧文化比較』の名で知られる。同書には、当時の日本では当たり前のため、記録されることが少なかった文化・風俗が記録されている。その中には、次に掲げるように、四〇〇年以上経った現在もそのまま受け継がれているものがある。

「日本人の食事と飲食の仕方」には、「われわれはすべてのものを手をつかって食べる。日本人は男も女も、子供の時から二本の棒を用いて食べる」（一条）とある。箸は古代に中国から伝来し、一般に使用されていた。ヴァリニャーノは『日本諸事要録』で、日本人が食べ物に全く手を触れず、巧妙に箸を使うことに感心している。当時のヨーロッパでは手づかみで食べることが普通であった。

次に、「われわれはスープが無くとも結構食事をすることができる。日本人は汁が無いと食事ができない」（七条）とある。食べ物の味付は味噌で調味する、ともある（四〇条）。味噌は古くから使われている日本独自の調味料である。慶長八（一六〇三）年にイエズス会が長崎で刊行した『日葡《にっぽ》辞書』（岩波書店、一九八〇年）には、「ミソ（味噌）　大豆、米、および塩をまぜ合わせた或る混合物で、日本の汁を調味するのに用いるもの」とあるように、汁は味噌汁であった。「われわれはいつも彼らの汁を塩辛く感ずる。彼らはわれわれのスープを塩気が無いと感じている」（五七条）とあり、塩分が多いことも変わっていない。

さらに「ヨーロッパ人は焼いた魚、煮た魚を好む。日本人は生で食べることを一層よろこぶ」（一三条）とある。『日葡辞書』には「サシミ（刺身）　生魚で作った料理の一種で、ある種のソースをつけて食べるもの」とある。生の魚を食べる食文化が世界各地に広がったのは最近のことである。宣教師が訪れた当時、日本では魚を生で食べることが好まれていた。『日葡辞書』には「シャゥユ（醬油）　酢に相当するけれども、塩からい或る液体で、食物の調味につかうもの。別名Sutate（簀立）と呼ばれる」。「タマリ（溜り）　味噌から取る、非常においしい液体で、食物の調理に用いられるもの」があるので、これらが「サシミ」のソースであっ

図6　都の南蛮寺図（狩野宗秀筆，神戸市立博物館蔵）　京都に建てられた3階建ての南蛮寺。天正4（1576）年に献堂式が行われた。狩野元秀は狩野永徳の弟。

たと思われる。

また、日本人は野犬や鶴、大猿、猫などを喜び（二四条）、牛を食べずに、家庭薬として犬を食べる、とある（四一条）。猪の肉は薄く切って生で食べる、ともある（五五条）。寛永二〇（一六四三）年に出版された『料理物語』（『翻刻 江戸時代料理本集成』第一巻、臨川書店、一九七八年）には、鹿・タヌキ・猪・ウサギ・カワウソ・熊・犬の料理が記述されているように、獣肉を食べることは特別ではなかったと思われる。同本にはサシミ料理の部があり、「雉子《きじ》　丸煮にしてむしり、山椒みそすよし」などと魚類の他に鳥類も記述されているが、獣類は見えない。

『日本史』に書かれた博多

中世の博多は、南側（陸側）の博多浜と、北側（海側）の息浜《おきのはま》（興浜）から成っていた。戦国時代、大内氏と大友氏が商業都市博多をめぐって争い、フロイスが来日した時は大友氏の支配下にあった。『日本史』に初めて博多が見えるのは、天文一九（一五五〇）年にザビエルとジョアン・フェルナンデス修道士が博多を訪れた時の記述である。ここには「筑前国の博多の市《まち》は、住民が皆商人で、上品であり人口が多い」（六巻三章）とあるように、商業都市として栄えていたことが窺われる。

永禄元（一五五八）年の記述には、「下全域において、当時博多の市以上に高級かつ裕福なところはどこにもなかった。というのは（市民は）すべて商人から構成される制度となっていたからで、それは万事において堺の市を模倣したものであった」とある。博多が町衆（商人）から構成される制度をとり、堺を模倣したと書かれているように、町衆による自治が行われていた。同年、大友宗麟は博多の一画をイエズス会に寄進し、教会と司祭館が建てられた（六巻一四章・一六章）。この場所は海に面していた（一五五九年一一月一日付、バルタザール・ガーゴ書簡〔『十六・七世紀イエズス会日本報告集』第Ⅲ期一巻、同朋舎、一九九七年〕）。一九世紀の地誌『筑前国続風土記拾遺《ちくぜんのくにしょくふどきしゅうい》』（文献出版、一九九三年）などによると、教会の位置は息浜に含まれる須崎《すさき》町流《ながれ》に属する妙楽寺《みょうらくじ》町（現在の古門戸《こもんど》町）にあったことが分かる。宗麟はポルトガル船を呼び込もうとして土地を寄進したと思われるが、ポルトガル船が来港した記録はない。

天正三（一五七五）年の記述には、博多のいくつかの町内から「祇園《ぎおん》といい、毎年彼らの偶像を敬って公然と行う祭りや盛大な行列に使用する材木その他の道具」を、教会と司祭館に保管するよう要求したが、宣教師は拒絶したとある。すると彼らは、これらの道具はここに建っていた神社に保管されていたので預かる義務があると迫ったが、宣教師は寄進を受けた時に大友氏からそうしたことは義務づけられていない、と拒絶している。一カ月後、宣教師の決心が変わらないことが分かると、大勢が集まり、若者の一団が先頭に立って祭礼に使用する道具を肩に担ぎ、教会に曳っぱってきている。この混乱を取り鎮め、若者たちを引き戻して連れ帰ったのは、「年寄り」たちの一隊であった（一〇巻二八章）。「祇園」の祭礼とは、祇園山笠で知られる櫛田《くしだ》神社の祇園祭礼である。山笠で使用する材木その他の道具は各町内で保管しており、いくつかの町内では教会になった神社に保管していたのであ

ろう。博多の人々にとって、教会も神社もそれほど大きな違いはなく、これまでのように教会に祭礼道具の保管を依頼した。しかしキリスト教の布教を行う宣教師にとっては受け入れることができない要求であった。当時、教会は息浜にあり、櫛田神社は博多浜にあった。息浜の神社に祭礼の道具が保管されていたことから、祭礼はほぼ博多全域で行われていたことが分かる。

　現在の山笠は町を単位とする「流」で行われている。当時、「流」の組織があったかどうかは分からないが、町を単位とする自治組織が祭礼を担っていたことは分かる。また、騒動で先頭に立ったのは若者の一団であり、騒動を取り鎮めたのは「年寄り」の一団であった。町内には年齢ごとの集団があり、暴走しがちな若者集団を「年寄り」がコントロールする仕組みができていたことが分かる。

　日本側の記録には、博多の自治や櫛田神社の祇園祭礼に関する史料がほとんど残されていないので、『日本史』の記述は貴重な史料となっている。

「伴天連追放令」後の宣教師

　徳川幕府になると、キリスト教への弾圧と迫害はしだいに激しさを増していく。慶長一八（一六一三）年には禁教令が全国に出され、宣教師や高山右近らの信者が国外に追放されている。残留した宣教師とその後に潜入した宣教師も根絶される。ポルトガル人・スペイン人の来航も禁止され、オランダ人のみが日本へ来ることのできる唯一のヨーロッパ人となる。

【参考文献】
『日本史』は、松田毅一・川崎桃太訳註『日本史』（全一二巻、一九七七～八〇年、中央公論社刊）から引用し、刊行本の巻数・章を記載した。
『日欧文化比較』は、岡田章雄訳註により『大航海時代叢書 XI』に収録（岩波書店、一九七九年。『ヨーロッパ文化と日本文化』の書名で一九九一年、岩波文庫に収録）。
『日本諸事要録』、『同補遺 二』は松田毅一監訳により『日本巡察記』（東洋文庫、一九七九年）に収録。

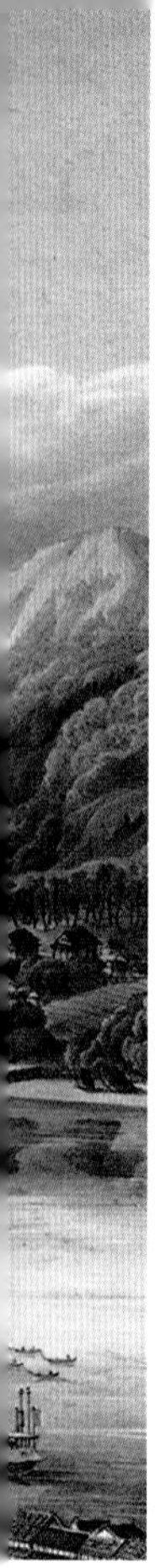

図1　長崎港と湾の眺望図（シーボルト『VOYAGE AU JAPON』〔日本〕，シーボルト記念館蔵）　出島と長崎湾を眺望する。

出島の中のオランダ人たち

海老原温子
Ebihara Atsuko

出島の誕生

長崎市電の「出島」停留所で降りると、目の前に復原されたオランダ商館の建物がある。ここ出島は日本が鎖国をしていた間、西欧に開かれた唯一の窓であり、出島のオランダ商館で繰り広げられる西洋風俗は、鎖国下の日本人に新鮮な驚きをあたえた。シーボルトに代表される科学者たちから最新の知識を得ようと、長崎遊学を志す者もあとを絶たなかった。

一方、出島に滞在したオランダ人たちは、厳重な監督の下の不自由な生活を「国立の監獄のようだ」と嘆きながらも、日本の現実をしっかり観察し記録していた。そして彼らにより日本は西欧に紹介されたのである。このように鎖国下の日本で重要な役割を果たした出島は、ではどのようにして誕生したのであろうか。

▽いわゆる「鎖国」へ

そもそも出島築造の目的は、江戸幕府が鎖国政策の一環として、当時長崎の町に居住していたポルトガル人を収容、キリスト教の布教・貿易などを厳重に監視するためであった。

寛永一一（一六三四）年、幕府は長崎の有力町人二五人に命じて、中島《なかしま》川下流の弧状の洲に扇形の人工の島を築かせた。これが出島である。

当時平戸にあったオランダ商館の館長クーケバッケル[注1]は、出島築造の様子を「長崎では毎日、石で海中に中洲を作ることが懸命に行われて、ここにはポルトガル人の住居が建てられるはずである。周囲を水で囲まれ、町との間をつなぐ橋には番人が立ち、ポルトガル人は、この中に閉じ込められるのである」と、寛永一一年一二月（一六三五年一月）の日記に記している。また、出島が竣工した寛永一三年、平戸に立ち寄った長崎奉行榊原職直《さかきばらもとなお》は、クーケバッケルに「ポルトガル人を抑えるために牢獄のような島を造った」と語っている。ケンペルに「牢屋住まいにも等しい」と嘆かせた出島は、最初から〝牢獄〟を目的として造られたものであった。

寛永一三年に完成した出島は、ポルトガル商人に年間銀八〇貫《かん》

注1）ニコラス・クーケバッケル（1633～39年在任）：島原の乱の時には，自ら船を率いて原城を攻撃，オランダにはキリスト教布教の意志がないことを示した。

図2　阿蘭陀人（「外国人之図」江戸時代前期，松浦史料博物館蔵）

目《め》で貸し与えられた。以後、出島にはポルトガル人が収容されていたが、寛永一四（一六三七）年に起きた島原の乱により、ポルトガルに対する警戒を強めた幕府は、寛永一六年ポルトガル船の来航を禁止、ポルトガル人全員を国外に追放した。竣工から三年で出島は空き地になってしまった（永積洋子訳『平戸オランダ商館の日記』第三輯、岩波書店、一九八〇年）。

▽オランダ商館、平戸から出島へ

寛永一七（一六四〇）年五月、通商の再開を願って来航したポルトガルの使節団を、幕府は拒否、すべて斬り捨てるという厳酷な処置をした。これを聞いたオランダ商館長カロン[注2]は、バタビア政庁に「ポルトガル人のうえに雨が降れば、商会もまたその滴《しずく》でぬれる」と書き送っている。これはすぐに現実となり、一一月（西暦）には幕府のキリシタン禁教政策の中心人物であった大目

注2）フランソワ・カロン（1639～41年在任）：館長になる前は商務員として長崎に駐在，出島築造の様子などを平戸に伝えた。在日期間が長く日本に通じており，のちに『日本大王国志』を著した。

付井上政重《まさしげ》が平戸を訪れ、新築倉庫の破風《はふ》に西暦（キリスト紀元）の年号が使われているという理由で、オランダ商館の閉鎖取り壊しと商館長の毎年交代を命じた。

翌寛永一八年、幕府の命を受けたオランダ商館は、平戸から出島に移転した。長崎出島におけるオランダ商館の始まりである。以来幕末まで、出島がオランダ船の発着地および商館員の居留地となったのである。

長崎出島初代オランダ商館長となったマクシミリアン・ル・メールは、六月一〇日（西暦）、初めて出島に上陸した。早速すべての施設を調査した彼は、建物（特に倉庫）の粗末さ・危険さに失望を覚えた。が、商館として仕切ることのできる建物の中から二棟を選び、「少し我々の様式」に改造することを出島乙名《おとな》に命令した。

六月二五日、出島に移ったル・メールは直ちに商館員の室を決め、奉行所・年寄たちを歴訪し、船用の木材などの置き場と家畜牧場の指定を願った。翌二六日には今後来るべき船のために長崎港口を実測している。

出島賃貸料の交渉は四カ月にわたり、年間銀五五貫目（約一億円）を、出島を築いた二五人の町人に支払うことになった。この額はオランダ東インド会社にとって相当な負担であったが、当時大きな利益をもたらしていた日本との交易を考えると、出島町人の要求を呑まざるを得なかったのである（『平戸オランダ商館の日記』第四輯／村上直次郎訳『長崎オランダ商館の日記』第一輯、岩波書店、一九八〇年）。

これにより、幕府のキリスト教禁圧と、貿易継続の相手をポルトガルからオランダへ替えるという思惑が達成されたのである。

出島の概要

宝暦一〇（一七六〇）年、田辺茂啓《もけい》によって著された長崎の地誌『長崎実録大成』（森永種夫校訂、長崎文献社、一九七三年）に出島の規模が記されている。出島竣工時から一二〇年以上経っているが、当時の規模を伝えているとされる。図3「出嶋阿蘭陀屋舗景」に書き込まれている数字とほぼ同じなので、現在の単位に換算したものも加えて表1にした。

「出嶋阿蘭陀屋舗景」は長崎勝山《かつやま》町・豊島屋の版画で、安永九（一七八〇）年と年代もはっきりしており、出島の町の構成や建物の配置がよく分かる。出島は一つの橋で長崎奉行所がある江戸町と通じており、江戸町から見て橋の右手前に制札場があり、傾城《けいせい》（遊女）以外の女性、高野聖《こうやひじり》以外の出家や山伏などが出島へ入ることや、オランダ人が許可なく出島の外に出ることを禁止した「禁制」と、密貿易を取り締まる「定」が揚げられていた。

一七七九年から八四年にかけて三期にわたり出島の商館長を勤めたティチングは、その著書『日本風俗図誌』（雄松堂、一九七〇年）の中で、島全体が忍び返しのついた板塀で囲まれ、海上には一三本の榜示木《ぼうじ》が立っていて島には近づけないこと、配水管も密輸ができないよう曲がりくねっていること、建物の一階は倉庫で二階が住居になっており、二階は自分の費用で設備すること、オランダ商品を販売するための建物や倉庫を会社の費用で建てたこと、常用水は長崎の町から竹樋を通して送られ、この水に対して

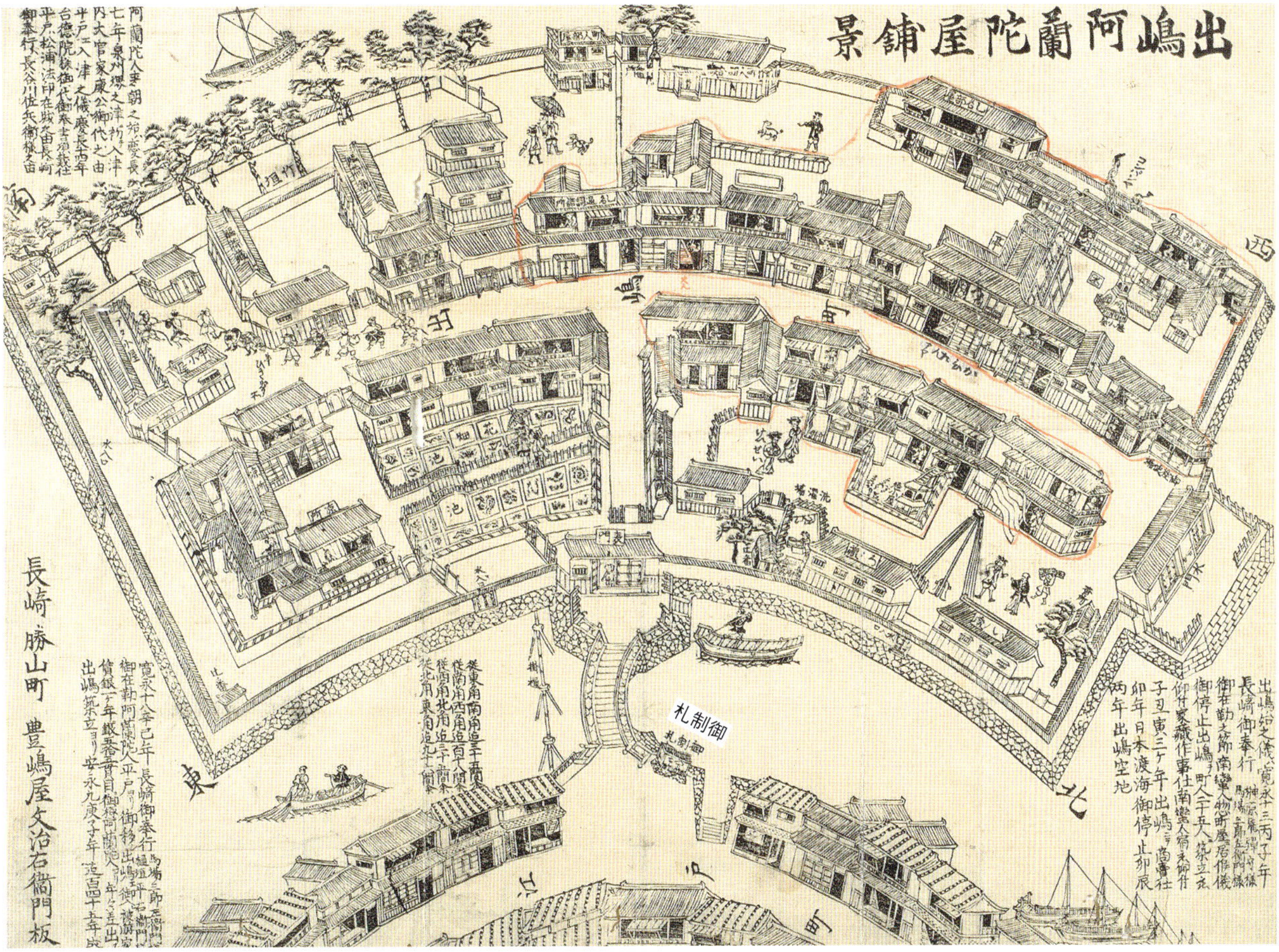

図3　出嶋阿蘭陀屋舗景（豊嶋屋文治右衛門板，安永９〔1780〕年，長崎歴史文化博物館蔵）

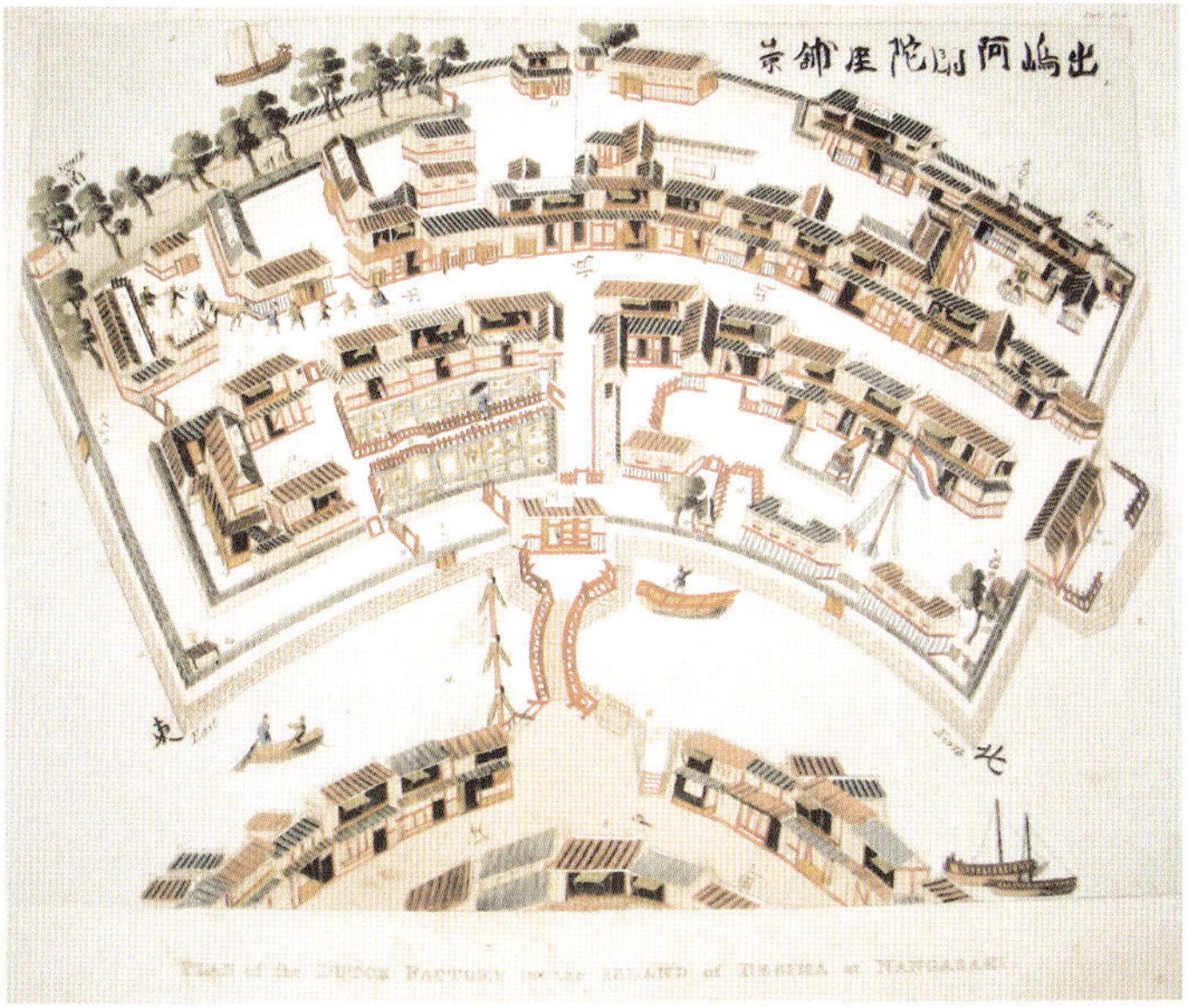

図４　ティチングが図３を自著『Illustrations of Japan（日本風俗図誌）』（1822年，九州大学付属図書館蔵）に載せたもの

表１　出島の規模

惣坪数　3,969坪１分（約15,387㎡）	
南側	118間２尺７寸（約232m）
東側	35間４尺５寸（約70m）
惣周塀	286間２尺９寸（約561m）
北側（長崎奉行所側）	96間４尺９寸（約190m）
西側（水門側）	35間３尺８寸（約70m）
町筋（道路） 長さ111間（約218m），幅１間半（約2.9m）	
西方荷役場水門築出シ 竪（縦）15間（約29m），横６間（12m）	

（換算は１間＝６尺５寸＝1.96m）

図５　復原された出島の水門付近

も別途の料金を払っていることなど、制約の多い出島の様子を細かく記している。

幕府の厳しい管理姿勢に耐えていたオランダ人も、時代が下がり制約が緩和され、特にオランダの医学が重用されるようになると、薬草採取の名目などで長崎の町や郊外への外出が許されるようになっていく。そして粗末な日本式建物も会社の費用で少しずつヨーロッパ風に変えていったのである。

オランダ東インド会社と日本商館

出島商館はオランダ東インド会社（VOC）によって経営されていた。同社は、諸外国との経済競争に勝ち抜くため、オランダ内にあった東インド貿易関連の企業を統合して、一六〇二年に設立された世界初の株式会社である。

オランダ東インド会社は、東洋貿易の独占権を得て、アジア各地に商館を設けた。中でも慶長一四（一六〇九）年、平戸に開設された日本商館は、貿易に不可欠な金・銀・銅の補給地として最も利益を上げていた商館の一つであった。

東アジア一帯統括の任務を負った総督は、一六一九年、会社の根拠地としてバタビア[注3]（現インドネシアのジャカルタ）に商館を建設し常駐した。香辛料貿易や植民地経営に携わり、一八世紀前半にかけては会社の全盛期であった。

一方、長崎出島に移されたオランダ商館は、自由があった平戸時代とは異なり、居留地は出島のみ、政務の一切は長崎奉行管轄の下、長崎町年寄に取り仕切られていた。元禄時代（一六八八～一七〇四年）には最盛期を迎えたが、次々に強化される幕府の貿易統制により陰りをみせるようになった。

一八世紀後半になると、オランダ東インド会社はイギリス・フランスの進出と植民地経営の失敗から経営難に陥り、一七九九年には解散に追い込まれた。日本との貿易はオランダ国家（当時オランダはフランスの属領となっており、バタビア共和国と称した）に引き継がれ、総督の制度は政府官吏という形で存続した。

しかし、船の調達さえ困難な時期が続き、出島での貿易は衰退する一方だった。それでも出島のオランダ商館は、会社の倒産や、東アジア一帯がイギリスの占領下になったことなどは幕府に知らせず、あくまでもオランダ国旗の下で、オランダ東インド会社の商館として振舞い続けた。

その後、ナポレオン戦争終結後のウィーン会議（一八一四～一五年）でネーデルランド王国の独立が承認され、バタビアがイギリスから返還されると、国王ウィレム一世（亡命していたウィレム五世の息子）は、困難な時期にイギリスの要求に屈することなく出島の商館を死守した商館長ドゥーフと当時荷蔵役のブロンホフに勲章を授けた。

日蘭貿易などの再興に乗り出したウィレム一世は、日本の国民・自然などの総合調査研究の目的でフィッセル、ブロンホフ、シーボルトなどを出島に送り込んできた。出島は貿易の他に研究機関としての役割を担うことになったのである。わが国では文化文政期（一八〇四～三〇年）にあたり、蘭学が本格化してきた時代でもあった。

安政五（一八五八）年、日蘭修好通商条約が結ばれると、翌年

注3）バタビア：名称は古代オランダに住んでいたバターヴィー族（Batavii）に由来。オランダ本国がフランス支配下にあったときの名称「バタビア共和国」（1795～1806年）としても使われた。

出島のオランダ商館は閉鎖して、オランダ領事館になった（永積洋子『平戸オランダ商館日記』講談社、二〇〇〇年／永積昭『オランダ東インド会社』講談社、二〇〇〇年／金井圓『近世日本とオランダ』放送大学教育振興会、一九九三年／日蘭学会編『長崎オランダ商館日記四・五・九』雄松堂、一九九二～九八年）。

オランダ船入港から出港まで

入港

出島の一年で待たれたものは、なんといってもバタビアから来るオランダ船であった。正徳《しょうとく》五（一七一五）年に幕府が新令を発布して来航船を制限してからは、通常二隻のオランダ船が和暦の六月から七月にかけて貿易品を満載して来航した。

四月に入ると諸方へ遠見番《とおみばん》が置かれ、船が沖に姿を現すと、奉行所へ知らせが届いた。船が高鉾《たかほこ》島沖に到着すると、奉行所より、検使・通詞《つうじ》など役人が小舟に乗って出迎え、オランダ船確認のための旗合せを行った（中田易直《やすなお》校訂『崎陽群談《きようぐんだん》』近藤出版、一九七四年）。

確認が済み検閲が終わると、オランダ船は祝砲を発射しながら、曳《ひ》き舟に曳かれて長崎港内へ入港した。その光景は長崎を彩る風物詩だった。

一方、バタビアを発ち、危険な海を一カ月以上の日数をかけて航海してきたオランダ人たちは、日本の領海内に入った時、安堵とともに、「秘密の合図（信号）」の確認をしている。文政三（一八二〇）年、一等事務官として来日したフィッセルによると、その年の合図は「白、赤、白色を水平に重ねた一つの旗を前檣《ほばしら》に掲げることであり、夕刻には提灯一個を掲げること」であった。その後、遠見番によって船の接近を知った奉行所の小舟が船側に近寄り、船名の確認が行われた。次に、オランダ船に乗り込んだ検使たちにより人員点呼・船中の検査などを受けた。

港の入口にある伊王島《いおうじま》で、入港する船の乗船者二人を人質として日本側に引き渡す習慣になっており、好奇心の強いフィッセルはこの使者に加わることを自ら申し出ている。

小船に乗り移ったフィッセルは、通詞らが話すオランダ語を奇妙に、そして愉快に感じたと記録している。やがて小舟は長崎港内に入り、フィッセルはオランダ船の入港に際して活気に満ちている長崎湾の情景を目にする。自分が降りたばかりの船が礼砲を発し、一〇〇隻もの曳き舟の行列に曳航《えいこう》され、オランダ国旗をなびかせて進む光景に、自分が重要な国の中にいることを確信する。周囲の丘陵や山々、耕作された畑を美しいと感嘆し、張幕で飾られた番所を過ぎ、遊覧船の間をぬって、出島の水門に上陸した。

入港したオランダ船は出島の沖に停泊、諸々の手続きが終わって初

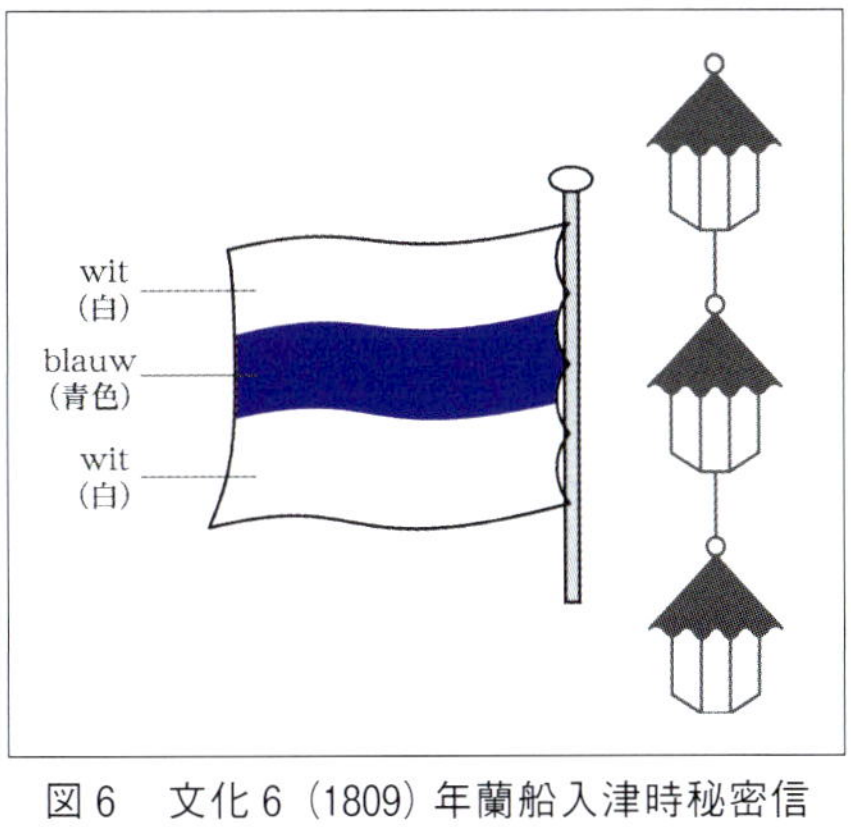

図6　文化6（1809）年蘭船入津時秘密信号の図　この年の合図は「白・青・白」の旗と提灯は3個であった。秘密信号は1808年のフェートン号事件の後，再度外国船進入を防ぐ目的で考案された。バタビアを占領していたイギリス人に監禁されたブロンホフは，この秘密信号を明かさなかった。

図7　長崎港図（川原香山〔川原慶賀の父〕筆，長崎歴史文化博物館蔵）　オランダ船長崎入港の様子を港の入口から鳥瞰するという珍しい構図，絵の左上奥に出島が見える。オランダ人はこのような景色を見ながら入港したのであろう。

図8　長崎港の図（シーボルト『日本』九州大学附属図書館医学分館蔵）　シーボルトが測った水深が記されている。

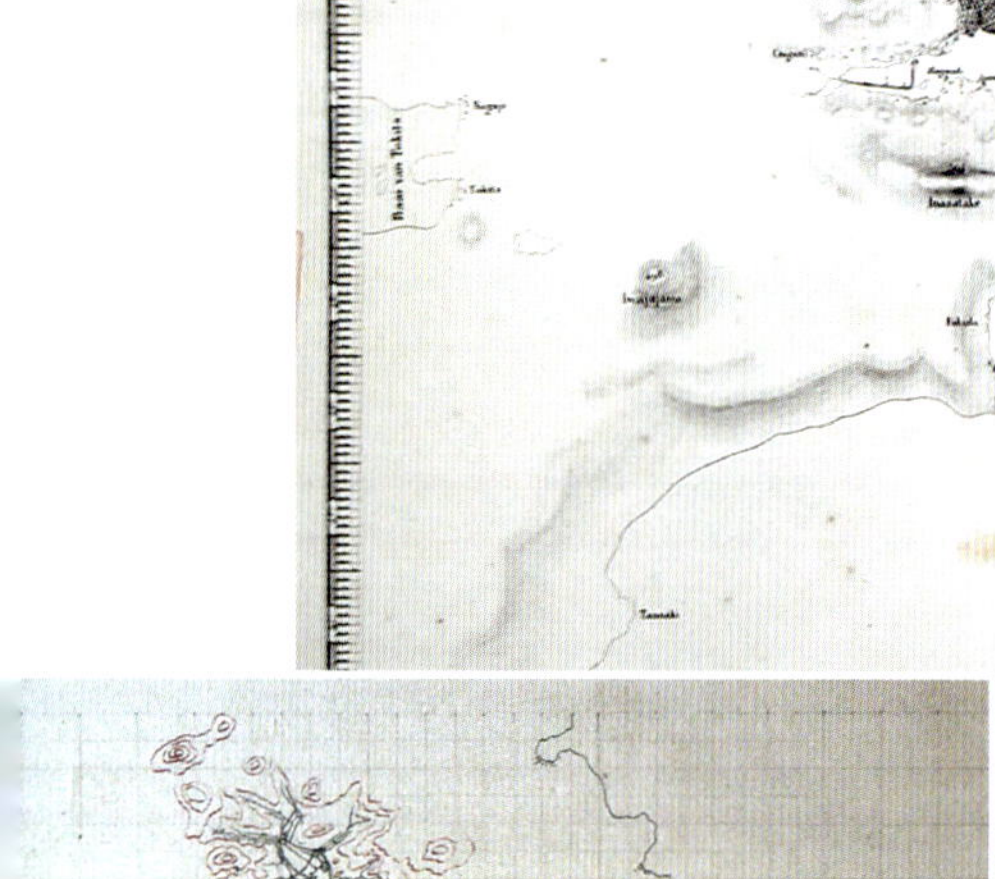

図9　長崎港図（図8の下図。ドイツ，ブランデンシュタイン城博物館蔵）

めてオランダ人は出島への上陸を許された。

出島に上陸して最初の多忙な時を過ごすと、やがて夕刻に門が閉じられる。そして狭い囲いの中で幽閉《ゆうへい》同然の生活が始まるのであった（フィッセル『日本風俗備考』平凡社、一九七八）。

▽貿易

荷役作業はオランダ船入港後二、三日経ってから、長崎奉行の命令によって開始された。貿易品は小舟で出島の水門に運ばれた。水門はオランダ船出入港の際の荷役作業の時にだけ開かれ、普段は厳重に閉鎖されていた。

出島に運び込まれた荷物は、検使役が点検し、「本方荷物《もとかたにもの》」と「脇荷物《わきにもの》」に分けられ、イの蔵（レリー）とロの蔵（ドールン）と呼ばれた倉庫に収納された。「本方荷物」はオランダ東インド会社が取引を行う貿易品で、「脇荷物」はオランダ商館員の私的な取引が許された品である（『崎陽群談』）。

取引の仕方や商品の種類は時代によって異なるが、すべてのオランダ船入港確認後、奉行所は定まった日時に商人たちを出島に入れ、入札で価格を決めた。全国から訪れた商人たちは、落札した商品を次々に引き取っていった。

▽出港

入港以来二、三カ月を過ぎ、すべての取引が終了すると、毎年和暦の九月二〇日前後に、オランダ船は曳き船に曳かれ、空砲を発射しながら長崎を出港、バタビアへ向かった。実際は長崎会所との決裁に手間取ったり、天候の都合で長崎港口付近にしばらく停泊していることも多かったようである（『崎陽群談』）。

珍貴な輸入品

主な輸入品をあげると、「本方荷物」として生糸、毛織物、染料、ガラス製品、皮革類など。ミイラや薬種は蘭方医《らんぽうい》が持ち望んでいた。他に、オランダ船は砂糖をバラスト（底荷）として持ち込み高く売っていた。「脇荷物」としては、薬品、ガラス製品、装飾品、文房具など異国趣味あふれる品々が多く含まれていた。

将軍や諸大名の注文品を「誂物《あつらえもの》」と言い、辞典や図鑑などの書籍類、薬種や医療器具、時計、眼鏡、望遠鏡などがあった。他に、将軍や諸大名への「献上品」としてオランウータン、火食鳥などの珍獣珍鳥もあった。

献上されなかった象、ラクダのこと

文化一〇（一八一三）年、将軍への贈物としてピストル、オルガンなどとともに象が上陸した。象を見分し「良く聞き分ける」と感心した長崎奉行遠山景晋であったが、江戸へ運ぶのが困難だと、受取りの拒否を伝えている（荒木裕行他編『長崎奉行遠山景晋日記』清文堂、二〇〇五年）。『続長崎実録大成』には「幕府への献上は許されず、飼料として小麦百俵を与え、帰帆《きはん》の船に載せて返した」とある。この象を船載《はくさい》してきた船は、実はイギリスが長崎オランダ商館を接収《せっしゅう》するために派遣した船だった。時の商館長ドゥーフは、石橋助左衛門、中山作三郎ら通詞たちの協力を得て、

図10　長崎版画「駱駝（ラクダ）図」（江戸後期，長崎歴史文化博物館蔵）　蘭名 Kameel と記されている。

事実が幕府に知れないように危機を回避した。そして、出島商館をオランダ側に有利に確保するために、当時荷蔵《にくら》役のブロンホフをバタビアに派遣した。その時、この象も帰帆の船に乗せられた（『長崎オランダ商館日記 五』）。この象は短い滞日であったが、その折長崎・出島を測量していた伊能忠敬の目にも留まり、『測量日記』（伊能忠敬記念館、一九八九年）に「阿蘭陀出島商館、並《ならび》に象を見」と登場している。帰帆の船に乗せられる少し前であった。

文政四（一八二一）年、将軍への献上品として送り届けられたラクダも、幕府の受取り拒否にあい、引取り手が決まるまで一年以上、出島の中で飼育されていた。ドゥーフの後任の商館長になっていたブロンホフは困惑の末、馴染《なじ》みの遊女にこのラクダを贈った（『長崎オランダ商館日記 十』）。ラクダは後に江戸に運ばれ、両国で見世物にされた。

象もラクダも、将軍や幕府の要職にある人々は目先の変わったものを愛好する、と信じての献上であったが、この時は空振りに終わったようである。

オランダ商館が望んだ輸出品

どちらかというと贅沢品が多い輸入品に対し、輸出品は銀や銅が中心であった。江戸時代初期の頃日本から輸出される銀は非常に良質で、オランダの日本との交易の目的はこの銀であった。銀の輸出が禁止されると、銅が輸出の主力となった。大量に輸出された銅はヨーロッパの銅の相場にも影響を与えたと言われ、オランダ商館長の日記には銅の輸出量に関しての交渉が度々記録されている。

オランダ船は日本に来航する際に砂糖をバラストとして積み込んでいたが、その砂糖を降ろすと、今度は銅をバラストとして積み込んでいた。西和夫『長崎出島オランダ異国事情』（角川書店、二〇〇四年）の説明によると、日本からの輸出品の銅は、棹銅《さおどう》約二〇〇本を木箱に入れてこれを船に積み込んでいた。文化一〇（一八一三）年の例をあげると、八月一二日（西暦）、銅一〇〇〇ピコルが積み込まれている。一ピコルは一〇〇斤、木箱一つに当たる。一〇〇斤は六〇キログラムなので、一〇〇〇ピコルは木箱一〇〇〇箱、六〇トン積み込んだことになる。この後も連日、商品や贈物が降ろされては、銅が積み込まれていた。

他に輸出品として樟脳《しょうのう》、陶磁器、漆器、醤油、海産物などがあ

図11　石崎融思筆「銅掛改請取図」（『長崎古今集覧名勝図絵』九州大学附属図書館蔵）
銅は輸出の中心を占め，出島の銅蔵では，オランダ商館長・長崎の役人立会いのもとで銅の改めを行った。

図12　出島水門付近（石崎融思筆『蘭館図絵巻』長崎歴史文化博物館蔵）「銅阿蘭陀船ニ持運躰」とあるように，水門に向かって左が輸出用で，銅が船に積み込まれている。右が荷揚げ用の門だった。

図13　「棹銅出島江持入躰」（『蘭館図絵巻』）　輸出用の銅は表門から出島の中へ運び込まれ，銅蔵に収納されていた。

り、寛文二（一六六二）年、出島で「伊万里《いまり》見せ」の「店」が小屋掛けされたこともあった。ヨーロッパ王侯貴族の間では伊万里焼など日本の陶磁器が珍重され、ドイツのマイセンなどで、その模造品が盛んに作られた。

輸出禁制品

日本の貨幣、地図、国そのものや統治に関する記事を載せている書籍、あらゆる武器類などは、公私ともに固く国外持出しが禁止されていた。商館医ツュンベリーは禁制品である日本の刀剣を、その質の良さと強靭さにおいて、どの国の製品の追随をも許さないと賞賛している（『江戸参府随行記』平凡社、一九九四年）。

禁制品であったはずの刀剣が、鎧《よろい》・兜《かぶと》などとともにオランダのライデン国立民族学博物館に収蔵されている。日本滞在中に収集、極秘に持ち出したのであろう。また禁制の日本地図、葵紋の羽織などを持ち出そうとして発覚し、幕府天文方兼御書物奉行の高橋景保他多くの日本人関係者も処分された文政一一（一八二八）年の「シーボルト事件」（図14）はよく知られるところである。

抜荷（密貿易）と唐人屋敷

貞享二（一六八五）年に幕府がとった定高《じょうだか》貿易法は、中国船による貿易高を毎年銀六〇〇〇貫、オランダ船は三〇〇〇貫を限度とした。結果は密貿易の横行を招くことになり、長崎奉行所の判決記録をまとめた『犯科帳』（森永種夫編、犯科帳刊行会、一九六〇年）を見ても抜荷《ぬけに》の犯罪記録が増加している。また密かにキリスト教を布教する者もおり、業を煮やした幕府は、中国人をオランダ人と同様に隔離する政策を考えるようになり、元禄二（一六八九）年、出島近くの旧薬草園に唐人屋敷を造成した。広さは出島の二倍ほどで、それまで、市内に雑居していた中国人が収容された。それでもなお減らない抜荷に対して、長崎奉行は厳罰主義で臨んだ（外山幹夫『長崎奉行』中央公論社、一九八八年）。

ケンペルは元禄四（一六九一）年の日記（『江戸参府旅行日記』）の中に、禁制の樟脳をオランダ商館員レインスから抜け買いした二人の日本人の処刑がわざわざ出島で、しかもオランダ人の立会いのもとに行われたことなど、抜荷に対する厳しい取調べと処罰

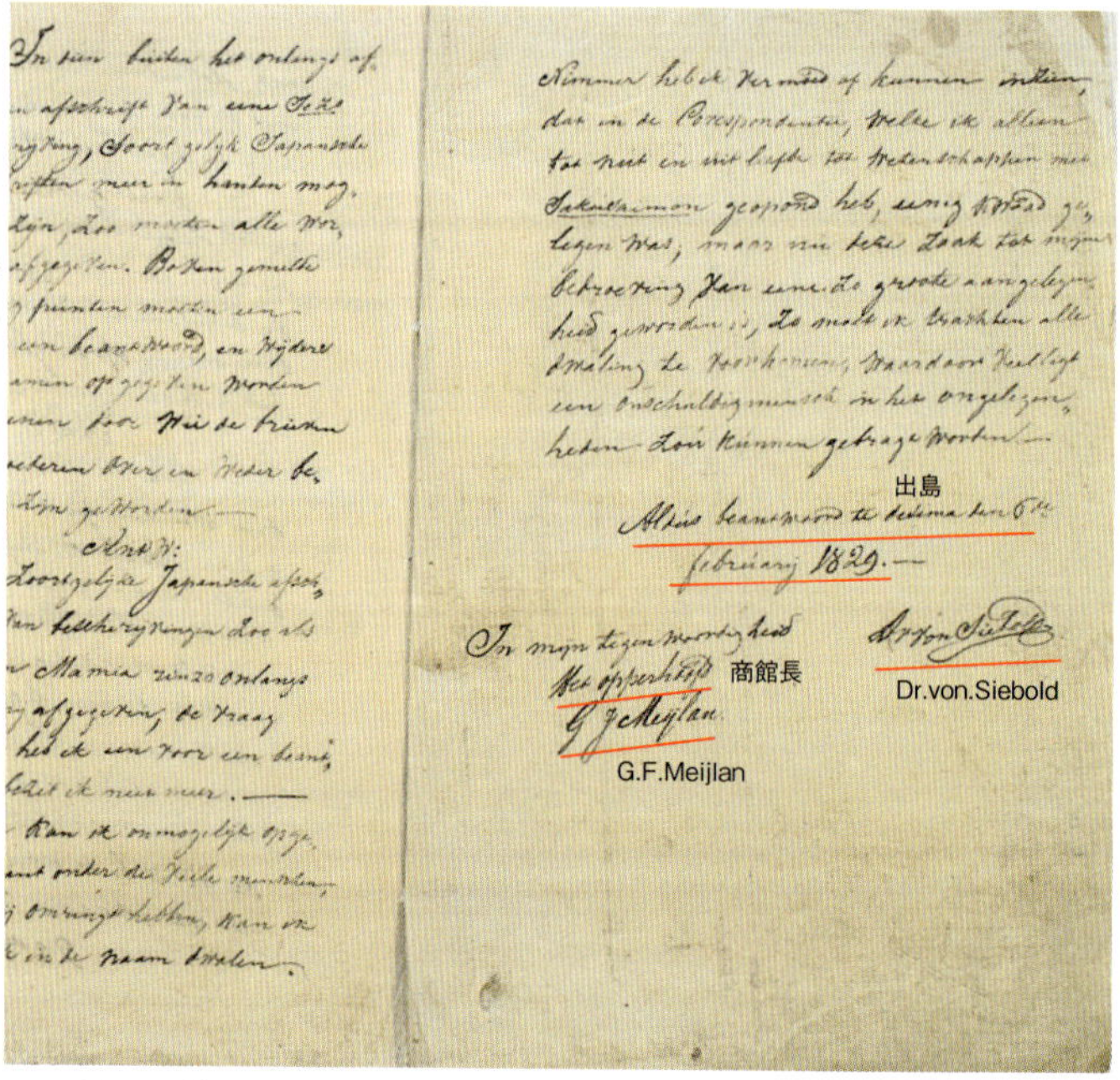

図14　「Siebold Prozess（シーボルト裁判）」（ブランデンシュタイン城博物館蔵）　表題に「Vragen en Antwoord（尋問と答弁）」とあり，長崎奉行の尋問とシーボルトの答弁をまとめたもの。末尾に「出島においての答弁，1829年2月6日」とあり，商館長G．F．メイランと医師シーボルトの名が記されている。

の状況を記すとともに、時の長崎奉行川口源左衛門を「非情な厳格さを堅持する人」と評している。

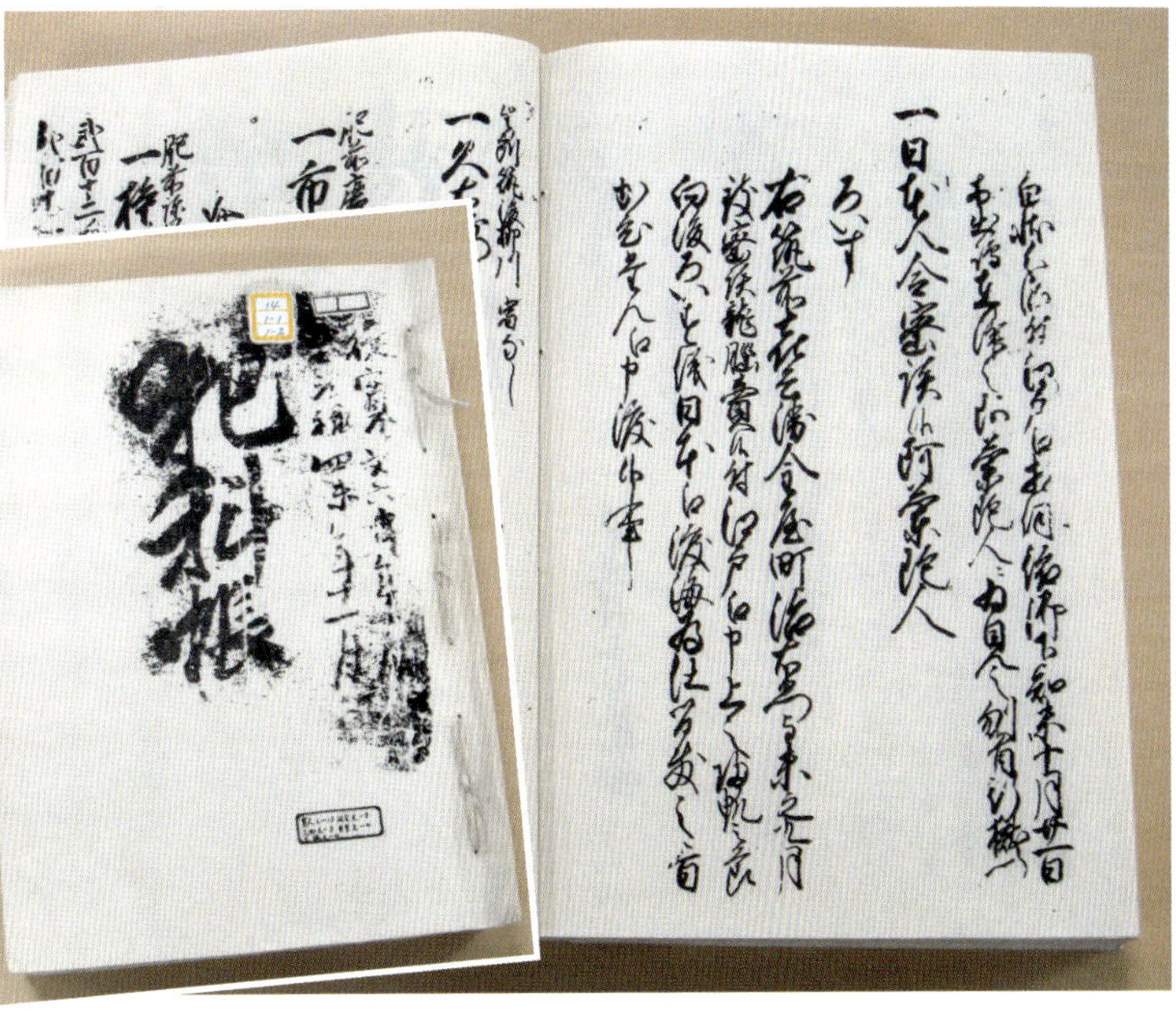

図15　犯科帳（長崎歴史文化博物館蔵）　出島でオランダ人に見せしめの刎首獄門《ふんしゅごくもん》を行う。オランダ人ろいす（ケンペルの日記ではレインス）は帰帆させ今後入国を認めないことをカピタンに申し渡した旨が記されている。

「阿蘭陀風説書」

オランダ商館が出島に移転した寛永一八（一六四一）年、商館長ル・メールは七月二四日（西暦）の日記に、「ポルトガル人がカンボジアに居住し、再び日本と通商する計画を立てていることを知り、風説として奉行に報告した」と記している。対日貿易継続のため、ポルトガル人動向の報告義務を幕府に課せられていたからである。長崎奉行はこの内容を文書として作成させ、江戸へ報告した（『長崎オランダ商館の日記』第一輯）。これが風説書の始めとなり、幕府は文書としての風説書の提出を義務づけた。

オランダ船が長崎に入港すると、まず「阿蘭陀《おらんだ》風説書《ふうせつがき》」と名付けられた報告書が提出された。内容は海外の政治情勢、バタビアから長崎までの航海途中の様子、前年長崎からバタビアへ帰帆したオランダ船の帰着日などが記されていた。

オランダ語で書かれたものを通詞が和訳し、これに新旧商館長が署名、通詞目付と通詞数人が連名捺印をして、宿次《しゅくつぎ》で江戸の老中に急送された。幕府にとっては貴重な海外情報であった。

しかし、オランダ側は本国がフランスの統治下になった事実などは日本に秘密にしている。寛政九（一七九七）年の風説書を例にあげると、「フランスに反革命軍が起り国中が漸く平和になったので、近国と和睦《わぼく》した」とあり、これは偽りで、オランダがフランスに併合されたことも、ウィレム五世亡命のことも全く触れていない。日本との貿易に不利になるような情報は記さなかったのである（日蘭学会他編『和蘭風説書集成 下』吉川弘文館、一九七九年）。

また後年、幕府の方も、アヘン戦争やペリー来航の情報を、東インド総督が用意した「別段風説書」を通して得ていたが、適切な対応策をとることができなかった。

出島の人々

出島にはオランダ国旗が翻《ひるがえ》り、植物園や娯楽施設があった。そして江戸参府の際に将軍に献上される珍獣をはじめ、食用の山羊や豚が飼育されていた。そこには異文化が漂っていた。

出島にはオランダ東インド会社から派遣された商館員（商館長＝カピタン、商館長次席＝ヘトル、荷倉役、商務員補、書記役、外科医など）とその使用人が住み、何らかの役目を持った日本人が出入りをしていた。

▽商館長

商館長の任期は一年と限られていたが、フランス革命の影響で対日貿易が困難となっていたヘンミーの代に五年となった。ドゥーフのように一四年間滞任した商館長や、安政二（一八五五）年、オランダ国を代表して日蘭和親条約を結んだ、最後の商館長ドンケル・クルチウスに至るまで、それぞれ日蘭貿易に尽力し、書き尽くせないドラマを残している。

新任の商館長は通常、和暦の六～七月にオランダ船で来航、貿易終了後の九月に新商館長に就任した。前商館長からすべてのことを引継ぐと、そこから新会計年度が始まった。前商館長は引継ぎが終了すると、幕府が決めていた和暦九月二〇日頃までに長崎港を出港してバタビアへ戻った。前任の商館長を送り出した新商館長は、すぐに江戸参府の準備にとりかかる。江戸参府を無事に終えると、次に来航するオランダ船の貿易に備えた。そして貿易が終了すると、新任の商館長と交替して帰国した。

▽商館医（外科医）

出島の商館には、常時一人の医師が赴任していた。安政六（一八五九）年に商館が廃止されるまで、約一五〇人の商館付医師が派遣されている。彼らの任務は商館員の健康管理だったが、日本人の治療や医学の伝授も行った。江戸時代初期の頃には、カスパル流外科術を広めたカスパル・シャムベルゲルや、西洋に鍼術《しんじゅつ》を伝えたテン・ライネなどが有名である。その後、元禄三（一六九〇）年にケンペル、安永四（一七七五）年にツュンベリー、文政六（一八二三）年にシーボルトが、それぞれ日本探求の使命と熱意をもって訪れている。

図16　ケンペル・ツュンベリー記念碑　ケンペルとツュンベリーの功績を称えてシーボルトが1826年，出島薬草園に建立した。この碑には「E. ケンペル，C. P. ツュンベリー，見て下さい！　あなたたちの植物は，ここで年ごとに生き生きとして輝き，植えた人を記念して，多くの花冠をもたらしています。医師V. シーボルト」の意の文字が彫られている（長崎市教育委員会『シーボルト評伝』1996年）。

ツュンベリーの日本滞在は一年であったが、出島での生活を『江戸参府随行記』に見ると、「まさに死んで地球の一隅に埋葬されているのと同然」と表現しながらも、一方で「商館医は他の職務につくことが滅多になかったので、貴重な時間を昆虫や植物の採集、調査、保存、そして通詞らとの交流に費やすことができた。好奇心に富みかつ理解が早い通詞に、種々の学問（とりわけ植物学と医学）を教えた」と言っている。ツュンベリーに影響を受けた中の一人、大通詞吉雄耕牛《よしおこうぎゅう》は吉雄流外科を創始し、江戸の蘭学者たちとの交流も深かった。

このように、商館医は日本に自然科学の知識や技術をもたらし、医学の発達に重要な役割を果たした。加えて日本で収集した鉱物、動物、植物など体系的にまとめ、母国の利用に役立て、日本の社会や歴史を西欧に紹介した。

▽出島に出入りしていた日本人

出島は長崎奉行の管轄下にあり、出島乙名やオランダ通詞、番人、料理人、コンプラ[注4]、小使など多くの人々が関与していた。

【出島乙名】通詞とともにオランダ人の相談にのり、出島の治安の責任を負って門鑑《もんかん》（通行許可証）の発行、水門の鍵の保管をした。貿易業務の多くに関与し、出島内の建物の修理など仕事は多岐にわたった。初めは一名であったが、元禄九（一六九六）年からは二名で勤めた（『通航一覧』国書刊行会、一九一三年）。

【オランダ通詞】出島のオランダ人にとって最も必要とされた日本人である。重要な職務に「阿蘭陀風説書」や「積荷目録」の和訳、商館長の江戸参府随行があった。

通常は昼夜二名の通詞が通詞部屋に勤めていたが、貿易期間中は多くの通詞や内通詞（平戸時代から存在した私的な通訳集団）が勤務した。オランダ通詞は大通詞《おおつうじ》、小《こ》通詞、稽古《けいこ》通詞などの階級に分かれており、世襲であった。語学や通詞の仕事の見習を続け、稽古通詞から小通詞、大通詞へと昇進していった。

通詞の中には通訳だけに留まらず、医者や学者になり、蘭学の基礎を築き発展させていった者が数多くいた。中でも吉雄家の耕牛、権之助、忠次郎、本木家の良永、正栄、志筑忠雄、馬場佐十郎などの功績は大きい。また通詞として忘れてはならないのは今村源右衛門英生で、彼の協力がなければケンペルの『日本誌』は世に出なかったであろう（片桐一男『阿蘭陀通詞の研究』吉川弘文館、一九八五年）。

【探番《さぐりばん》】出島で最も厳しい取締りの対象となっていたのは、抜荷であった。出島に出入りする人々が密かに商品を持ち込んだり、持ち出したりしないように、表の門で監視した。懐《ふところ》や袖に手を入れて不審な物を持っていないか探ったところからこのように呼ばれた。

出島での生活

秋にオランダ船が出航してしまうと、出島には商館長他一〇～一五名ほどの商館員が残った。彼らはその年の貿易の残務整理や商館長の江戸参府、また翌年の貿易の準備などで思いのほか多忙だったようである。しかし忙しい中にも平穏な毎日が続き、そのような日々を「漢洋長崎居留図巻（出島図）」（図17）の中に見ることができる。

カピタン部屋と思われる二階の一室では洋楽器を演奏しており、商館長と日本の役人らしい人が酒盃を手に談笑している。外では東南アジア系の人（「黒坊」）二人がバドミントンを楽しみ、庭園

注4）コンプラ：ポルトガル語のコンプラドール（仲買人）を語源とする。長崎の町で買物をすることが許されなかったオランダ人に代わり日用品を調達した買物係り仲間。船が出船する前に清算した。

図17　漢洋長崎居留図巻（出島図）（江戸時代後期，長崎歴史文化博物館蔵）

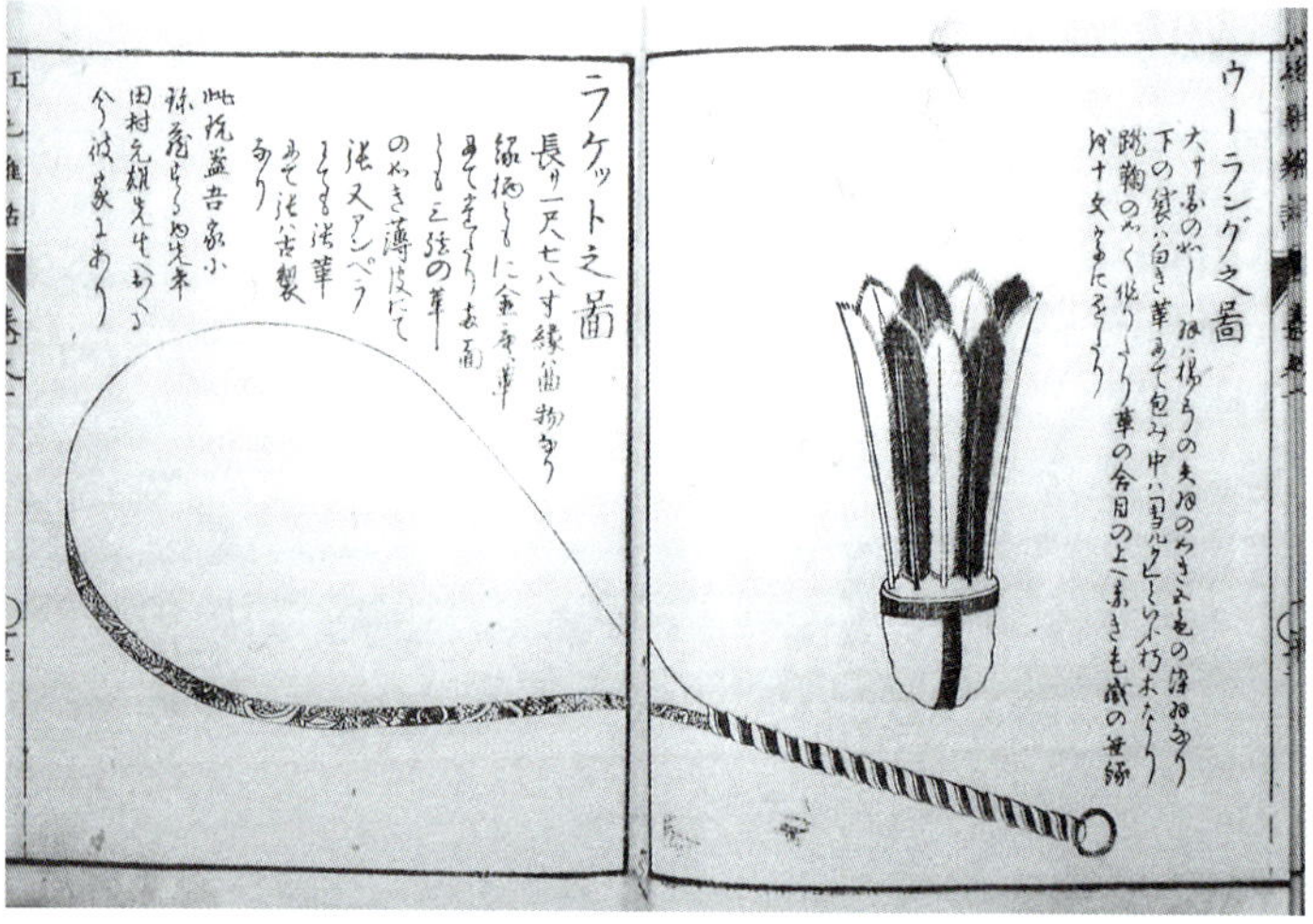

図18　ウーラング（羽根）ノ図，ラケットの図（森島 中《ちゅう》良《りょう》『紅毛雑話』九州大学附属図書館蔵）「羽子板幷羽根，黒坊の弄《もてあそ》びなり，西洋館《でじま》にて閑暇《ひま》なる時ハ遣羽子《やりはご》をつきて遊ぶとなり」の記述もある。

図19　洗濯場（廣渡湖秀筆『在長崎日蘭貿易絵巻』松浦史料博物館蔵）オランダ人の日常が垣間見られる。

にある家ではオランダ人が玉突きに興じている。

出島には長崎警備担当の黒田（福岡藩）や鍋島（佐賀藩）などの藩主も時折訪れたが、オランダ人が玉突きをしている所を見せるのが通例だった。

文化八（一八一一）年六月、五〇人程の家臣を伴って出島を訪れた黒田斉清《なりきよ》も、絵画や家具類を充分見たのち庭園の家を訪れた。この時は簿記役のホーゼマンとポヘットにより玉突きの遊戯が行われた。文化九年には長崎奉行に就任した遠山景晋も出島を訪れ、玉突きの遊戯を見ている。できる限りの歓待をした商館長ドゥーフは、遠山の印象を「非常に友好的で話し好き、他の人は滅多にしないことだが、出された菓子を食べた。私の息子（丈吉）にも親切だった」と好感をもって語っている（『長崎オランダ商館日記 五』）。

またこの庭園の家では、文政三（一八二〇）年、商館員の俄芝居《にわか》も催されている。オペレッタ『二人の猟師とミルク売り娘』はフィッセルなども演じており、交代を控えた筒井、間宮の両長崎奉行のために再演も行っている。この時の商館長ブロンホフは、ドゥーフ同様滞日期間が長く、日本人との友好も深かったようである（『長崎オランダ商館日記 八・九』）。

「漢洋長崎居留図巻（出島図）」には、至るところにインコ、サル、七面鳥、孔雀、ダチョウ、さらには牛や山羊まで描かれている。愛玩用や食用のためにバタビアから運ばれてきたものであった。家畜の飼料は長崎の町周辺から運び込まれていた。ツュンベリーはその飼料を調査し、珍しい植物を見つけ出しては標本用に採集していた（『江戸参府随行記』）。

オランダ正月

祖国を離れて暮らすオランダ人にとって祝日は楽しみであった。特にオランダ正月の祝宴は最大の楽しみで、その様子を商館長ブロンホフの日記（『長崎オランダ商館日記 九』）に見ることができる。

西暦一八二二年一月一日、「夜明けとともに新年が、奏楽の中に旗を揚げることで知らされた。書記バウエルの指揮のもと、召使たちを伴った書記ファン・ベンメルが補佐して、私の住宅（カピタン部屋）の前で、大好きな国歌〝ヴィルヘルムス〟の演奏をもって、祝いの行事は始まった」とこの日の日記は始まる。

国歌を聴いたブロンホフは玄関に出て、彼らの配慮に感謝の意を表し、商館員や通詞たちから祝辞を受けた。ブロンホフは答辞を述べ、その後、商館員、奉行所の役人や通詞たちを一緒に「一人前の食器四〇人分を揃えた正餐《せいさん》で」もてなした。さまざまな祝

辞が述べられ、奏楽とともに「万歳！」の声があがり、ブロンホフは極めて愉快であった。「日本人紳士たちは大変楽しんで、食べ尽くしたのみか、多量に持ち去ったので、食卓上はあたかも地ならしされたようであった。そして五〇枚の深皿にはほとんど何も残っておらず、同様にまた赤ワインも忘れられはしなかった」と観察も忘れない。

この日本人が持ち帰った西洋料理はどうされたのか、これより約半世紀前に出島に赴任して来たツュンベリーは、『江戸参府随行記』の中で、「日本人は塩漬けの肉類は食べずに保存し、薬として用いる。同様に塩味のきいたバターは、丸剤《がんざい》にして肺結核患者や他の病人に毎日服用させる。その用い方について、私はよく尋ねられた」、また「オランダ商館側では、このような日本人招待客に対して気を利かせ、食後には燗酒《かんざけ》を漆塗りの盃でふるまい、（略）たくさんの日本料理も出している」と伝えている。

宴の終わりに、ブロンホフは慣例どおり、半ボトルビンに詰めた五種類のリキュール酒と三つの小箱に入れた五種類の菓子を長崎奉行土方《ひじかた》に贈り、そのお返しとして、小箱一杯分のいりこと塩漬けの魚の入った樽二本を受け取っている。翌日の仕事（脇荷の勘定）の予定の通報でこの日の日記は終わっている。

長崎くんち

「長崎くんち」は寛永一一（一六三四）年に始められた諏訪神社の祭礼である。二〇年後の承応三（一六五四）年に、出島の商館員たちは大波止《おおはと》のお旅所の桟敷《さじき》席で見物することを許された。見

図20　諏訪祭礼図屏風，大波止お旅所側（長崎の老舗料亭「富貴楼」蔵）　この屏風は元禄時代，狩野昌運の筆になるというのが定説で，諏訪神社のおくんちの光景を描き出している。桟敷には奉行所の諸役人に混じってオランダ人（垂れ幕にはVOCのマーク）や唐人の姿も見える。

物する商館員の桟敷には当時、「オランダ幕」と言われたオランダ東インド会社の紋章「VOC」を表した幕が張られていた（『長崎市史 風俗編 上』清文堂、一九八一年）。

ケンペルは長崎を代表する神社として諏訪神社とその祭礼を『日本誌』の中で詳細に紹介しているが、「オランダ人は自前で桟敷を設け、祭りを見物することを許される。我々が見物することは祭礼の飾りにもなるし長崎町民の得にもなる」と冷ややかである。しかし、安永五（一七七六）年にこの祭りに招かれたツュンベリーは祭りの盛大さを紹介し、文政元（一八一八）年のブロンホフもこの祭りを楽しんでいる。『長崎奉行遠山景晋日記』によると、長崎奉行は揃って長崎くんちを見物し、オランダ船の出帆を見送ってから交代するのが慣例であったようだ。

オランダ人の死亡

祖国を遠く離れた出島で、オランダ人が死亡した時はどうしたのか、気になるところである。

オランダ商館が出島に移転した寛永一八（一六四一）年当時、遺体を地中に埋葬することはまだ禁じられていた。「死亡した外科医長の埋葬を奉行に願い出たが、我等がキリスト教徒であるとして、上使（井上）筑後殿が到着するまで塩漬にして保存することは許すが、埋葬を許可する権限はないというので、やむなく長崎港口に出て、大きな石を二、三個縛り付けて海に投じた」という記録が『長崎オランダ商館の日記 第一輯』に残されている。

翌寛永一九年、商館長エルセラックは遺体の処置について総督の質問状を奉行に渡したが、やはりオランダ人はキリスト教徒であるという理由で埋葬は許されなかった。

慶安二（一六四九）年、ようやく長崎奉行所の斡旋《あっせん》で、出島の対岸稲佐《いなさ》山中腹にある悟真寺《ごしんじ》に、オランダ人の墓地が造成され、亡くなった商館長などを葬った。

ケンペルは元禄四（一六九一）年、死亡した同僚を稲佐山に埋葬した。少し前までオランダ人の遺体は、日本の土地に葬る価値なしとされ、港外の海へ投げ捨てられていた、現在では稲佐山の傍らの寂寞たる荒地に埋葬されるようになった、とその思いを伝えている（『江戸参府旅行日記』／『日本誌』）。

商館長の江戸参府

オランダ商館長の重要な任務の一つに江戸参府があった。将軍に拝謁《はいえつ》して貿易継続に対する謝意を表し、贈物を将軍や幕府の要人に届けるためであった。平戸に商館が開かれた慶長一四（一六〇九）年に始まり、寛永一〇（一六三三）年に制度化された。当初は毎年行われていたが、寛政二（一七九〇）年からは四年に一度に改められた。またその時期は、寛文元（一六六一）年以降は、和暦の正月に長崎を出発、三月に拝謁と定められ、江戸滞在の二、

図21　オランダ人の墓（長崎市・悟真寺）

三週間を含んで、往復の日数は平均で九〇日位であった（『通航一覧』）。

江戸参府の一行は、商館長に書記と商館付の医師、これに日本側からオランダ通詞や護衛の役人などが付き添い、規定では総勢五九名と定められていた（片桐一男「オランダ商館長とシーボルトの江戸参府」〔『鳴滝紀要』シーボルト記念館、一九九一年〕）。オランダ人にとって江戸参府は、拝謁の儀式や好奇の目にさらされるという煩わしさもあったようだが、フィッセルは、「日本に滞在しているオランダ人は、商人としてではなくむしろ両国民の間の友好関係を維持するための官吏として、江戸城への参内を許可されている」と『日本風俗備考』の中で意義付けている。

また、参府の途中や江戸滞在中における日本人との接触は、オランダ人にとって鎖国下の日本についての情報を得る機会であり、日本人にとっても医学を始めヨーロッパの新しい知識を吸収する絶好の機会であった。

参府の時期が近づくと、献上品選びや旅行用の道具の修理などで商館は忙しくなる。献上品は長崎奉行の検閲を受けた後、長旅に備えて丁寧に梱包された。日本人たちが秩序正しく、手際よく万事を整えていく様子を、フィッセルは「日本人たちの気の遣いようはオランダ人以上のものがあった」と記している。フィッセルは、将軍や幕閣への献上品の他に、旅行の途中でオランダ人から何か記念になる物をもらおうとする人々へ分配されるビーズやペン、指輪、ピン、ボタン、細工物など細々とした物を用意することも忘れなかった。

一行の出発数日前には、下関から大坂までの間だけ利用する参府旅行船が、食料品など三〇個程の箱を積み込んで先発した。下関で一行と合流する習わしであった。それ以外の物は、出発の当日数時間前に、旅行中に使用する数々の家具・調度類までが長い行列をなして先行した。

文政五（一八二二）年一月一五日、すべての準備が整った商館長ブロンホフは、筆頭者フィッセル、医師チュリングを伴い、荷蔵役など残留するオランダ人たちから出島の水門まで見送りを受けて出島を出発した。

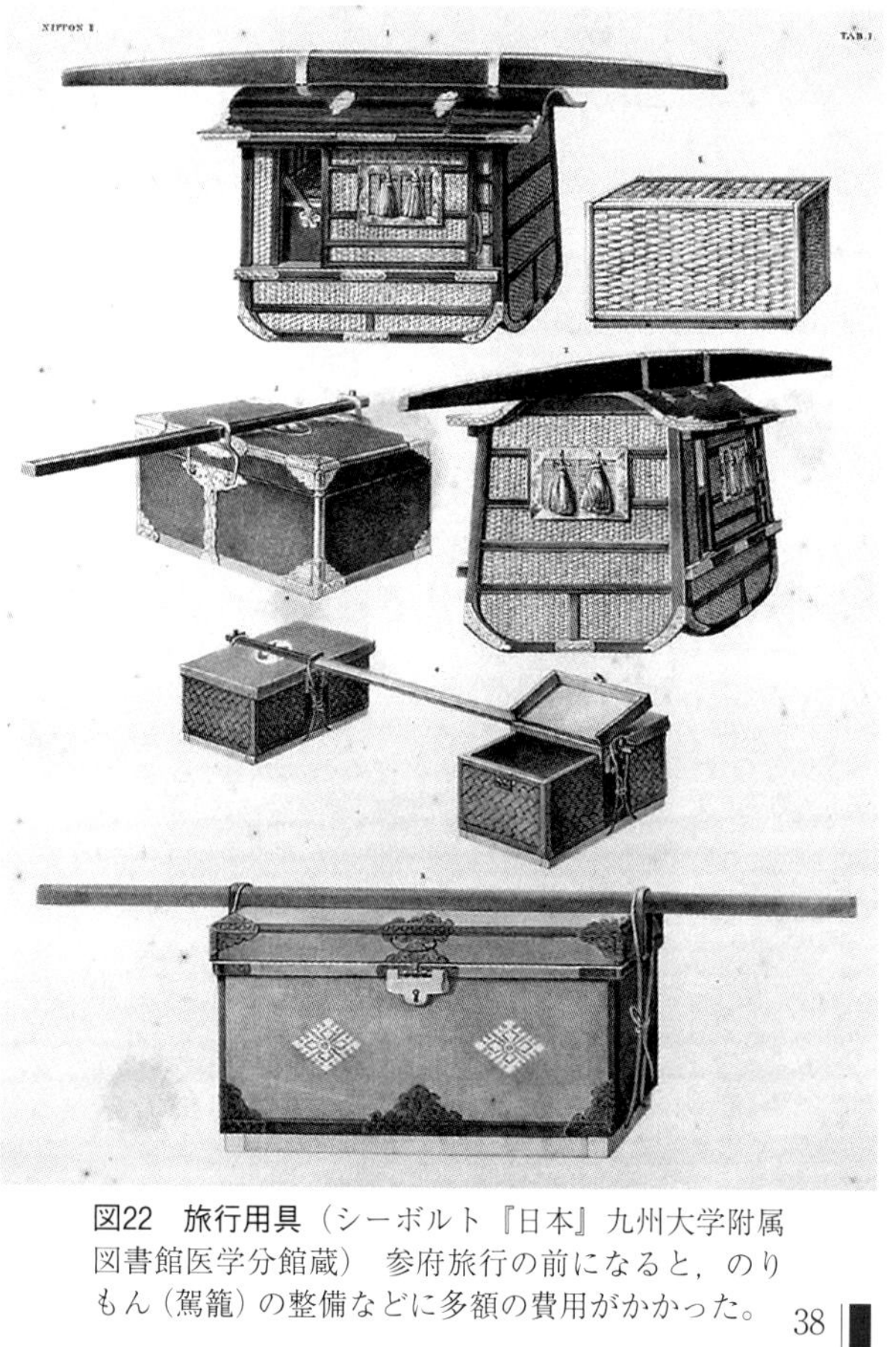

図22　旅行用具（シーボルト『日本』九州大学附属図書館医学分館蔵）　参府旅行の前になると，のりもん（駕籠）の整備などに多額の費用がかかった。

【参考文献】

森岡美子『世界史の中の出島』長崎文献社、二〇〇五年

片桐一男『出島――異文化交流の舞台』集英社、二〇〇〇年

【第二章】

九州を歩いたヨーロッパ人

旅籠図（フィッセル・コレクション，ロシア，クンストカーメラ蔵）

九州を歩いたヨーロッパ人

ケンペル ツュンベリー シーボルト 参府ルートと三人の旅程表

江戸参府はオランダ東インド会社の商館長が毎年（後に四年に一回）、長崎から江戸まで行き、通商許可のお礼のため江戸城で将軍に拝礼し、献上品を上呈したものである。参府の人数は、オランダ商館長を含め五九人が規定で、大坂雇いの者一三人ほどを入れても七〇人前後であった。

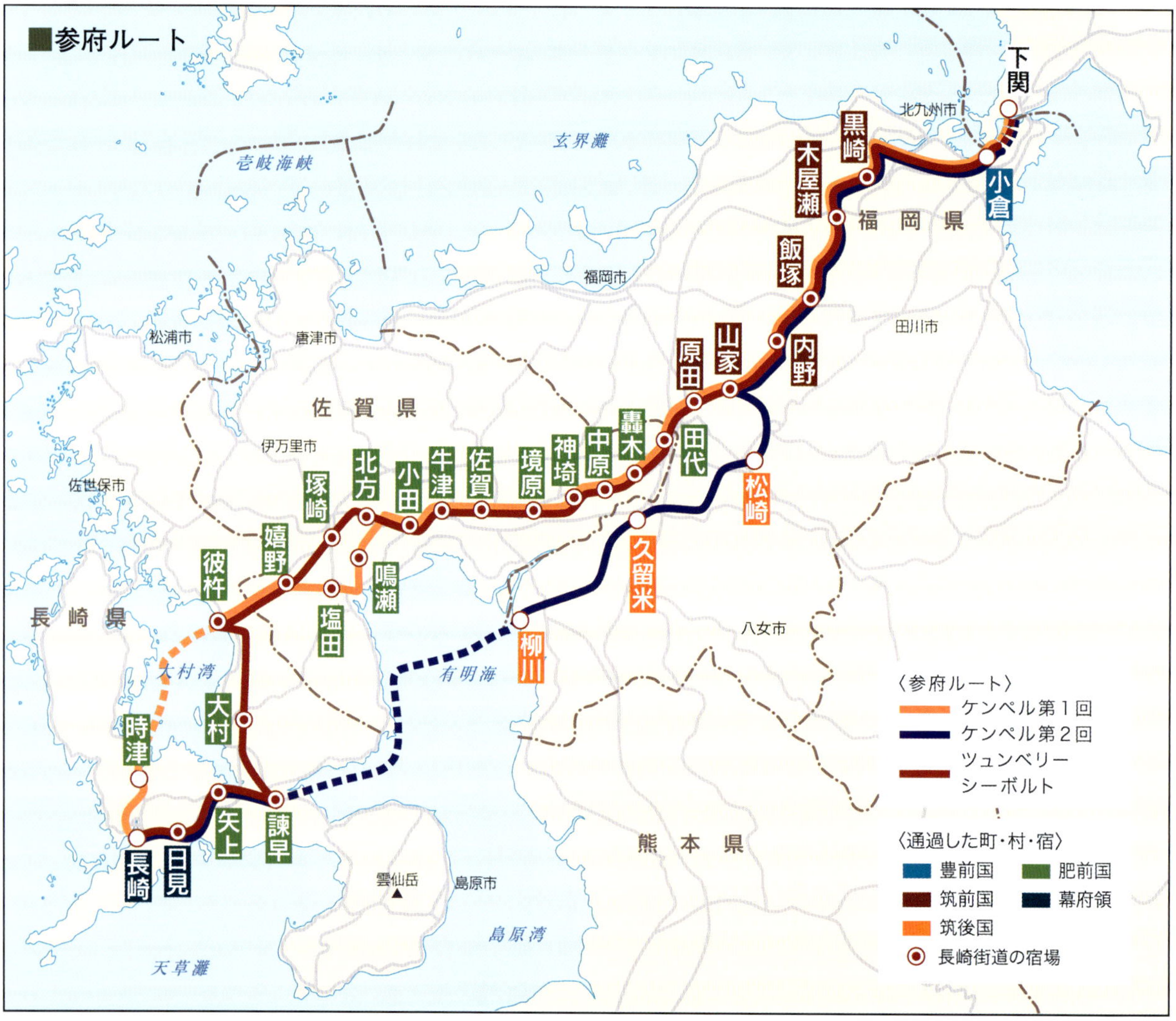

◉ **長崎街道の25宿**　長崎街道は江戸時代，長崎から小倉まで57里（約220km）・25宿あり，約７日間の行程であった。長崎奉行，幕府役人，参勤交代の大名，オランダ商館長などを含め多くの人々が往来し，献上品の珍獣も通行した。

長崎►日見►矢上►諫早►大村►松原►彼杵►嬉野►〈塩田►鳴瀬（塩田通道筋）／塚崎►北方（彼杵通道筋）〉►小田►牛津►佐賀►境原►神埼►中原►轟木►田代►原田►山家►内野►飯塚►木屋瀬►黒崎►小倉

ケンペル、ツュンベリー、シーボルトの三人が長崎街道筋で、昼休・宿泊した宿場と日程を比較してみた。

江戸参府は、ケンペルからツュンベリーまで八五年、シーボルトまでは一三五年の間があるが、コースの変更のある所以外は、昼休・宿泊する宿はほとんど変わらなかった。昼休と宿泊の宿は往きと帰りは逆になる。長崎－江戸間の往復日数はシーボルトの一四二日が一番長く、普通は九〇日前後であった。出発日は一月一五日（和暦）と決まっていた。参府は寛永一〇（一六三三）年以降毎年行われ、寛政二（一七九〇）年からは四年に一度となった。

ケンペルは二度の参府に随行した。参府ルートは、一回目は時津街道から大村湾を渡って塩田通道筋を通り、二回目は日見峠を越え諫早から有明海を渡り柳川へ出るルートで、小倉まで四日か五日の旅程である。下関着は五日目である。その後のツュンベリーとシーボルトは、彼杵《そのぎ》通道筋を通るルートで、小倉まで六日か七日の旅程である。二人とも小倉で一日滞在し、下関着は八日目である。ケンペルは、他の二人より三日程早く下関に着いた。

３人の旅程表（長崎－下関）

ケンペル（第１回）

	元禄４(1691)年	昼休	宿泊
往路	1／16（2／13）	長崎発	
	同　上	時津	彼杵
	1／17（2／14）	塩田	小田
	1／18（2／15）	神埼	轟木
	1／19（2／16）	山家	飯塚
	1／20（2／17）	木屋瀬	下関
	長崎－下関　往路計５日間		
	元禄４(1691)年	昼休	宿泊
帰路	4／4（5／1）		下関
	4／5（5／2）	小倉	木屋瀬
	4／6（5／3）	飯塚	山家
	4／7（5／4）	轟木	神埼
	4／8（5／5）	小田	塩田
	4／9（5／6）	嬉野	彼杵
	4／10（5／7）	長崎着	
長崎－江戸　往復計83日			

ケンペル（第２回）

	元禄５(1692)年	昼休	宿泊
往路	1／15（3／2）	長崎発	
	同　上	矢上	諫早(船中泊)
	1／16（3／3）	柳川	久留米
	1／17（3／4）	山家	飯塚
	1／18（3／5）	木屋瀬	小倉(船中泊)
	1／19（3／6）	下関	
	長崎－下関　往路計５日間		
	元禄５(1692)年	昼休	宿泊
帰路	4／2（5／17）	下関	小倉
	4／3（5／18）	木屋瀬	内野
	4／4（5／19）	久留米	柳川
	4／5（5／20）	（船中）	諫早
	4／6（5／21）	矢上	長崎着
長崎－江戸　往復計80日			

ツュンベリー

	安永５(1776)年	昼休	宿泊
往路	1／15（3／4）	長崎発	
	同　上	矢上	諫早
	1／16（3／5）	大村	彼杵
	1／17（3／6）	塚崎	牛津
	1／18（3／7）	神埼	田代
	1／19（3／8）	山家	飯塚
	1／20（3／9）	木屋瀬	小倉
	1／21（3／10）	小倉滞在	
	1／22（3／11）	下関	
	長崎－下関　往路計８日間		
	安永５(1776)年	昼休	宿泊
帰路	ツュンベリーは帰路の旅程を書いていない。帰りは昼も夜も往路と同じ宿を取り，道も同じ道をたどった，とある。帰路の宿泊と昼食休みの宿は往路と逆になるように組まれており，宿の負担にならないように考えられていた。		
	5／15（6／30）	長崎着	
長崎－江戸　往復計118日			

シーボルト

	文政９(1826)年	昼休	宿泊
往路	1／9（2／15）	長崎発	
	同　上	矢上	諫早
	1／10（2／16）	大村	彼杵
	1／11（2／17）	嬉野	塚崎
	1／12（2／18）	牛津	神埼
	1／13（2／19）	轟木	山家
	1／14（2／20）	飯塚	木屋瀬
	1／15（2／21）	小倉滞在	
	1／16（2／22）	小倉	下関
	長崎－下関　往路計８日間		
	文政９(1826)年	昼休	宿泊
帰路	5／25（6／30）	下関	小倉
	5／26（7／1）	木屋瀬	飯塚
	5／27（7／2）	内野	田代
	5／28（7／3）	神埼	牛津
	5／29（7／4）	塚崎	嬉野
	6／1（7／5）	彼杵	大村
	6／2（7／6）	諫早	矢上
	6／3（7／7）	長崎着	
長崎－江戸　往復計142日			

＊（ ）は西暦

長崎－大村－佐賀…P42　木屋瀬－小倉…P73
轟木－田代－山家…P60　下関…P87

長崎から佐賀まで

長崎《ながさき》▼大村《おおむら》▼佐賀《さが》▼轟木▼田代▼山家▼内野▼木屋瀬▼黒崎▼小倉▼下関

松本正子
Matsumoto Masako

元禄頃（一六八八年頃）の日本は、ケンペル『日本誌』に「街道には、季節によっては住民の多いヨーロッパの都市と同じくらい人が溢れていた」と書かれている。ケンペルは旅行者の多い原因として、参勤交代と伊勢参りをあげている。伊勢参りは農閑期の春が一番多く、参府の時期とも重なり、特に「人が溢れて」見えたのであろう（「伊勢参り」本書一四〇ページ参照）。ケンペルやシーボルトは、当時の日本で、『道中案内記』など木版刷りの旅行案内書が数多く出版され、旅が一般化しているのに驚いた。

長崎街道は、長崎から小倉まで五七里・二五宿あり、平均七日間の行程であった。

宿駅は、長崎・日見《ひみ》・矢上《やがみ》・諫早《いさはや》・大村《おおむら》・松原《まつばら》・彼杵《そのぎ》・嬉野《うれしの》・塩田《しおた》・鳴瀬《なるせ》・小田《おだ》・牛津《うしづ》・佐賀・境原《さかいばる》・神埼《かんざき》・中原《なかばる》・轟木《とどろき》・田《た》代《しろ》・原田《はるだ》・山家《やまえ》・内野《うちの》・飯塚《いいづか》・木屋瀬《こやのせ》・黒崎《くろさき》・小倉《こくら》で、三国（肥前・筑前・豊前）、四藩（佐賀・対馬・福岡・小倉藩）を通る。

佐賀藩内では街道は三通りの行き方がある。ケンペルが一回目の参府時、元禄四（一六九一）年に通った①「塩田通道筋」は、嬉野から塩田・鳴瀬を経て小田に出る。この道は、享保二（一七一七）年頃までは主要道路であったが、川越えが多く、洪水などで難儀なため、②「彼杵通道筋」が開設された。この道は、嬉野から山越えして塚崎・北方を経て小田に出る。その後のツュンベリーとシーボルトは、主流となった彼杵通道筋を行った。佐賀藩主が利用した③「多良《たら》通道筋」は、諫早から湯江《ゆえ》・多良・浜《はま》を経て塩田に出る。佐賀藩が天明三（一七八三）年、幕府に提出した藩内の主要交通路の文書には「右、三筋長崎への通路本道」とある。新規に開設された道と旧道が長崎街道として、おのおのに利用されていたことが分かる（長野暹《すすむ》編『佐賀・島原と長崎街道』吉川弘文館、二〇〇三年）。

ケンペルは、旅立ちの日に吉日を選ぶ風習があることを指摘している。凶日でも、平安時代の占師・安倍晴明《あべのせいめい》（？～寛弘二〈一〇〇五〉年、八五歳没）が作った歌、「さだめえし旅立つ日取り良し悪しは　思い立つ日を吉日とせん」を唱えると凶事《きょうじ》も回避できる、と記している。

図1　長崎図（享和元〔1801〕年，宮崎克則蔵）

旅立ち

江戸への参府は長崎の大波止《おおはと》から始まる。そこには物見高い住民がどっと押し寄せた。ケンペルは元禄四（一六九一）年一月一六日、出島で二人の長崎奉行との饗宴の後、馬に乗り朝九時頃出発した。オランダ人参府の華麗な行列はお祭りのようであった。ツュンベリーによると、彼が出発した安永五（一七七六）年正月一五日（三月四日）は長崎の「祭日」であった。シーボルトも、出発日は長崎の住民にとって「祝日」であると記す。

文政九（一八二六）年一月九日、シーボルトは堂々と着飾って出島を出て行き、大波止から駕籠《かご》に乗り出発した。長崎の人々は、旅に出る時は桜馬場の威福寺《いふくじ》で旅の安全を祈る。ケンペル、ツュンベリー、シーボルトも威福寺で旅の安全を祈り、御祓《おはら》いを済ませ、見送りに来た人々と土地の風習に従い酒を酌み交わした。

一《いち》の瀬《せ》橋の石橋を渡ると、険しい日見峠へと道は続く。元禄五年（二回目）、峠を駕籠で越えたケンペルは、「二里の道程だが、骨の折れる山道は四里にも匹敵するので、三里分を支払った」と記す。その峠でシーボルトは、駕籠を降りて弟子たちと美しい景色を楽しみ、植物採集をしながら歩いた。峠を過ぎると眼下には有馬《ありま》湾がひらけ、腎臓の形をした島原半島には活火山の雲仙岳がそびえ立ち、半ば雪で覆われていた。

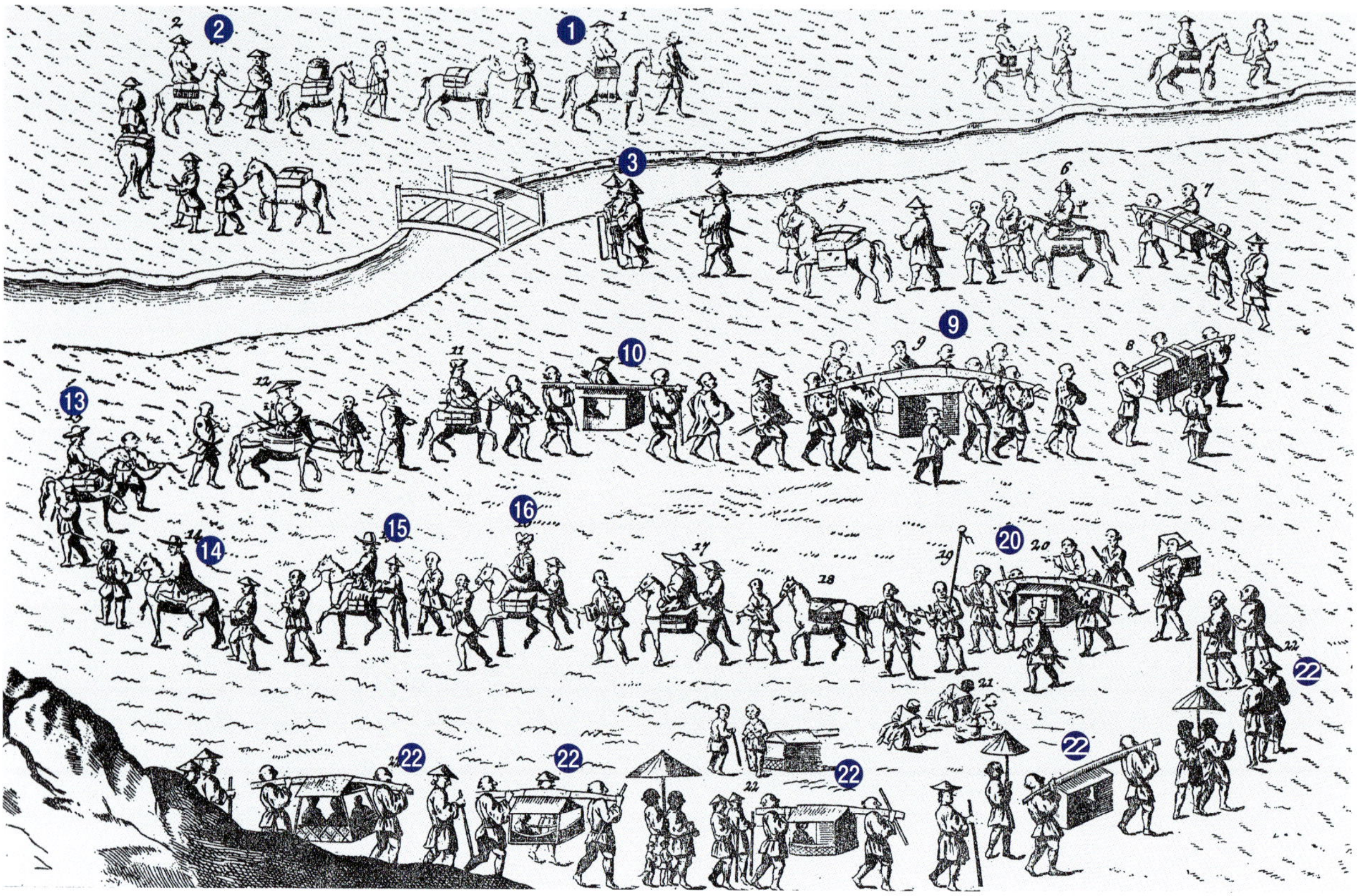

図２　参府行列図（ケンペル『日本誌』九州大学附属図書館蔵）　ケンペルがスケッチした参府行列図には番号が振られ，①，②オランダ人と日本人のための賄方と運ばれていく炊事道具，③各藩主が差し向けた案内人，⑨商館長カピタンの駕籠，⑩大通詞の駕籠，⑬・⑭馬上のオランダ人書記二人，⑮馬上のケンペル，⑯小通詞，⑳奉行，㉒見送り人などが生き生きと描かれている。

雲仙岳は寛政四（一七九三）年に噴火、眉山《まゆやま》が崩れ落ち、死者一万五〇〇〇人となり、被害は対岸の肥後にも及び、「島原大変肥後迷惑」と言われ、『島原大変記』の本となった。この本をティチング、シーボルトが持ち帰り、旅行記の中に噴火のことを書いている。その噴火から約二〇〇年後の平成四（一九九二）年、雲仙岳は大規模な噴火で大きく姿を変えた。

矢上宿・諫早宿

日見峠にある境石には「従是北佐嘉領」とあり、ここから佐賀藩の諫早領となる。矢上宿は長崎から最初の宿場であり、佐賀藩の矢上番所が置かれていた。また、参府の帰路にはここまで大勢出迎え、行列を立派に整え長崎に入るのである。

ケンペルは、二度目の参府で、大名通行時と同じように道に砂がまかれ、脇本陣である教宗寺の山門に砂が盛られていたと記す。この宿舎の玄関にはオランダ東インド会社の幔幕《まんまく》と紋章が掛けられていた。彼は「参府の時にはオランダ使節は本陣に宿を取るのだが、本陣が満員の時は九州では寺院に、東海道では宿屋に泊った」と書いている。宿の主人は礼服の裃《かみしも》を着用して短刀を差し、村の入口まで出迎えた。ケンペルは腰の低い主人の態度に日本人の礼儀正しさの原点を見ている。

諫早宿（永昌《えいしょう》宿）は、西は大村湾、東は諫早湾、南は船津《ふなつ》湾に至る。江戸時代に造られた干拓地には農地が広がり、有明海の潮の干満を利用した物資集散の港として賑わっていた。ケンペルの一日の旅程は長く、早朝から夕方まで一〇～一三里を進

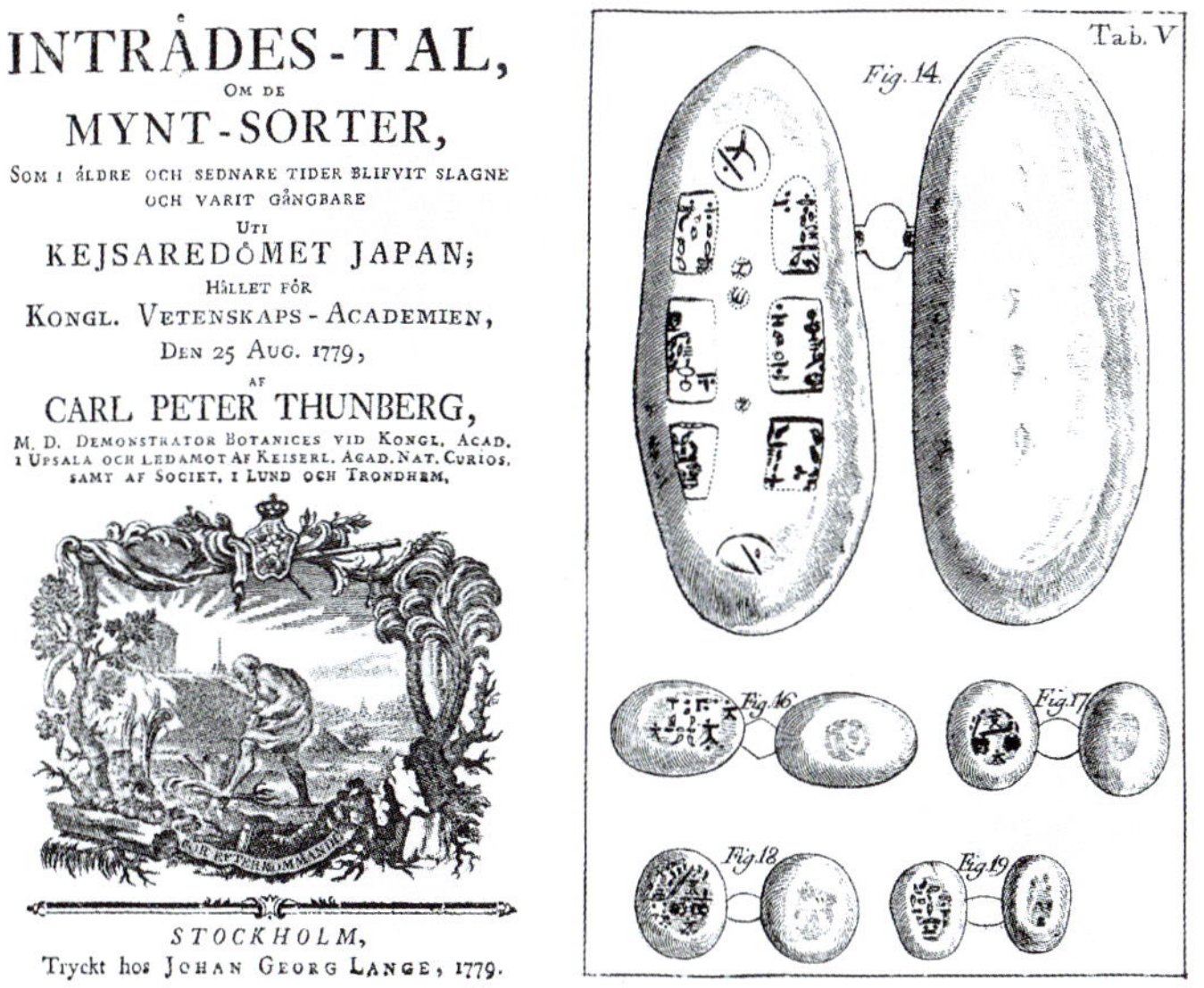

図３－１　ツュンベリー『日本貨幣考』（宮崎克則蔵）

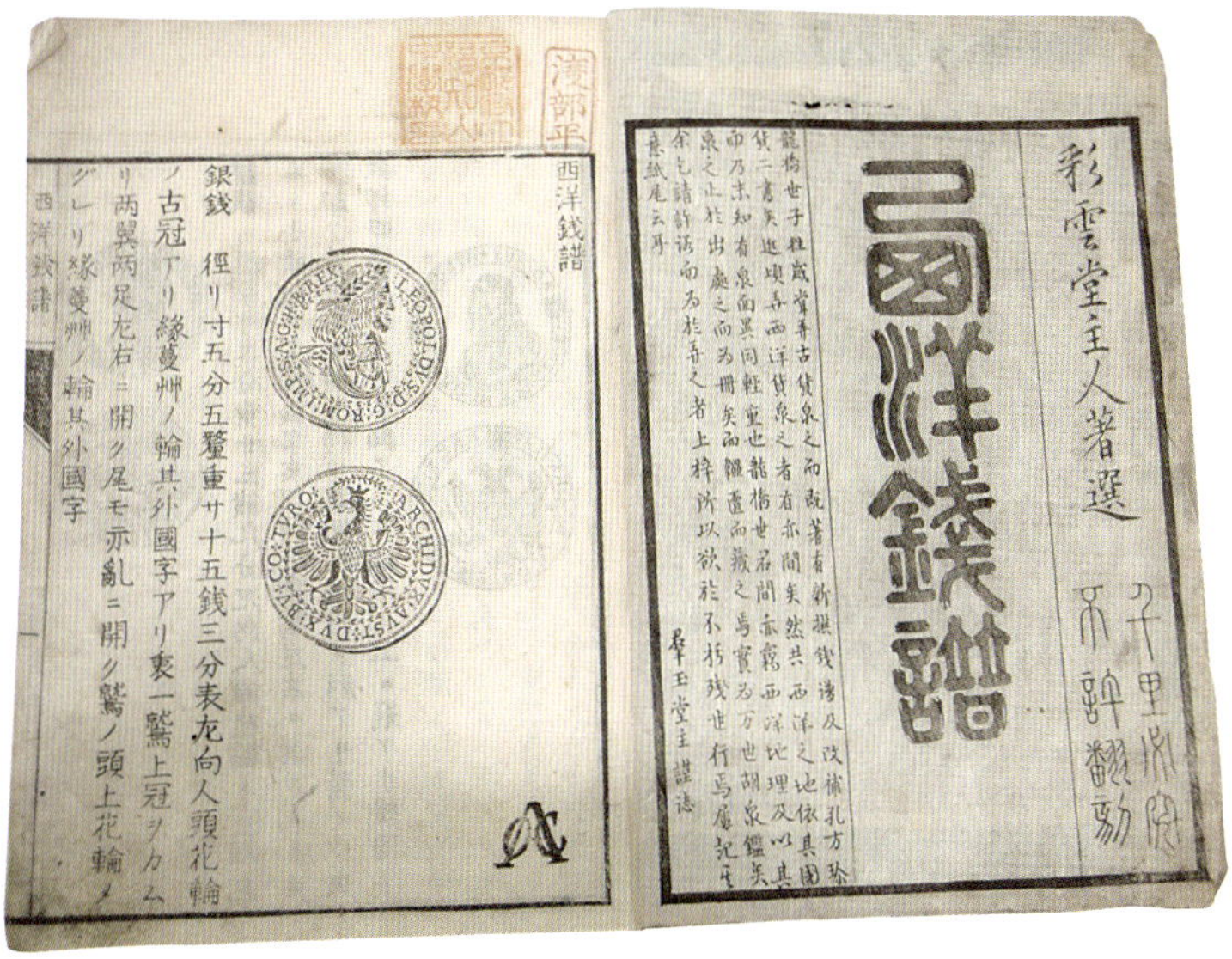

図３－２　『西洋銭譜』（京都府立福知山高校蔵）

んでいる。二度目の参府時、彼は「夕方七時」に諫早に着き、「八時」に佐賀藩の御用船三艘に乗り込み、竹崎を経て柳川へ向かった。当時は海上ルートもあったのである。

陸路を通ったシーボルトは提灯《ちょうちん》の明かりで「八時頃」諫早着、本陣の安勝寺《あんしょうじ》に泊る。この寺は一向宗（浄土真宗）であり、本堂に阿弥陀仏を飾った簡素な寺である、と彼は旅行記に書いている。現在も鐘楼が残り、古刹《こさつ》の雰囲気を残している。翌朝、シーボルトは、多くの畑に整然と茶が栽培されている景色を見ながら大村に向かう。

彼は藩境の鈴田《すずた》峠で、大村藩主の定紋が入った黒塗りの陣笠をかぶり、二本の刀を差した二人の武士に出迎えられた。彼らは行列の先頭に立ち、次の藩境まで案内した。

▽帰路の検閲

矢上宿では帰路の検閲がある。長崎到着前に検閲された荷物はここで封印され、そのまま出島の倉庫へ運ばれた。封印は、封蠟《ふうろう》を使わず和紙を縒《よ》ったもの（紙縒《こよ》り）で巻き、固く結んだとツュンベリーは記す。彼は参府旅行で手に入れた禁制品を持ち込むため、地図は他の書類の間に挟み、大きな貨幣は膏薬《こうやく》で包み、小さな貨幣は靴の中に隠した。彼は貨幣のコレクターで、帰国後に『日本貨幣考』を著す。

ツュンベリー『江戸参府随行記』には、オランダ通詞の吉雄幸作《よしおこうさく》（耕牛《こうぎゅう》）が日本の非常に古い硬貨を集めてくれたとある。また、安永八（一七七九）年〜天明四（一七八四）年に滞在した商館長ティチングは、同じ古銭の趣味を持つ丹波《たんば》・福知山藩主の朽木昌綱《くつきまさつな》と交流があり、帰国後も文通を重ね、相互にコレクションを交換し合った。

昌綱は雅号を龍橋といい、収集した西洋古銭を自ら写し解説を付けた。それを家臣の小沢瀬福《せふく》がまとめ、天明七

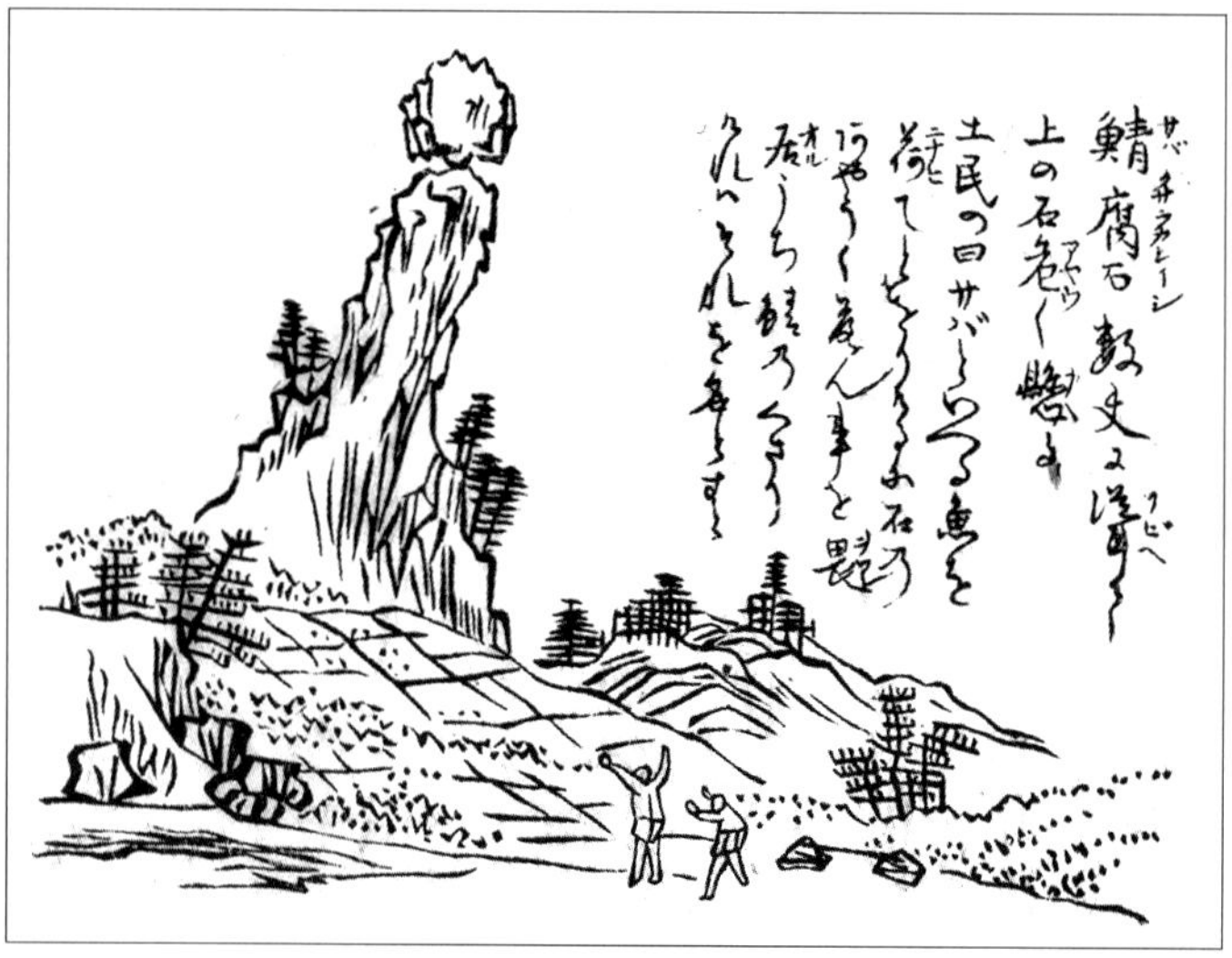

図4　鯖腐らかし岩（司馬江漢『図画西遊譚』3巻，寛政6〔1794〕年刊，九州大学附属図書館蔵「桑木文庫」）

（一七八七）年に地理誌も兼ねた『西洋銭譜』を刊行した。この本には西洋（ドイツ、ポルトガル、スウェーデン、イタリアなど）の一七、一八世紀の貨幣約一四〇種の図と説明が載せられ、わが国最初の西洋銭貨の図説書となった。

時津宿・大村宿・彼杵宿

長崎から江戸方面への陸路の出入口は、日見峠口か馬込《まごめ》口（西《にし》坂《ざか》口）である。

参府は当初、長崎－下関の間は海路であったが、唐津沖で船が難破したため、万治二（一六五九）年以降は長崎－小倉の間は陸路に変更された。

ケンペルは元禄四年（一回目）、馬込口（西坂口）から時津《とぎつ》に出る。長崎から時津までの陸路三里（約一二キロ）と、時津から大村湾を渡り彼杵までの海路七里（二七キロ）を時津街道といい、日見峠を越えて大村・彼杵へ出るより行程を一日短縮できたため、多くの人々に利用されていた。

山の上まで耕された畑以外、注目するものもない街道筋で、「鯖腐《さばくさ》らかし岩」と呼ばれる今にも崩れ落ちそうな岩がある。天明八（一七八八）年の司馬江漢《しばこうかん》『江漢西遊日記』にも描かれている岩を、彼は何も書いていない。

ケンペルは旅行記に時間を細かく記録している。彼は日本の「里」の長さは地域で異なり、九州と伊勢地方では一里（四キロ）は五〇町、他の地域では三六町という。前者は馬で行くか速く歩いて一時間かかり、後者は四五分かかることに気づいたと記す。シーボルトは、一里は三六町で、二、三の地方では古い五〇町一里を用いる、と記す。昔、里程は統一されておらず、歩行にかかった時間から距離を換算し、これを一里としたため、地域で異なった里程が用いられた。この古い里程が九州や伊勢地方に残っていたのである。幕府は交通政策として、東海道や主要街道の里程を三六町＝一里に決めた。江戸日本橋を起点とし、街道の一里ごとに一里塚を築かせ、里程の統一化を計った。

ケンペルは大波止を朝九時に出発し、長崎から三里の時津に三時間後の昼頃着いた。一里を一時間で歩く速度である。休息を取った彼は、無償で貸与された大村藩の御座船《ござぶね》で大村湾を渡った。長崎から彼杵まで一日行程のこのルートは、安永五（一七七六）年に禁止され、その後のツュンベリー、シーボルトは陸路で大村宿に到着した。

シーボルトが見た大村の城下町は町数四〇、人口二〇〇〇人、藩の人口二万人とある。『大村郷村記』（国書刊行会、一九八二年）によると、安政三（一八五六）年調べで、人口二万一六六二人、城下町の人口（男一〇八二人、女一一七人）とあり、近い数値である。正午に着いたシーボルトは六分儀《ろくぶんぎ》で緯度を測り、クロノメ

図5－1　彼杵村附近から大村湾を望む景（シーボルト『日本』九州大学附属図書館医学分館蔵）

図5－2　祇園社（八坂神社，長崎県東彼杵郡東彼杵町）

ーターで経度を測った。大村の位置は北緯三二度五五分二七秒・グリニッチ東経一三〇度一分と記す。現在の大村市役所は北緯三二度五四分、東経一二九度五八分にあり、ほぼ同じくらいである。大村は、町の美しさと「あばた顔」が少ないことで有名な町であった。シーボルトは疱瘡除《ほうそうよ》けの注連縄《しめなわ》が家ごとに張ってあった、と記す。彼は放虎原《ほうこばる》の桜並木道を進み、大村湾の素晴らしい眺望を楽しみながら彼杵に向かった。

彼杵は古代から官道が通り、元禄頃には彼杵港が築かれた海陸交通の要所であった。「彼杵村附近から大村湾を望む景」（図5－1）という絵がある。前景には港と村の一部と祇園社が見える。祇園社は明治三年に改称されて八坂八幡宮となった。シーボルトは『日本』に「ちょうどその頃は、きれいに耕した稲田に水が入れられ、農夫たちは階段状に作られた田に水を引く仕事に忙しげに働いていた」と記している。イデン国立民族学博物館にある川原慶賀が描いた原画と比べると『日本』に掲載された画は、高台に田があり、農夫が簡単な仕掛けの水車（龍尾《りゅうび》車《しゃ》）で水を揚げている図にアレンジされている。

▽大フキと北斎

シーボルトが休んだ大村藩の本陣の庭にはフキがあった。彼はその一本を出島の植物園に送った。シーボルト『江戸参府紀行』に「江戸の宇田川榕庵《うだがわようあん》が送ってくれた大フキの葉直径は一メートルである。また日本の画家北斎の画集の中で、農夫がフキの大きな葉の下で雨宿りしている有様を描いている」とある。アキタブキの拓本には、裏に蘭学者の榕庵（日本初の植物学書『植学啓源』、日本初の化学書『舎密開宗《しゃみつかいそう》』を著す。文政九（一八二六）年には天文方蕃書和解御用《ばんしょわげごよう》にて翻訳に従事）の署名と落款《らくかん》があり、現在はライデン国立植物標本館に保存されている。それにはシーボルトの筆跡で、「リグラリア・ギガンテアの葉」とラテン語の学名が記されている。この学名は九州に自生するオオツワブキを指し、アキタブキとは別種である。オオツワブキとアキタブキは花や葉の厚さが違うが、葉の形が似ているために、シーボルトは勘違いをし、著書『日本植物誌』の解説を誤っている（『シーボルトの江戸参府展』シーボルト記念館、二〇〇〇年）。

北斎の画集とは『北斎漫画』のことである。葛飾北斎《かつしかほくさい》（宝暦一〇（一七六〇）年〜嘉永二（一八四九）年、九〇歳没）は文化一一（一八一四）年、門人育成のための手本帳として『北斎漫画』初編を出版した。その後、明治一五（一八七八）年までに全一五編が刊行された。文政六〜一二年のシーボルト来日時には一〇編までが完成し、慶賀の画にはこの本を手本に描いたものもある。シーボルトは持ち帰った『北斎漫画』の目録解説に「江戸宮廷画家にして、当代随一の画家、北斎によるスケッチ集」と記す。北斎の絵は『日本』に掲載された武具図などに多く起用された。シーボルトは『北斎漫画』から複数の画を選び、レイアウトして『日本』の口絵とした。

図6　秋田の蕗《フキ》（『北斎漫画』7編，宮崎克則蔵）

▽大村の真珠

「具足玉《そないだま》」（真珠）は彼杵の地名の語源でもある。天然の真珠は

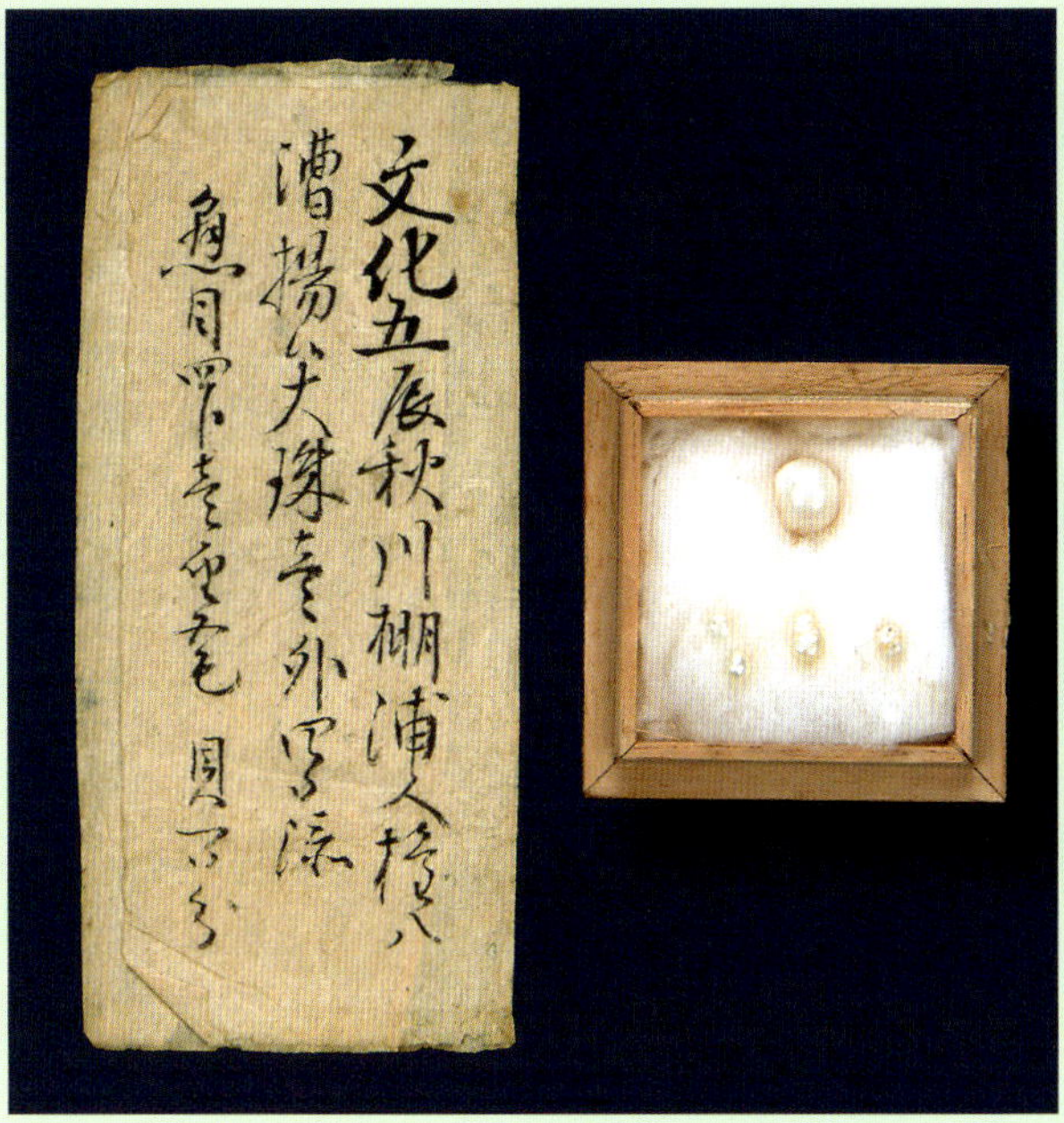

漕揚げ　文化 5（1808）年10.5㎜玉（他に天明3〔1783〕年7.6㎜玉，明和元〔1764〕年6.9㎜玉，明和元〔1764〕年9.7㎜玉などがある）

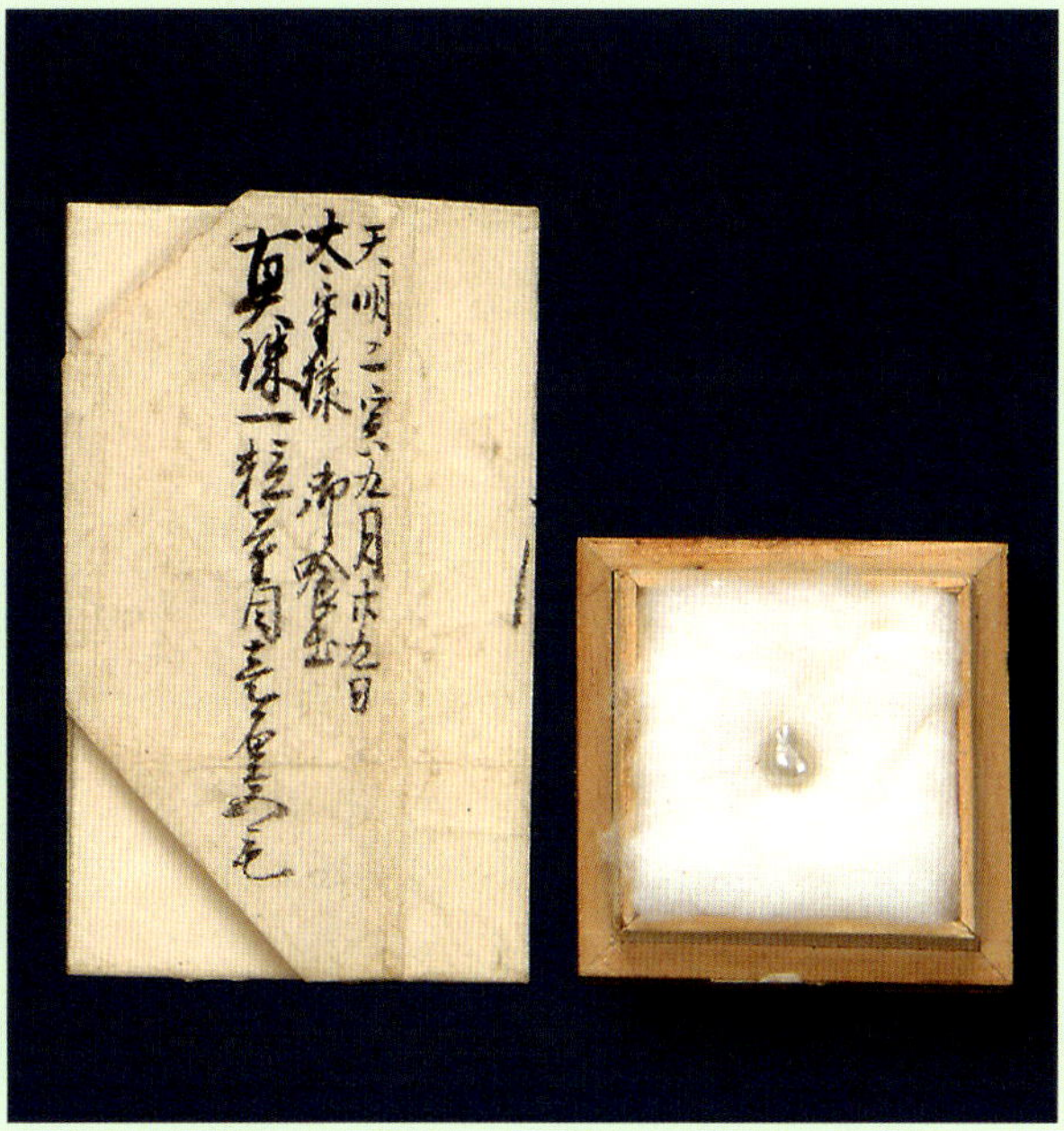

太守様御喰出し　天明 2（1782）年8.5㎜玉（他に大村純保公御喰出し，宝暦 4〔1754〕年2.7㎜玉がある）

図７　**大村の真珠**（独立行政法人水産総合研究センター養殖研究所蔵，写真：TBS 提供）

古来より採られ、「肥前国風土記」（天平一一〔七三九〕年）にも見える。彼杵に泊まったケンペルはひそかに真珠を手に入れた。彼は『日本誌』に、「阿古屋《あこや》貝真珠は薩摩の近海と大村湾だけでしか採れない。大村では真珠を毎年三〇〇〇両、長崎に来るシナ人に商っている。以前はこの貝を食べていたが、今の藩主は食用を禁じた」と記す。シーボルトも大村藩の真珠採取場を視察した。監視人がデザートに出してくれた貝は、ソデ貝といい、それを彼は生で食べ、また焼いて食べた。美味しかったという。彼は、監視人から真珠は貝の皮膜の筋肉と膜の間（貝柱）にあるという話を聞き、後に、自分自身でも確かめた。日本では真珠を眼病、耳痛、痙攣《けいれん》その他の病気の薬として用いていた。真珠は大村湾の他、尾張《おわり》、伊勢、薩摩地方の沿岸でも採取された、とシーボルト『日本』にある。

大村藩の記録によると、寛文元（一六六一）年、長崎の商人がアコヤ貝の採取許可を願い出た。これを「貝請《かいう》け」といい、同五年には真珠の採取を藩営とし、藩の収入源とした。同一二（一六七二）年の真珠採取量は「六貫五百九拾八匁四分五厘」（約二五キロ）であった。また元禄二（一六八九）年の記事には、くず玉（小さい玉）は薬用として長崎の商人に売却しているとある（『大村郷村記』）。

偶然に漁民の網にかかった真珠貝は「漕揚《そうあ》げ」といい、届出が義務づけられていた。藩主の食膳に上ったアコヤ貝から発見された真珠を「御喰出《おはみだ》し」といい、これらは大切に保存され、現在は三重県度会《わたらい》郡南伊勢町の「水産総合研究センター養殖研究所」で見ることができる（『大村史話』下巻、大村史談会、一九七四年）。

大切に保護繁殖されてきた大村湾のアコヤ貝は、明治になると自由採取となり激減したが、人工的に真珠核をアコヤ貝の外套膜《がいとうまく》に挿入する技術が開発され、養殖真珠の幕開けとなる。

嬉野宿・塩田宿・塚崎宿

ケンペルは一回目の往路、夜明けとともに彼杵を出発した。幹の中が空洞になっている二の瀬の大楠を通り、藩境の俵山《たわらやま》峠を越えて佐賀支藩の蓮池《はすいけ》領に入る。人足一〇〇人の要求に対し、二〇〇人も差し出した藩主鍋島直之《なおゆき》を寛大だと評価し、大満足であった。嬉野宿に着いたケンペルは「その湯は非常に熱く、匂いも味もなかった。性病、疥癬《かいせん》、リュウマチ性疼痛《じんつう》および中風に効能がある」と記している。嬉野の温泉の歴史は古く、天平一一（七三九）年の「肥前国風土記」にもある。湯屋は藩営で上使屋《じょうしゃ》（御茶屋）と隣接していた。竹の生垣で囲まれた温泉は、見張り所や別荘もある。建物には六つに仕切られた部屋にそれぞれ浴槽があり、湯元のそばには一般人用の二つの浴槽があったと記す。ケンペルが描いた敷地図を見ると、八個の浴槽、楠木、別棟の休憩所など、温泉の構造が分かる。宝暦一三（一七六三）年「蓮池藩請役所日記」（佐賀県立図書館蔵）によると、藩営になって一〇〇年になる温泉に湯壺を一〇カ所に増すよう改修命令が出ている。改修後の様子をツュンベリーは「病人のための湯舟がある」と記している。

天明八（一七八八）年の参府に付き添った役人の記録（『江戸参上阿蘭陀人付添日記』長崎歴史文化博物館蔵）には、嬉野の「湯見物」をオランダ人三人が行ったと記されている。嬉野温泉の見物

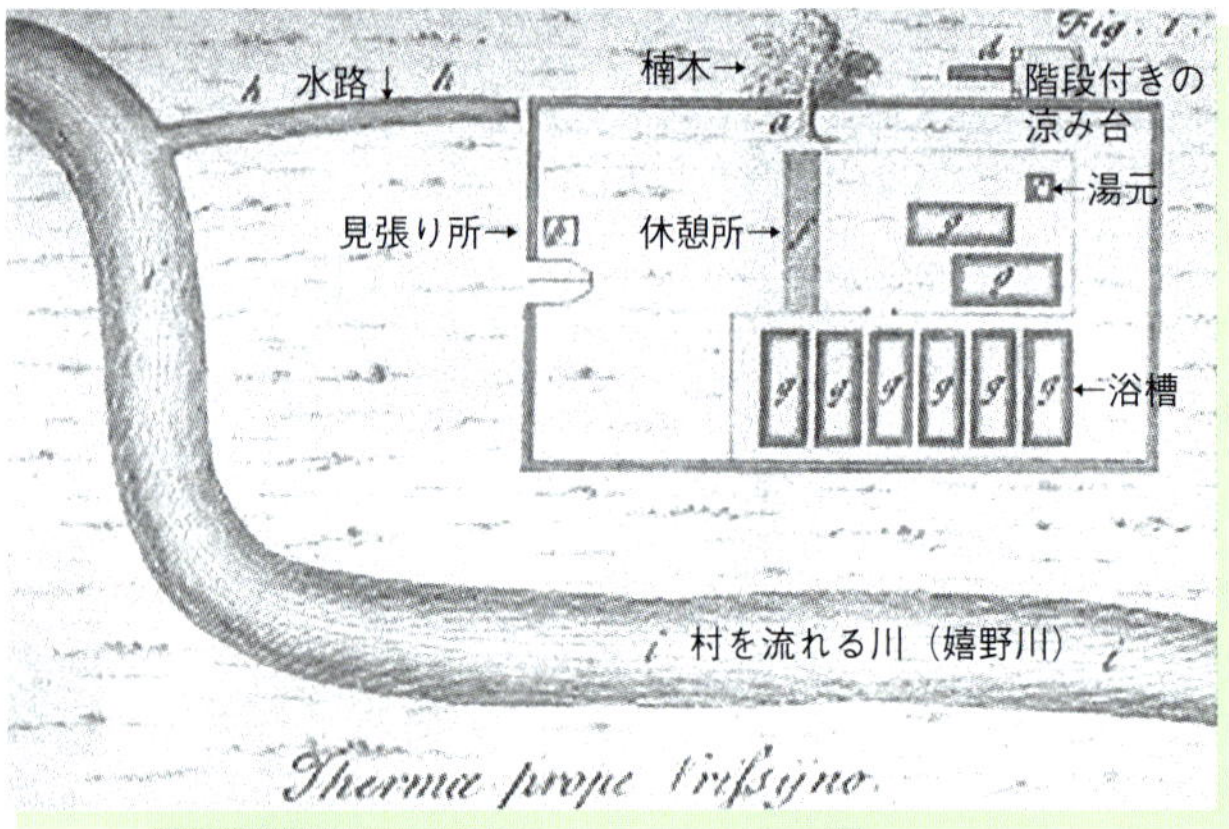

図8　嬉野温泉
左＝ケンペル『日本誌』部分図，九州大学附属図書館蔵
下＝川原慶賀筆，ブランデンシュタイン城博物館蔵

は恒例であったようで、シーボルトも『日本』に、日本人の同行者は古い慣習に従い、外国人に一見に値する「珍しい」ものを見せることに気を配っていると記し、印象深いものとして、大村で食べた真珠貝や嬉野温泉のゆで卵などを挙げている。入浴料について、シーボルトは一回五文から一〇文の安価で入浴できるという。彼がスケッチさせた慶賀の原画には、大きな松が建物の側にあり、湯元から湯気が噴き出しているが、『日本』の挿絵では、松は楠木に描き直されている。その理由は不明である。彼は同行の薬剤師ビュルガーに温泉の成分を分析させている。その方法は試薬を加えて化学物質を特定していく近代的な分析法であった。この時の分析記録はライデン国立自然史博物館に保存されている（長崎大学薬学部編『出島の薬』九州大学出版会、二〇〇〇年）。

塩田宿には塩田津があり、有明海の干満を利用した船便で天草陶石などが運ばれて、水車で粉砕されていた。現在も粉砕工場がある。ケンペルは元禄四（一六九一）年の帰路に「一人の陶工が磁器の大壺や色々の種類の陶器を作っていた」と記す。塩田の志《し》田《だ》焼の窯は、街道をはさんで蓮池領の西山と佐賀本藩領の東山にあった。ツュンベリーは塩田の大甕について、彼が知る一番大きい甕で、水瓶《みずかめ》として使われ、オランダ東インド会社はこれをインドに輸出していたと記す。シーボルトも、嬉野から塚崎へ行く途中で陶器を乾かす仕事風景を見、簡単だが工夫した粉砕機であったという。彼はその様子や唐臼《からうす》の構造を詳細に書いている。

塚崎宿は現在の武雄温泉である。享保二（一七一七）年に川越えの多い塩田道を避け嬉野から塚崎を通る彼杵道筋ができた。文化一〇（一八一三）年、伊能忠敬『測量日記』（伊能忠敬記念館、一九八九年）に「湯壺六ケ所、名湯也」とある。シーボルトは藩主の浴場で入浴する許可を特別に得た。浴槽は木製で、馬の尾毛で作った細かい篩《ふるい》でこした清潔な湯であったという。

北方宿・小田宿

北方《きたかた》宿は佐賀藩多久《たく》領である。北方宿から小田宿へ行く途中にシーボルトが視察した福母《ふくも》の炭鉱があった。採炭の始まりは、多久家の寛延元（一七四八）年「御役所日記」（多久郷土資料館蔵）に「油石」（石炭）の記述があるから、この頃であろう。文政九（一八二六）年に訪れたシーボルトは、一二〇段ある縦坑の階段を六〇段まで降りたが、同行の役人に止められている。炭鉱の排水について「わが国のツルベ井戸のように水を汲み出す」と記す。当時のドイツでは水車を利用した排水が主流であった。

文政五（一八二二）年「御屋形《おやかた》日記」（天和二（一六八二）〜明治三（一八七〇）年、多久郷土資料館蔵）によると、排水の悪水が田地に流れ込み、石炭を焼いた煤煙が稲を害するなどの理由で、百姓から採炭中止の願書が提出されている。これに対し多久役所は中止命令を出し、天保三（一八三二）年までにすべての炭鉱が閉鎖された。稲作重視の政策が炭鉱を閉鎖させている。その後、再開されるのは、石炭の需要が増す天保七（一八三六）年、排水溝も次第に整備されていった。オールコック『大君の都』（岩波文庫、一九六二年）には、イギリス駐日総領事の彼が、文久元（一八六一）年、監視役人の制止を聞かず採掘坑口を観察したことが記されている。彼は、「大量の石炭が野天に積み上げられて、どんどん変質するままになっていた」という。後に杵島《きじま》炭鉱となる大崎村の大副山《おおぞえやま》炭鉱の再開は、文久三（一八六三）年である。その炭鉱を描いた絵馬が武雄市北方町の大崎八幡神社にある。炭鉱請元の稗田《ひえだ》家が繁栄と働く人々の安全を祈願し奉納したもので、「慶応元（一八六八）年乙丑八月」とある。大副山と麓《ふもと》の炭鉱風景、ツルベや水車、六角《ろっかく》川の港、久津具《くつぐ》に停泊する石炭船など当時の姿が描かれている。幕末になると、石炭は外国の蒸気船や国内の軍備を整備するために重要となっていく。

図9　炭坑絵馬（慶応元〔1868〕年，北方町大崎八幡神社蔵）

▽焼米堤《やきごめつつみ》

北方宿を出ると、長崎街道沿いに見上げるほど大きな焼米堤がある。シーボルトは藩の管理下にあった溜池を視察し、水門や水位計のことを記している。オールコックも施設を見るために焼米堤を駆け上り、護衛に抗議されている。それは、通行自由になったイギリス人一行の警備を厳重にするよう、藩の通達があったからである（「御屋形日記」文久元（一八六一）年）。

白石《しろいし》平野を蛇行する六角川は、有明海の潮が上ってくるため、農業用水には適さない。焼米堤（竜王堤）は、干拓で広がった白石平野の水源確保の溜池として、寛政一二（一八〇〇）年に造られた。堤の規模は土井敷二五間・辻幅六間・高三間・長一六〇間、野越《のごし》幅一五間・長三〇間である。危険水位の時は野越から六角川へ直接排水した。佐賀藩士南部長恒《なんぶながつね》がまとめた佐賀の水利の書、天保五（一八三四）年「疏導要書《そどうようしょ》」（鍋島報效《ほうこう》会蔵、佐賀県立図書館寄託）には「送水する途中に六角川がある為、川の上を「部越《はめこし》」という水筧《すいかん》（掛樋）を渡し、対岸の二里先にある中郷に送水したが思わしくなく、工夫がいる」とある。掛樋は木製で修理代もかかり、船の航行時には取り外すなど管理に手が掛かった。大正六

（一九一七）年、サイフォン式が導入され、六角川の下に造られた暗渠《あんきょ》に木製の送水管を通し対岸に送水した。現在の送水管は鋼管である。

　ケンペルが泊まった小田宿には、大きな楠木の下に馬頭《ばとう》観音堂がある。彼はその中の馬頭観音を見て、「子牛の頭の形をした仏像」と記す。彼はこの仏像をスケッチしていない。『日本誌』に掲載されている「牛頭天王《ごずてんのう》」は、一般の家に貼られていた魔除けの護符「角大師《つのたいし》」の絵を、ケンペルが模写したものであった。シーボルトは慶賀に馬頭観音をスケッチさせた。その絵の馬頭観音は、蓮の上に足を組んで座り、逆立つ頭髪の中から馬の頭が突き出している。非常に見分けにくいので、観察の鋭いケンペルにも子牛の頭に見えたのであろうという。元禄三（一六九〇）年、土佐の画工・紀秀信『仏像図彙《ずい》』（寛政八年版、愛媛大学図書館蔵）には、八〇種類余の経典にある仏像、人物、仏具などが掲載されている。シーボルトはこの本を見て「馬頭観音は馬の頭をした守護仏である」と確信する。

図10　小田の馬頭観音堂（川原慶賀筆，ブランデンシュタイン城博物館蔵）

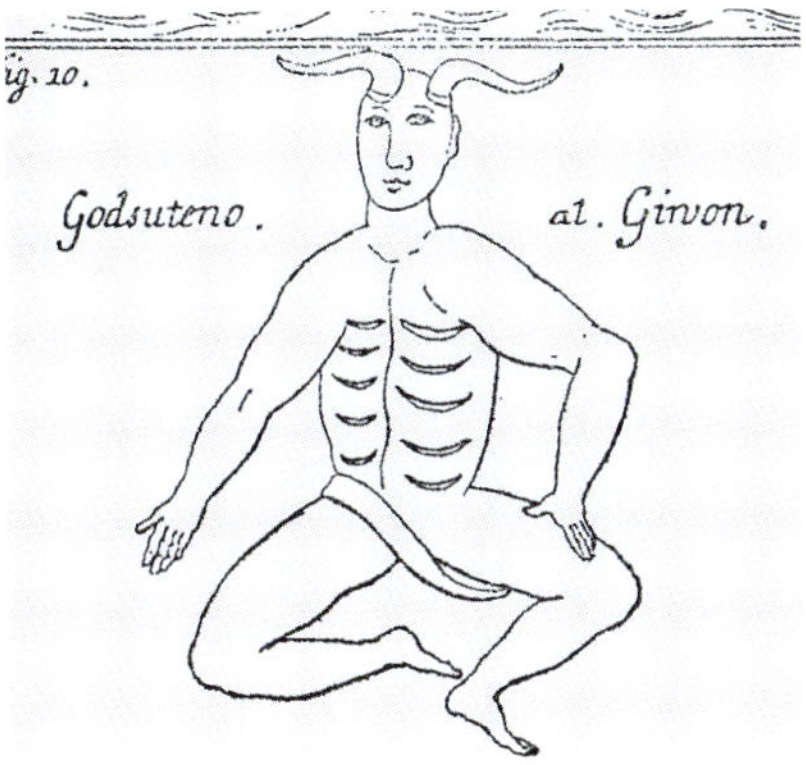

図11－1　牛頭天王図（ケンペル『日本誌』部分図）

図11－2　角大師（香川県丸亀市・妙法寺販売の護符）

牛津宿

　佐賀支藩小城《おぎ》領の牛津宿にある野田家には、安永元（一七七二）年から安政五（一八五八）年の『野田家日記』（西日本文化協会、一九七四年）が残っている。野田家は質屋を営んでおり、店先から街道を行く長崎奉行、参勤交代の大名、参府のオランダ人、朝鮮漂着民などを見ている。オランダ人の記述を抜粋する。

文政五（一八二二）年正月十八日、阿蘭陀人通リ、江戸登り也、此節羊通ル、巳前ハ正満寺ニ泊リ候得共、此節ハ寺ヲ嫌テ上使屋ニ昼休する
四月阿蘭陀人江戸下り、十二日ノ晩ハ牛津泊リ也

これは商館長ブロンホフの江戸参府の記事である。羊は食用であろうか。

文政九年正月十二日、阿蘭陀人通ル、牛津昼休也、五月廿九日、阿蘭陀人下ル也

これはシーボルトの時である。彼は脇本陣の正満寺で往路は昼食、帰路は泊った。この日記には、文政一一年の「シーボルト事件」について「この冬ニ成リテ長崎ニ阿蘭陀大変あり、色々の日本ノ宝物其外大絵図ヲ買取候歟《か》、公儀ヨリ稠敷《きびしく》御詮議也」とある。禁制品の地図を持ち出そうとしたシーボルトの事件は、ここにも伝わっていたのである。

安政五歳戊午正月廿九日、阿蘭陀人弐人通ル、兼ねてよりはきびしく、見物も内より致すこと也

これはオランダ領事になったクレチウスの通行であろうか。「見物も内より致す」と、幕末の緊張感が伝わる。『鍋島直正公伝』(侯爵鍋島家編纂所、一九二〇年)によると、安政二(一八五五)年、日蘭和親条約は最後の商館長クレチウスが調印し、彼が領事官となった。出島のオランダ商館は閉鎖され、オランダ人は自由に出島を出行でき、江戸参府は免除された。安政五年、日本は五カ国(米・露・蘭・英・仏)と修好通商条約を結ぶ。

▽朝鮮漂着民の長崎護送

朝鮮からの漂着民は、寛永一七(一六四〇)年に長崎護送が制度化された。長崎奉行所で取り調べた後、漂着民は対馬藩を経由して朝鮮に帰国した。文政五(一八二二)年(二月八日)、ブロムホフ商館長は嬉野の手前で、長崎へ護送中の長門《ながと》(山口県)に漂着した一一人の朝鮮人に出会った(『長崎オランダ商館日記九』雄松堂出版、一九九八年)。『野田家日記』にも「正月十六日ニ又朝鮮人十一人通リ」と、同じ朝鮮人の記述がある。この時の漂着民ではないが、シーボルトは出島の前にある対馬藩屋敷を訪れ、漂着民の姿を慶賀に描かせている。

佐賀宿・神埼宿

佐賀宿は佐賀本藩領である。ケンペルの時の佐賀藩主は鍋島光茂《みつしげ》、シーボルトの時は鍋島斉直《なりなお》である。ケンペルは、肥前は西国では一番大きな国で、領地の一部は将軍に没収され、他の

図12　朝鮮・漁夫の一家
(シーボルト『日本』九州大学附属図書館医学分館蔵)

図13　佐賀市・八戸の鋸形の町並み

大名に与えられているが、彼らも同じように参勤交代しなければならない、と書いている。肥前国には、佐賀藩の他に大村藩、平戸藩、唐津藩、島原藩などがあり、それぞれに大名がいた。ケンペルは牛津を出て、久保田村の道標（郡境石）を過ぎ、嘉瀬津《かせつ》町の刑場で「十字架」（ケンペルには十字架に見えた）にかけられた罪人を見ている。佐賀城下の西口には八戸《やえ》番所があった。八戸の町並みは防御のために屋敷地が鋸《のこぎり》形に配置されている。彼が見た佐賀城下には、町筋を横切って運河や川が流れ、民家は小さく粗末で、大通りには職人の仕事場や小売店が並び、黒い暖簾《のれん》が外観を美しく飾っていたという。

尾張商人の菱屋平七「筑紫紀行」（『日本紀行文集成』一巻、日本図書センター、一九七九年）の享和二（一八〇二）年には、「この国の町屋にも村々にも道の辻ごとに恵比須を置きけり」とあり、現在も佐賀市には四〇〇体以上の恵比須像が残っている。長い町並みは、『伊能忠敬測量日記』に「佐嘉城下の八戸から構口《かまいぐち》の両番所までの街道筋一里三四丁五六間ある」とあり、約七・八キロであった。シーボルトが測った佐賀の位置は、北緯三三度一五分、グリニッチ東経一三〇度一八分である。

ケンペルが見た佐賀の住民は、均整がとれていて小柄であり、アジアのどの地方よりもよく発育して美しかったという。彼は肥前の女性を、厚化粧で人形と見まちがえるほどであったともいう。これに対してツュンベリーは、眉毛を剃った肥前の女は醜い、眉を剃ることは、長崎で歯を黒く染めるのと同様に、その女性が結婚していることを示す、とも書いている。お歯黒《はぐろ》は古代からあり、江戸時代になると、白化粧、お歯黒や眉《まゆ》引《びき》は既婚の女性の風俗となった。文化一〇（一八一三）年には化粧やおしゃれに関する、佐山半七『都風俗化粧伝《みやこふうぞくけわいでん》』（嘉永四〔一八五一〕年版、

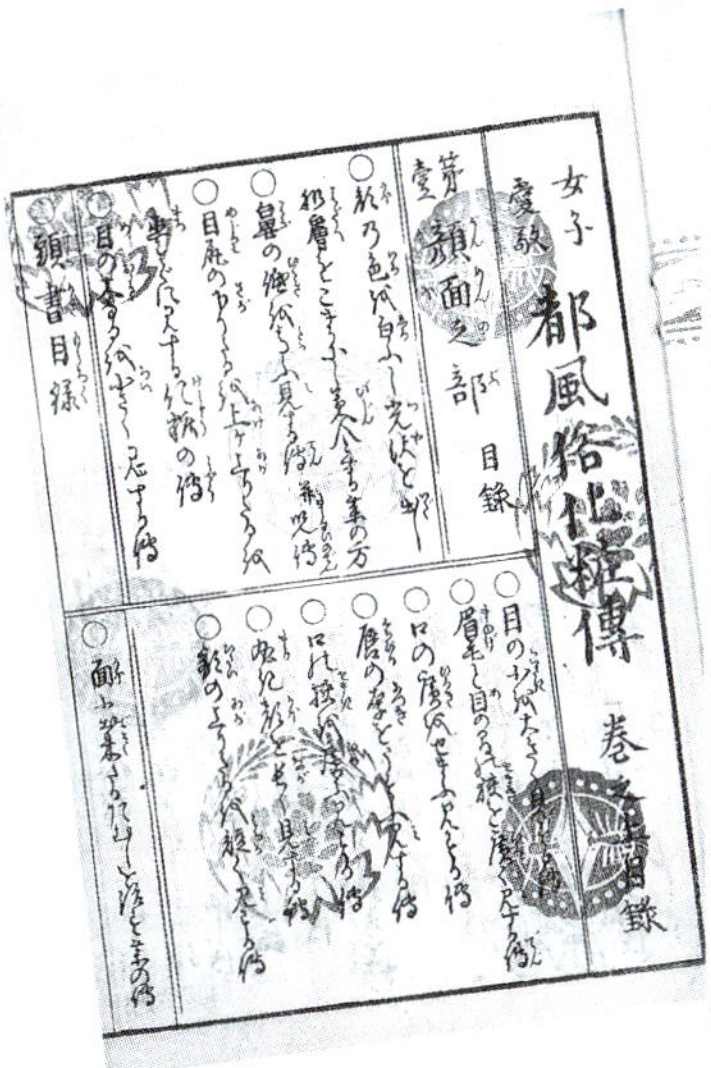
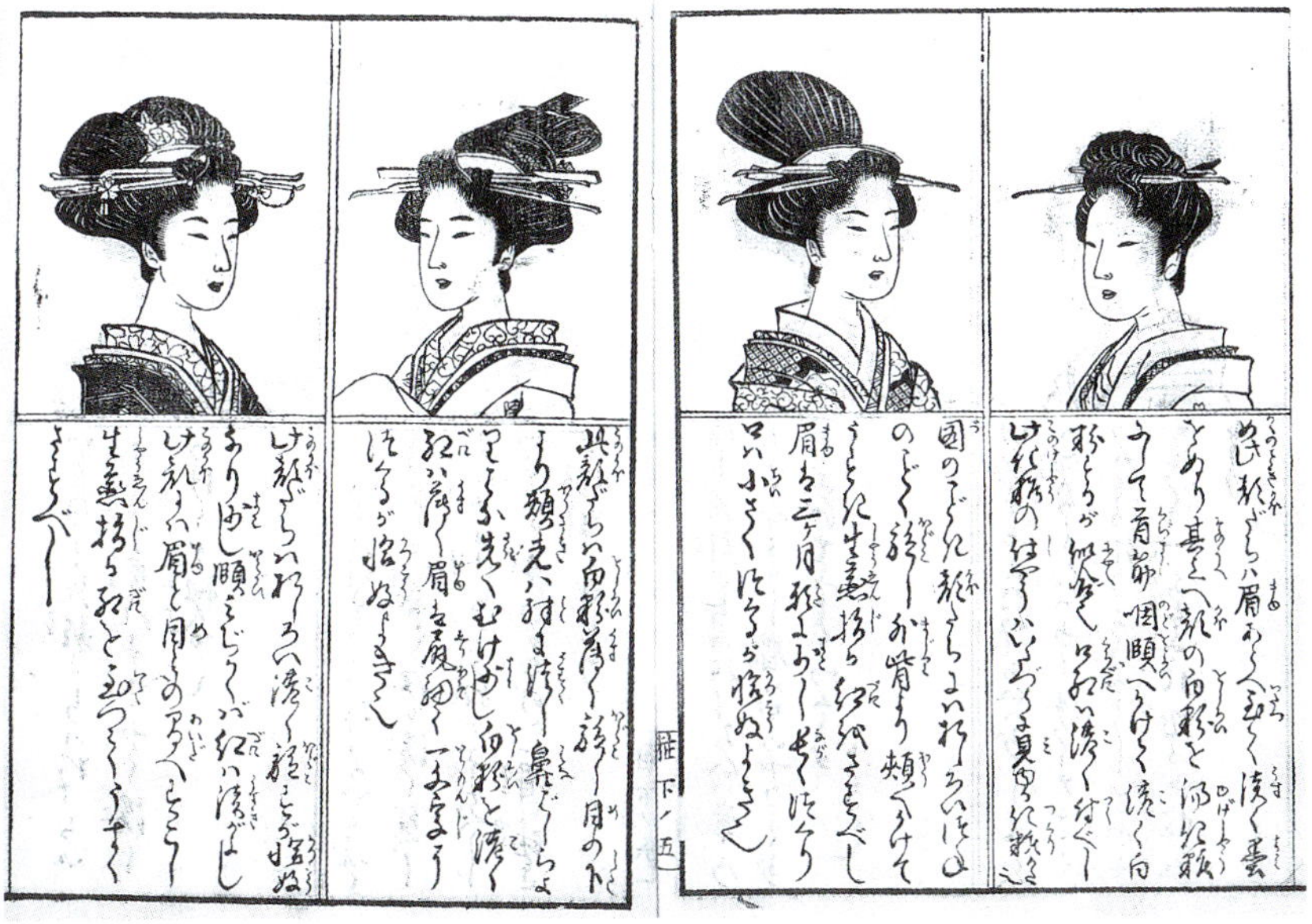

図14　『都風俗化粧伝』（嘉永4〔1851〕年版，大阪府立中之島図書館蔵）

大阪府立中之島図書館蔵）が出版され、明治に至るまで一〇〇年近いロング・セラーとなった。ツュンベリーは日本女性の化粧法を調べ、紅は紅花を原料とし唇に塗る。お歯黒は鉄漿《かね》ともいい、尿、鉄滓《てつさい》、腐敗した酒で作り歯に塗る。彼は口の中で黒く光る歯を醜く嫌だと言う。日本の化粧法は欧州と比べ容貌を変える巧みさでは劣らない、とも記す。

神埼の町の中心には櫛田《くしだ》神社があり、鍵形の町並みは今も残っている。ケンペルの頃は七〇〇〜八〇〇戸の大きな町であった。彼はたくさんの僧侶や寺院を見たと書いており、帰路は脇本陣の真光寺《しんこうじ》に泊まった。上検使《じょうけんし》と交替した部屋の柱には、お札がいっぱい貼られ、夜は僧たちが鉦《かね》を鳴らしてとてもやかましかったと記す。シーボルトの頃の神埼は約一〇〇〇軒であった。

神埼を出ると緋《ひ》の柱《はしら》一里塚があり、片側だけが現在も残っている。三田川の苔野《こけの》に着いた彼は、ソバ粉から作ったソバ切りをワサビやトウガラシ、ネギなどを薬味に食べている。ソバで元気をつけた彼は、目達原《めたばる》付近で心地よい松林が続く中を通り、ムメサキウツギの美しい生垣の中原で休み、佐賀藩最後の宿場である轟木へと向う。

▽農業と技術

佐賀平野の広大な田園風景を見たケンペルは、ここで牧畜や果樹栽培をするならば「イラン地方のメデェエン」になるという。佐賀藩では干拓により耕地が拡大した。澪《みお》という、縦横に網の目のようなクリークが作られた。潮の干満の差で河川を逆流する淡《あ》水《お》を堀に溜め、井堰や水門を設けて水の管理をしてきた。そのため、佐賀には水門が多く、独自の農業技術が工夫された。ケンペルは、馬で田を耕すのを初めて見たと記す。冬場でも佐賀の田には水が入っており、田んぼに入ったヒビ割れを馬耕《ばこう》で塗り固めて水漏れ防止をするのである。

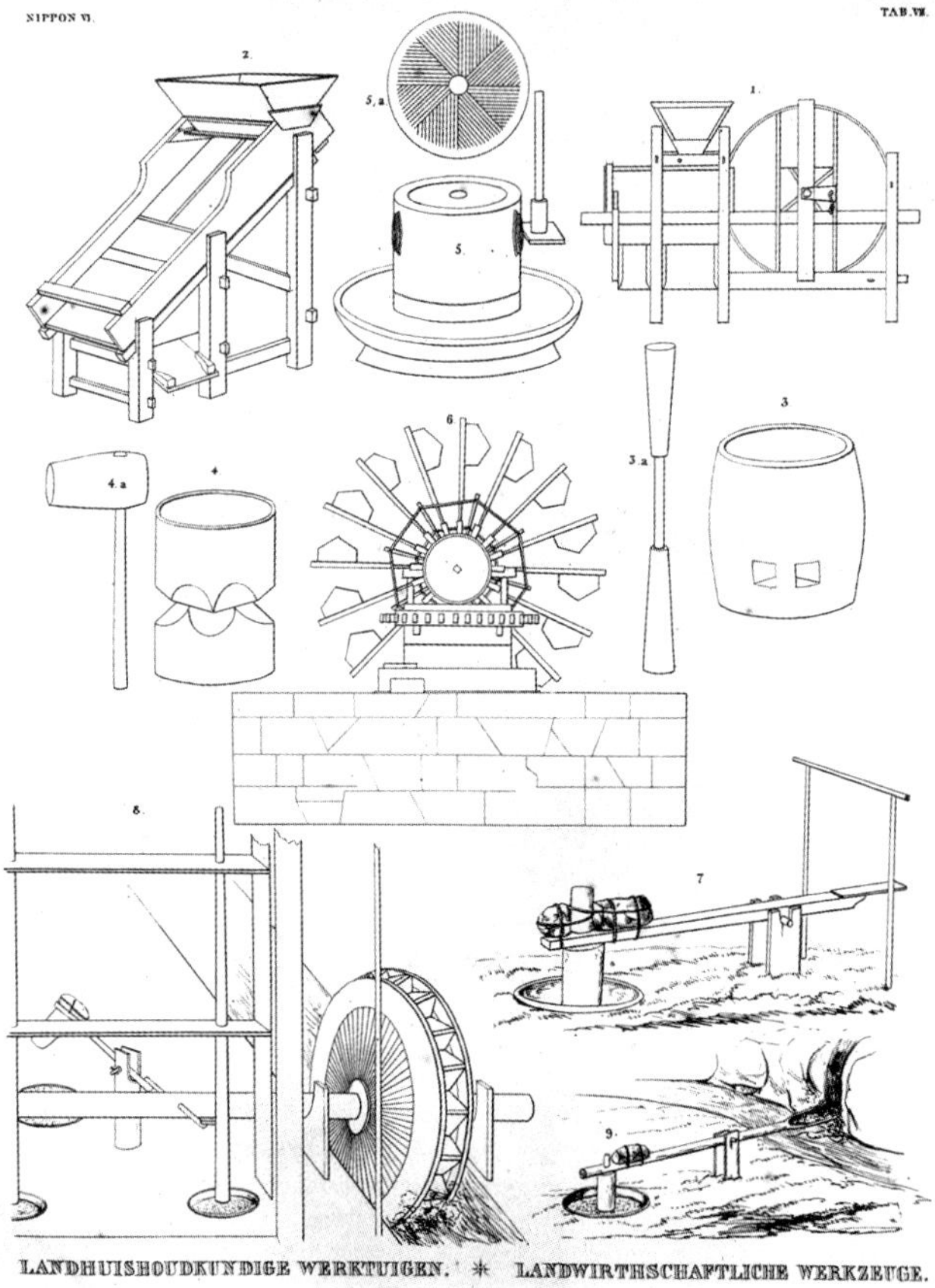

図15　農具（シーボルト『日本』九州大学附属図書館医学分館蔵）

シーボルトは、冬の田に麦が植えられていたこと、水が溜まっていたことを見逃さなかった。水が溜まっていた麦畑の畝《うね》は、畔《あぜ》の土を切り取り積み重ねて一メートルの高さになる。彼は「水のみなぎる田から高く出て、良く茂ったシバの腰掛」と表現する。水を一滴も粗末にしない農法である。

シーボルトが長崎へ帰る西暦七月初め、佐賀の水田地帯では耐え難い暑さの中で除草や水車で水を汲み上げることに懸命であった。『野田家日記』の安永三（一七七四）年に、「此年より水車始まる。以前は釣桶《つりおけ》かっぽうなり」とある。クリークから水を汲みあげる機械として踏み車（水車）が導入されたことを示す。効率はあがったが、過酷な労働であった。日本に水車はあったが、オランダやドイツのような風車はなかった。シーボルトは『日本』の挿絵に、唐箕《とうみ》や唐臼《からうす》などの農具を紹介している。また大工にミニチュアを作らせ、オランダに持ち帰っている。

▽灯火と木蠟《もくろう》

ケンペルは　部屋に運ばれてきた蠟燭《ろうそく》を注意深く観察している。当時の蠟燭は、芯は空洞でたくさんの煙といやな臭いを出した。蠟燭は貴重品であり、参府旅行には持参するか現地で購入している。蠟燭の原料である櫨《はぜ》は江戸時代の初め、琉球から薩摩を経て九州各地に広まった。その栽培が九州で本格化するのは、享保一七（一七三二）年以降である。福岡藩では、虫害による大飢饉で人口の三分の一を失い、農村では荒地が広がった。藩では農村復興のため、元文五（一七四〇）年頃より荒地に櫨を栽培させた。同じ頃、佐賀藩でも専売品として栽培が奨励された。

　シーボルトも佐賀の傾斜地などで櫨の木を見かけている。彼は、蠟燭が日本で盛んに使われており、煙も少なくなるように改良され、安価だったので、ジャワやヨーロッパへ盛んに輸出されたと記す。蠟の需要は多く、「直正公御年譜地取」（『佐賀近世史料』第一編一一巻、二〇〇三年）によると、安政四（一八五七）年までに領内に植えられた櫨木数は、六四万六七四本（在来三七万本余、新植二五万本余、他）とある。幕末、佐賀藩は、オランダより購入した蒸気船の代金を調達するために、「代品方《かわりしなかた》」を設置し、蠟、石炭、伊万里焼など藩の物産を販売し財源とした。

ケンペルの参府ルートと境石

ケンペル『江戸参府旅行日記』に掲載された参府地図の藩境には境界線が引かれ、境石の印が記されている。その佐賀藩境についての記述は「俵坂は小さき村にて、肥前国の藩主の国境の番所がある」とある。

　俵坂番所は佐賀藩の南目の番所であり、番人として武士一人、足軽六人ほどが置かれ、竹矢来《たけやらい》が組まれた木戸があった。俵坂峠には「従是南大村領」と「従是北佐嘉領」と記された二本の境柱が並んで建っていた。ケンペルは「地形の関係で佐賀領の境柱は低い所に建っていたが、それでも大村領より高いので、藩主の強力な権勢と支配力を表している」と記し、境柱の大小に大名権力の顕示力を見ている。土佐の商人である吉本八郎右衛門の「長崎紀行」（長崎歴史文化博物館蔵）に、元禄一五（一七〇二）年、「大村の立杭は石也、佐賀の立杭は木也」とあり、ケンペルが見た佐賀の境柱は木製であった。

　佐賀藩北口の轟木番所は対馬藩との境にあり、番所を出るとすぐに境川（轟木川、番所川とも言った）があった。菱屋平七（「筑紫紀行」）は、享保二（一七一七）年にこの川を歩いて渡った。伊能の『測量日記』には「轟木川巾六間」とあり、「中央領界対州領成る」とある。ここでは川の中央が藩境となっていた。

ケンペルの参府ルートと境石

ケンペルの地図（『日本誌』）に，2度の参府ルートと現在も残っている長崎街道筋の境石を配置した。彼が見たものとは違うものもあるが，今も多くの境石が残っている。

国境石　長崎街道を歩くと，江戸時代の国境石や藩境石が県境や市境に今なお残っている。当時，境石は，道標的な役割と権力を誇示する標柱でもあった。街道筋の国・藩境には境石（木）を建てることが義務づけられていたのであろうか。元禄国絵図には街道筋の国境には「境杭有り」の記入がある。

国境の定義は，古くから，山は峰分け，雨水流れ，谷川境，川中央境などであり，境松，境杉，境木（杭），塚などで表示していたが，次第に耐久性のある切石に変わっていった。境石は街道だけでなく，論争地にも建てられた。

江戸幕府は律令制度の国郡制を継承し，全国を68の国に分けた。幕府が献上させた国絵図は，慶長11（1606）年，正保3（1646）年，元禄14（1701）年，天保9（1838）年の4回作られた。

筑前国の福岡藩は一国一藩であるが，豊前国のように小藩に分割された国もあった。国絵図を作成するために，国境や藩境を確定しなければならず，境界があいまいな場所に論争が起こる。そのような場所には境石（木）が建てられた。

■俵坂峠の佐賀藩と大村藩の藩境石

7 俵坂峠：「従是北佐嘉領」，裏「藤津郡丹生川村」（現在は嬉野市俵坂番所跡に移設）

8 俵坂峠：「従是南大村領」

■筑前・豊前・肥前・筑後の国境石

1

2

3

4

5 6

1 大蔵村（筑前国／豊前国）：「従是西筑前国」
2 三国松跡*（筑前国／肥前国）：「従是東筑前国」，「従是西肥前国対州領」（現在は国道3号の西側の緑地帯に移設）
3 三国峠（筑前国／肥前国）：「従是北筑前国」
4 三国山（筑前国／筑後国／肥前国）：「三国境石」
5，6 薩摩街道・乙隈《おとぐま》村（筑前国／筑後国）：「従是南筑後国」，「従是北筑前国」

＊**三国松跡**　江戸時代，三国松は長崎街道・三国峠の国境石（3）のすぐ西側のわずかな野地の境松であった。ここは筑前国と肥前国対州領（飛地）の境目で，この松が枯れたため論争となり話し合いの結果，文化4（1807）年，三国松跡に国境石が建てられた。

■佐賀藩諫早領内の藩境石

9

10

11 12

13

14

9 鈴田峠（佐賀藩／大村藩）：「従是東佐嘉領」，裏「高来《たかき》郡破籠井《はこい》境」（現在は諫早市風観岳に移設）
10 常盤坂（佐賀藩）：「従是東佐嘉領」，裏「彼杵郡之内井樋尾」
11 常盤坂（大村藩飛地**）：「従是南大村領」（現在は長崎市中里町に移設）
12 古賀村（大村藩飛地）：「従是東北大村領」（現在は長崎市中里町に移設）
13 古賀村（佐賀藩）：「従是南佐嘉領」
14 日見峠（幕府領／佐賀藩）：「従是北佐嘉領」，裏「彼杵郡之内日見境」

＊＊**大村藩の飛地**　古賀村はケンペルが通ったときは幕府領であった。安政6（1859）年，外国人居留地などの施設建設のため，幕府領・古賀村の半分と長崎にある大村領・戸町（飛地）が交換された。幕府領の標柱に代わり，大村領の境石が建てられた。現在は2本とも旧大村領の庄屋宅（長崎市中里町）に移設されている（11，12）。

轟木から山家、柳川から山家まで

長崎▼大村▼佐賀▼轟木《とどろき》▼田代《たしろ》▼山家《やまえ》▼内野▼木屋瀬▼黒崎▼小倉▼下関

酒見辰三郎
Sakemi Tatsusaburo

ケンペルの第一回の江戸参府

轟木・田代・原田・山家

元禄四（一六九一）年一月一六日、オランダ商館長の江戸参府に随行した医師ケンペルは長崎を出発した。その日は大村藩彼杵《そのぎ》宿に泊まり、翌一七日、佐賀藩小田《おだ》宿に宿泊した。その後、城下町佐賀、神埼《かんざき》宿を通り、中原《なかばる》宿を過ぎた頃、ケンペルは『江戸参府旅行日記』の中で次のように記している。「中原から一時間でわれわれは半里ほど左手にある山地に入ったが、間もなくそこを出た。右手には、そこから一里離れた白壁の久留米城が見えた。そこは筑後藩主の城下町である」。ここは轟木のすぐ近くで、轟木の西の方にある朝日山の麓辺りであろう、右手南の方向約五キロの地点に筑後久留米城下がある。翌年第二回の参府の時、久留米を通過したケンペルは、間近にこの久留米城を見た。間もなく轟木に着く。

▽轟木宿、轟木番所

轟木宿は肥前佐賀藩の東端の宿場であり、ケンペルも肥前領最後の村と述べている。この宿には番所が置かれていた。すぐ東の地域は対馬藩田代領である。その境を流れる轟木川は対馬藩では西《にし》郷川《ごんがわ》と呼び、佐賀藩では番所川《ばんしょがわ》と呼んでいる。国境にある番所には領民の逃亡を防ぐための口留《くちどめ》番所、また経済統制などのため一時的に置いた関番所などもある。轟木番所は常設の関番所である。また轟宿には佐賀藩の御茶屋《おちゃや》があった。藩内一四カ所の御茶屋のほとんどが民間の委託経営であったが、轟木と神埼の二カ所の御茶屋は藩の直営で郡代役所が管

図１　轟木宿の図

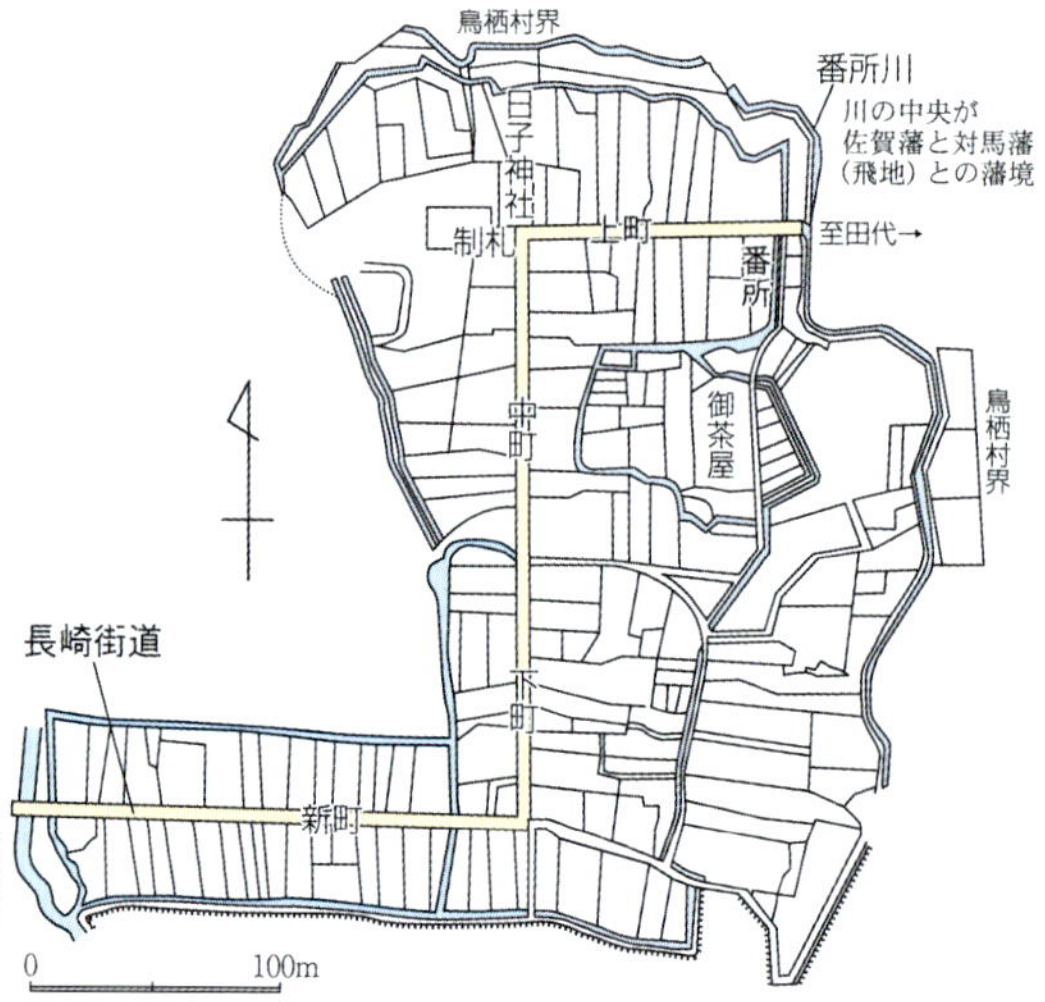

理していた。この二カ所の御茶屋は佐賀藩主の参勤交代のための主要な休み場所であった。

ケンペル一行はその日、轟木に宿泊した。このことは極めて珍しいことで、通常は田代が宿泊地で、オランダ人の江戸参府でケンペル、ツュンベリー、シーボルトのうちケンペル以外は田代で宿泊、または昼食休憩をしている。ちなみに長崎奉行も同様であった。轟木と中原の両宿は小休程度にしか利用されていなかった。ただ、佐賀藩主は参勤交代の節、基本的には轟木に宿泊していた。このような慣例があるのになぜこの時、ケンペルの一行は田代を避けたのか、その理由は田代殺傷事件である。

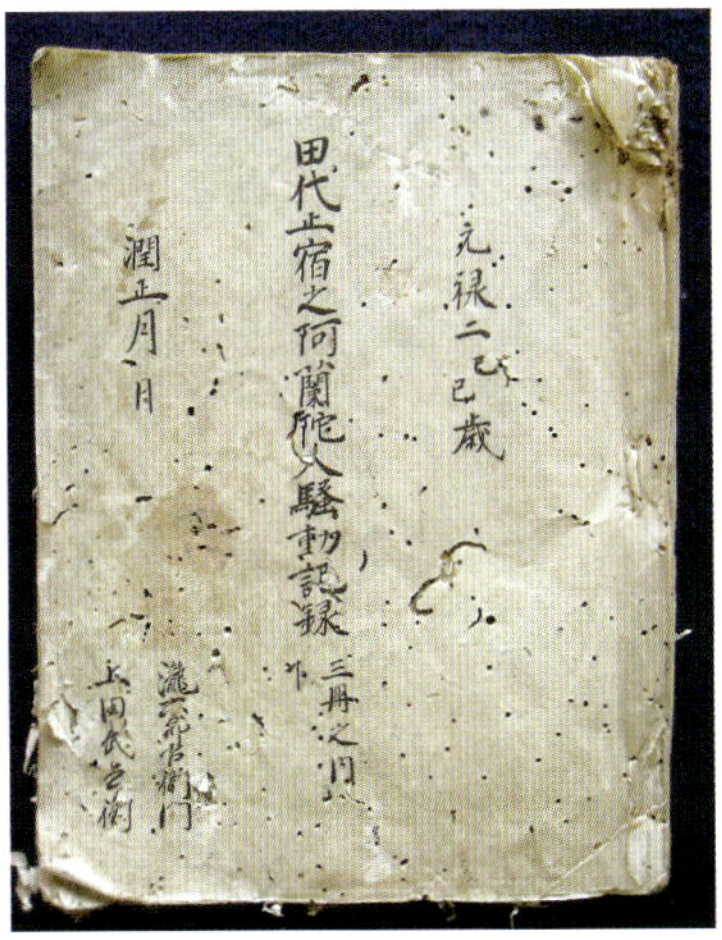

図2　田代止宿之阿蘭陀人騒動記録（鳥栖市教育委員会蔵）

▽田代殺傷事件

田代殺傷事件とは、元禄二（一六八九）年のオランダ商館長参府時、田代で起きた不祥事である。参府同行の宰領頭である長崎奉行所の上役が、大通詞を殺害し、本人も自殺した事件で、このため「われわれの旅行にとっては不愉快な場所として、以後この村を避けることが決められたのである」とケンペルも述べている。

この事件については、元禄二年の田代代官所文書「田代止宿之阿蘭陀人騒動記録」（鳥栖市教育委員会蔵）に詳しく記されている。表紙に当時の田代代官滝六郎右衛門、副代官上田武兵衛の名前の記載もあり、公式の記録である。その史料によれば次のようなことであった。

元禄二年正月一八日、参府の途中田代に泊まった夜、付き添いの検使として宰領頭であった長崎奉行宮城主殿の家来豊田五左衛門が、大通詞加福吉左衛門を切り殺し、五左衛門はその場で切腹した。その時、下役（同心）水野与右衛門にも手傷を負わせた。長崎より検使が来て取り調べた結果、代官所の手落ちでなく、豊田五左衛門の乱心によるものと判定された。商館長以下オランダ人四名は、長崎から来た代わりの者が付き添って江戸へ上った。五左衛門の遺体は田代の上町の西清寺に葬り、吉左衛門の死骸は長崎に持ち帰った。

この文書には宿泊した西上使屋（当時

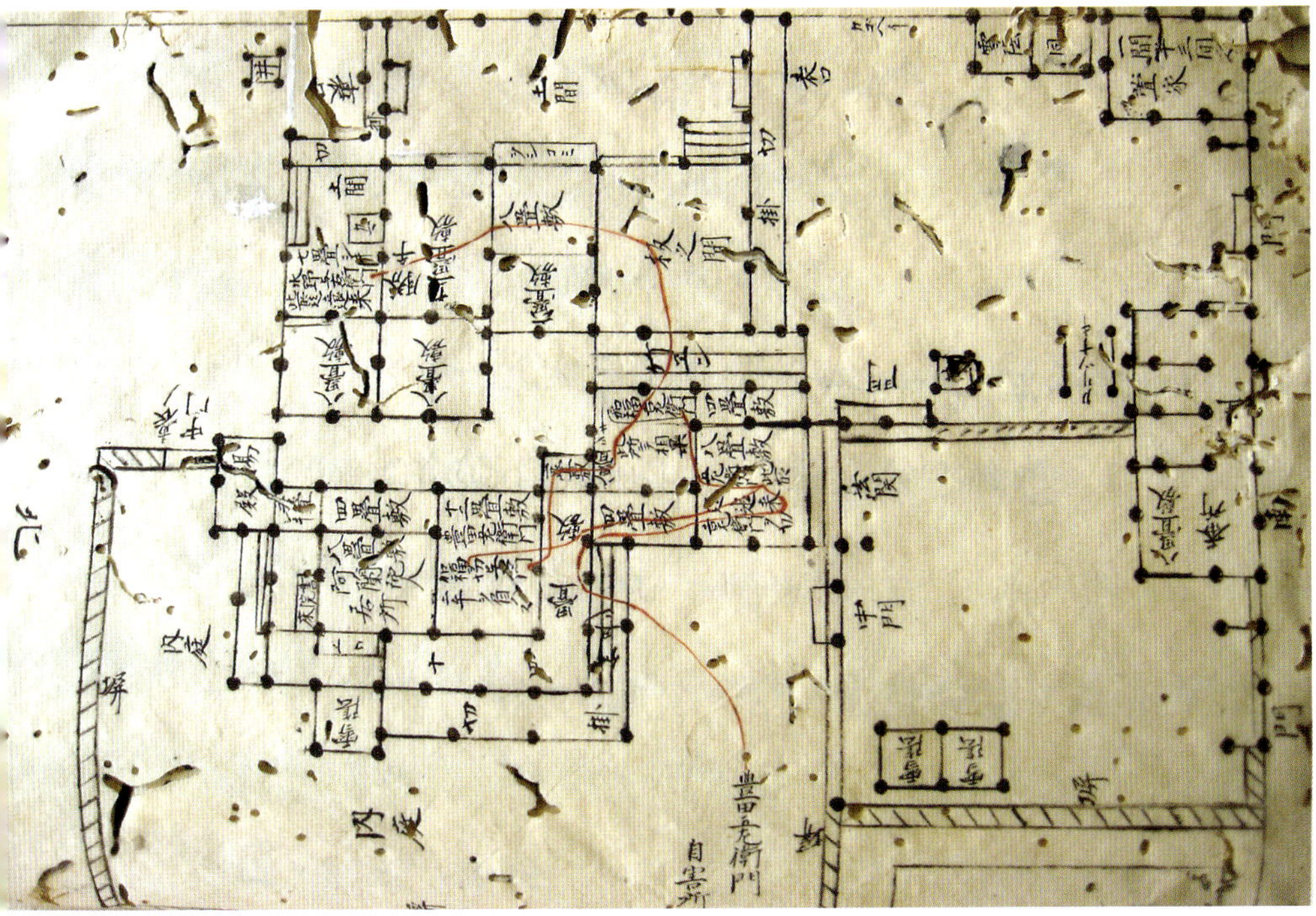
図3　西上使屋の図面（「田代止宿之阿蘭陀人騒動記録」鳥栖市教育委員会蔵）　赤の動線が五左衛門以下３名の足跡。

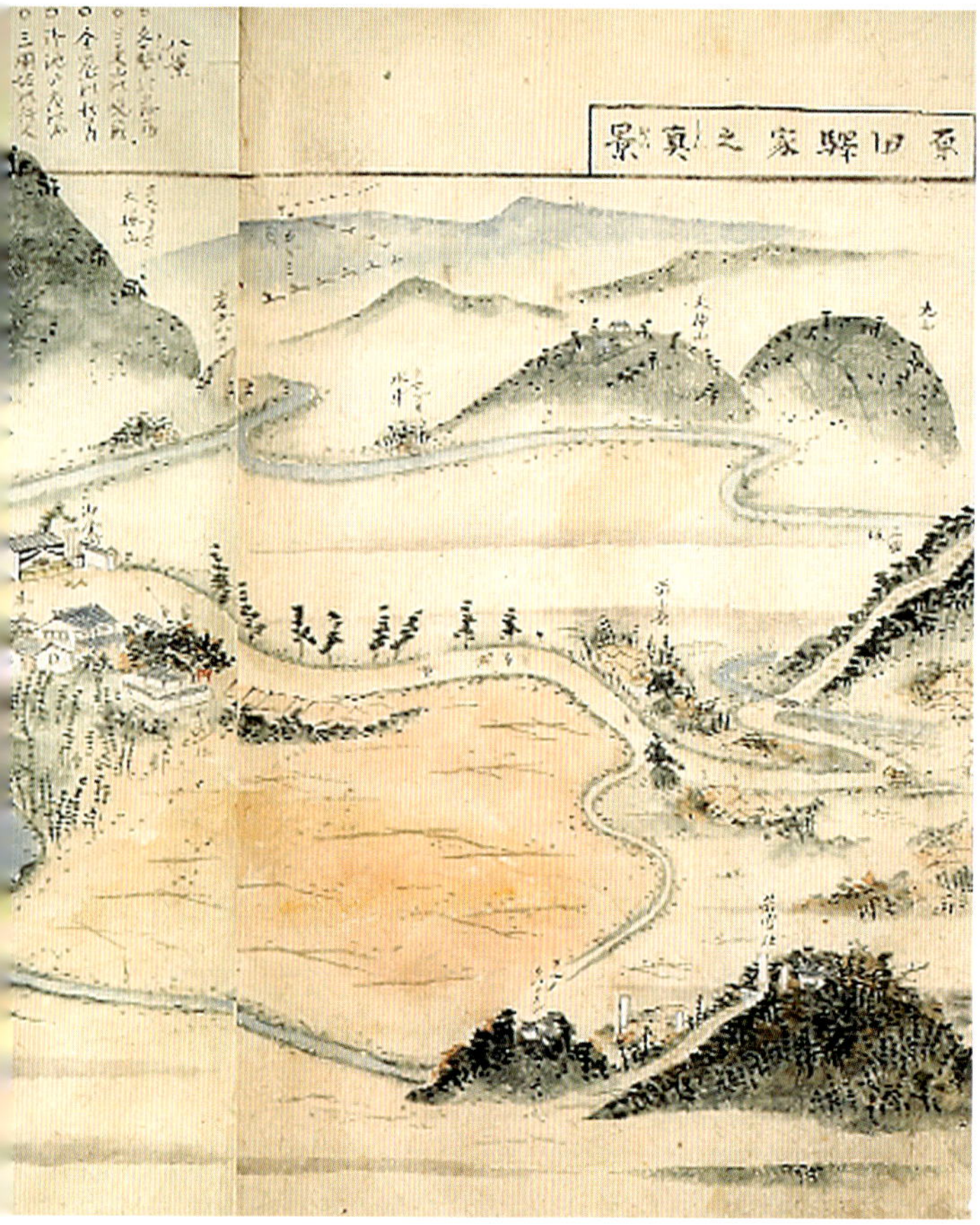

図4　原田駅家之真景（山内陽亭「田嶋外伝浜千鳥」。絵は芳香園〔清水〕蝶堂。ふるさと館ちくしの提供）

は上使屋に東・西両棟があった）の図面があり、その図面に五左衛門以下三名の足跡が赤の動線で書かれている（図3）。それを見ると、オランダ人の居室のすぐ側で殺傷事件があったのがよく分かる。また、その件についての代官所の書面の遣り取りをみると、本藩並びに長崎奉行所だけでなく、福岡・久留米・佐賀・柳川藩など近隣諸藩との文通もあり、他に与える影響も大きかったと思われる。それ以後、宿泊・休憩などで田代を避けるようになった。

▽瓜生野《うりゅうの》町・田代町（田代代官所）

元禄四（一六九一）年一月一九日、元気のいい馬に乗って、瓜生野村を通って半里行くと田代に着いた。瓜生野町は轟木宿と田代宿の中間に位置し、田代領内では田代宿とともに領内商業流通の中心地であり、酒屋、糀屋《こうじ》、油屋などの店があった。現在、鳥栖市本町・秋葉町であり、今でも鳥栖市の中心街である。

やがて田代に着き、ケンペルは次のように述べている。

> ［田代は］戸数五〇〇～六〇〇、小路は少なく、村の中に幾つかの門がある。将軍はこの地を周囲の地と共に、数年前、肥前藩主から没収し、対馬（および島原）の藩主に与えた。対馬藩主は朝鮮と向い合う島を領有するに過ぎなかったので、彼は内陸部にも若干の領地が欲しかったためである。
>
> （［ ］内は引用者注）

田代が対馬藩の飛地になった経過の説明については少し誤解もあり、シーボルトはこのことについてより詳細に記しているので後述する。また、田代の戸数は五〇〇～六〇〇戸とあるが、事実と異なっている。元禄年間に近い享保二（一七一七）年の「御巡検上使御問い成なられ候時御答申上るべき次第の覚書」（『鳥栖市史』一九七三年）を参考にすると、田代領内の竈数《かまどすう》（戸数）は二七〇一戸で、田代町は二九七戸、瓜生野町は一八〇戸である。

▽山家

前述した理由により、田代では休憩しないで、ケンペル一行は早々に馬に乗り換え、今町、原田《はるだ》、十三塚を過ぎて山家に着いた。この中、原田宿は肥前・筑後両国に接した国境の宿場で関番所が置かれていた。福岡藩では原田とともに黒崎宿、前原宿（唐津街

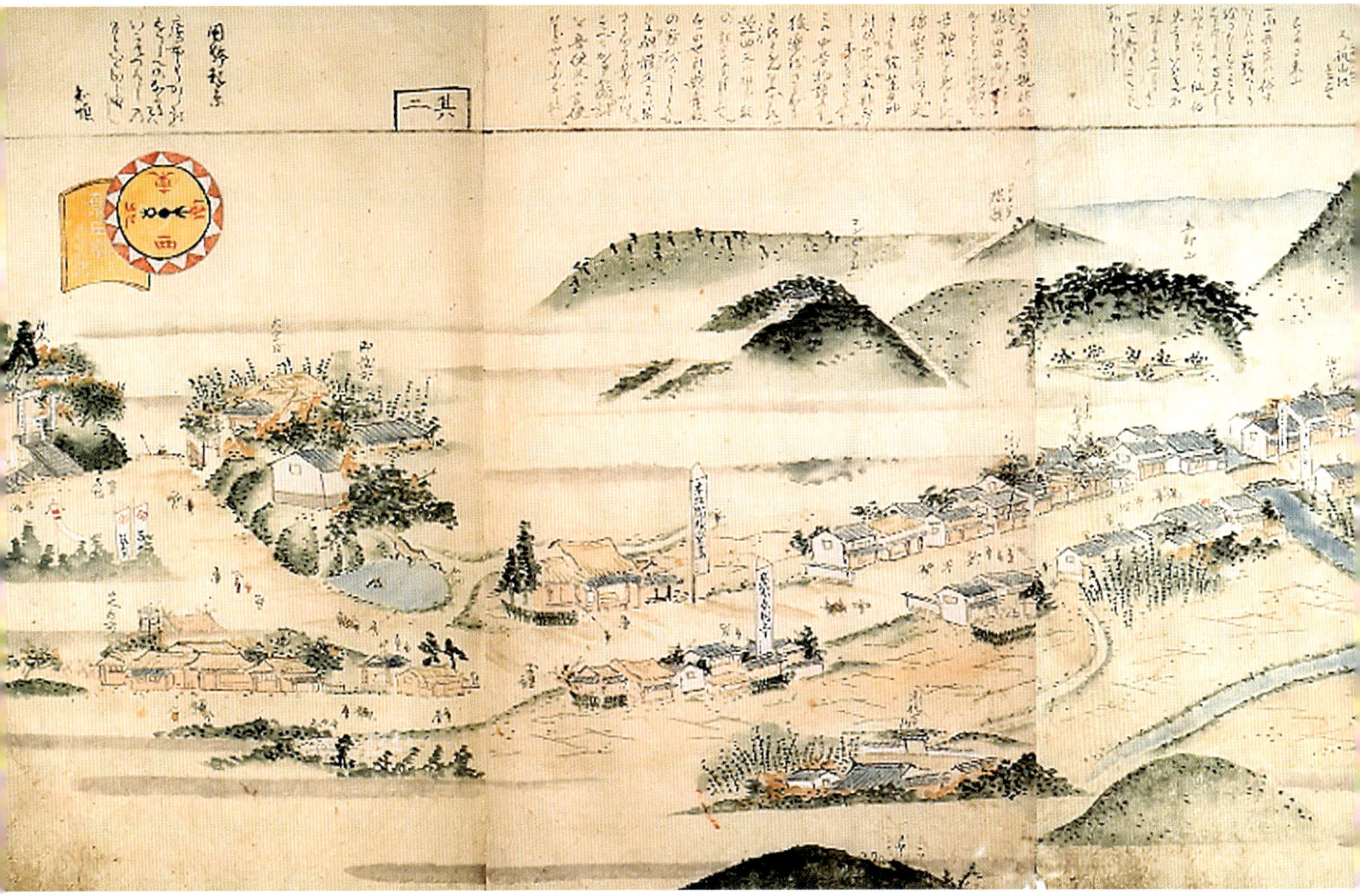

道）にも国境の宿として関番所が置かれていた。「山家は二〇〇〜三〇〇戸の村で、住民も多く、大へんよい旅館があって、そこで一休みした。山家の手前には一本のクスノキがあり、われわれが見たもののうちで四番目の並はずれた大木であった」

山家の「よい旅館」とは町茶屋のことであろう。ケンペルは道中、クスノキの大木に強い関心を持っていた。彼杵、嬉野、小田、そしてここ山家のクスノキは四番目であり、「並はずれた大木」と称しているのでかなり大きなクスノキであったであろう。植物学者としてのケンペルの一面を垣間見ることができる。

ここからは冷水峠を越えるけわしい山道になり、駕籠《かご》に乗り換えている。

▽帰路（山家―轟木）

ケンペルの帰路は山家に泊まり、田代は往路と同様通過して轟木で昼食をとっている。記事は少なく、山家、原田、木山口、田代、瓜生野、轟木など通過した所について簡単な記述がある。しかし、往路では触れていなかった筑前と肥前の国境について原田のところで述べている。

「原田の町に至る。たった八〇戸ばかりであった。道はここからまがって、丘を越えたり田畑を通ったりしていた。原田から半里行くと、筑前領の終わりと対馬領の初めの境界を示す標柱が立っていた」。元禄当時の標柱はどこにどのような形であったか不明である。標柱とあるので、石ではなく木製の柱であろう。ここは現在、福岡県と佐賀県の県境である（図5）。

一方、筑前と対州領（対馬藩）の論争地に立っていた境石が、

図５　長崎街道に立つ，県内最大の筑前国境石

図６　国道３号線沿いに立つ，筑前・肥前二国境石

国道３号線沿いに移設されている。二国境石は文化四（一八〇七）年の建立で、背中合わせに立っており、それぞれに「従是《これより》東筑前国」、「従是西肥前国対州領」と彫られ、対馬藩の飛地であったことを証明するものである（図６）。

それから木山口ー今町ー角木《つのぎ》ー赤坂を経て田代町に着く、田代町の戸数は約四〇〇戸、瓜生野の村は三〇〇戸と記してあるが、先に述べたように不正確である。

轟木に着き、昼食をとった。轟木は「曲りくねった町筋で、半里にわたって続いていた。人々はわれわれに右手のすぐ近くの山の上の場所を指さした。そこは道から遠くない場所だった。そこには昔大へん堅固な二つの城があったという」。このように帰路でも轟木の町及び周辺を紹介している。堅固な二つの城とは、朝日山城と所隈《ところぐま》城であろう。

朝日山は現在、鳥栖市村田町に位置し、中世の朝日山城跡がある。建武元（一三三四）年大宰少弐貞経《だざいしょうにさだつね》の弟朝日資法《すけのり》が初代の城主となる。朝日山の地名の由来は「肥前古跡縁起」によると、「昔筑紫の何某、この山に城郭を構え軍をしけるに、敵寄せ来る度毎に、朝日の光に湧出して、此山険しく見えければ敵怖れてかかる事なし、古は丸山と言いしを、それより朝日の城山と言い伝える也」とある（『角川日本地名大辞典』佐賀県）。戦国時代、朝日山城では幾度も合戦があり、明治の佐賀の乱では官軍との激戦地であった。

ケンペルの第二回の参府

柳川・久留米・松崎・山家

▽諫早ー柳川

オランダ人の江戸参府は通常、九州路では長崎街道を利用していたが、元禄五（一六九二）年のこの時は別路を通った。諫早ー柳川ー久留米ー松崎ー山家の、筑後の路である。一七世紀、筑後地方にヨーロッパ系の外国人が通行することは稀で、外国人による記録は珍しい。また、当時の情景について写実的に書かれたものは少なく、貴重な資料でもある。久留米藩にケンペルについての記録はなく、久留米の商人石原家の記録『石原家記《いしはらかき》』（名著出版、一九七三年）などにも記されていない。

元禄五年一月一五日、長崎出島を出発したケンペルの一行は、諫早を経て竹崎より船に乗って有明海を渡り、一月一六日早朝、柳川に着いた。「柳川藩の舟がわれわれを運ぶために出迎えにきたので、われわれは肥前の運送船の船頭や指揮者に対し、しかるべき謝意を表し帰ってもらうことにした」。オランダ商館長の江

図7　明治初期の久留米城本丸（久留米市教育委員会蔵）

戸参府は幕府の公用の行事であったので、警備を兼ね、関係の藩の送迎があった。肥前とは佐賀鹿島藩である。柳川城の前の広場辺りを通り、大きな天守閣を眺めて、柳川から横溝《よこみぞ》－土甲路《ところ》－十間橋－大善寺を過ぎ、久留米に着いた。

▽久留米

「久留米の町は、千軒ばかりの小さい家が立ち並ぶ幾本かのまっすぐな長い十字路から成り、無防備で、外堀も土塁も石垣もなく、ただ粗末な門があるだけである」。柳川街道を北上し、久留米原古賀《はらんこが》の番所を通過した時の様子であろう。久留米の城下町を、当時の西洋の都市との比較であろうか、無防備で粗末に見えたと言う。久留米城は外堀、内堀、石垣などに囲まれていたが、城下町には外堀、石垣などはなかった。久留米町の戸数については帰路の記録では二〇〇〇戸近くとあり、不正確である。当時の藩の記録「啓忘録《けいぼうろく》抜粋」（『久留米市史』第八巻、一九九三年）によれば、久留米町の惣軒数は一四八〇軒である。

「右側には城があり、堂々たる城門と美しい天守閣があり、きれいな水をたたえた堀が城をめぐり、短い橋が架かっている」ちょうど、町屋と武家屋敷の間にある外堀の辺りを通ったのであろう。もともと久留米城には天守閣はなかった。その代わりに本丸周囲に七つの隅櫓《すみやぐら》があった。ケンペルが天守閣と思ったのは、表御門の側にある巽櫓《たつみやぐら》と思われる。また、元禄四（一六九一）年外堀などの浚渫《しゅんせつ》が終わったばかりで、ケンペルが感じたように堀の水も綺麗に見えた。短い橋とは、狩塚橋か大手門橋であろう。

ケンペル一行が町を通過した時、通りにも、家の前にも、誰一人姿を見せず、人々は家の簾《すだれ》の後ろにいたが、本通りから離れた横町には人々が溢れていて、「みんな頭を下げたり腰をかがめたりして、われわれが通り過ぎるのを見ているのが目についた」と述べている。通行中の町中での民衆の様子がよく分かる。藩の警備は厳しく、一行の通路は人払いされ、遠巻きに遠慮がちに眺めている様子がよく描写されている。

宿舎がどこであったか記していないが、城下の西側にある寺院であろうか。宿舎に関してケンペルは次のような見解を述べている。盗賊に対してわれわれを守るという口実のもとに、宿舎の裏の出入口は厳重に門《かんぬき》をかけて閉鎖された。われわれは将軍から特許を受けた自由なオランダ人として、拝謁のため参府旅行をしているのに、こういう仕打ちをされれば、まるで罪人かポルトガル人が捕らえられ、ひとまとめにして護送されているような偏見を人々に起こさせるのである。

確かにケンペルのプライドを傷つけた取り扱いもあったと思われるが、初めて異国の賓客を迎えた久留米藩としても警備上止むを得なかったであろう。

一月一七日、良い天気に恵まれたケンペルの一行は、夜明け前、月光を浴びて久留米を出発した。江戸時代は一般に出立は早く、早朝七ツ時（午前四時）の出立が多い。それから宮地川《みやのじがわ》（筑後川）のほとりまで行く。この川は山岳地帯から流れ出て、東から西へ佐賀の方へ流れている。川は水量が多く、流れも激しかった。

ケンペル一行は馬に荷物を積んだまま舟で渡った。向こう岸にある宮地（宮の陣）から国分寺－古賀（古賀茶屋《こがんちゃや》）－八丁島《はっちょうじま》－光行《みつゆき》－平方《ひらかた》と北上する。平方の村に着くと久留米藩の境界があり、その先は将軍の直轄地となる。当時、松崎は幕府が直接支配していた。久留米藩の境界とは、御井《みい》・御原《みはら》両郡の郡境で、平方（御井郡）までが久留米藩、その先の古飯《ふるえ》（御原郡）は天領松崎であった。ここで久留米藩の警護の役人は別れを告げた。現在、この地に郡境石の跡がある。

▽松崎

「柳川からここまでは堤防を越え、肥沃で平坦な耕地や田を通って行ったが、その先の将軍の直轄地は悪質の、非常に黒い泥炭地であった」とケンペルは述べている。松崎領内にある花立山については地質上の見解として、「花立山は変成岩からなり、泥質黒色片岩からなっているのは石墨を含むため黒く見える。このため黒ボクが花立山付近に分布する」と言われている（『小郡市史』第一巻、一九九六年）。博物学者でもあるケンペルは、一地方にすぎない花立山周辺の松崎領の地質について、よく調べたものである。

松崎については次のように述べている。

われわれは今日なお次の場所を通った。

（一）松ケ崎。一五〇戸の大きい村である。

（二）松崎村。われわれは曲った道を通って、ここからもう一つの小さい村と一本の道標の所に出て、次いで一筋の川を渡って、天領の一部である松ケ崎と、同時に筑前または博多の国との境界を示す標柱のある所に行き、さらに二つの川を渡り、孤形に曲った道を筑後から秋月に通じる街道に出た。

ケンペルの記事にある松ケ崎と松崎村の区別の意味は不明であるが、ケンペル『日本誌』にある地図を見ると、松崎宿駅は松ケ崎、一筋の川の所は松崎、境界の標柱の所はまた

図8　松崎宿の北構口　山家宿方面へ向かう道（薩摩街道）。

図9　松崎宿の南構口　久留米からの入口。

松ケ崎と記してある。松ケ崎（松崎宿駅）は一五〇戸となっているが、「啓忘録抜粋」によると一〇六軒である。現在、乙隈《おとぐま》には筑前・筑後の国境石があるが、当時は松崎街道が開通した延宝六（一六七八）年から一四年後であり、木製の標柱であったであろう。

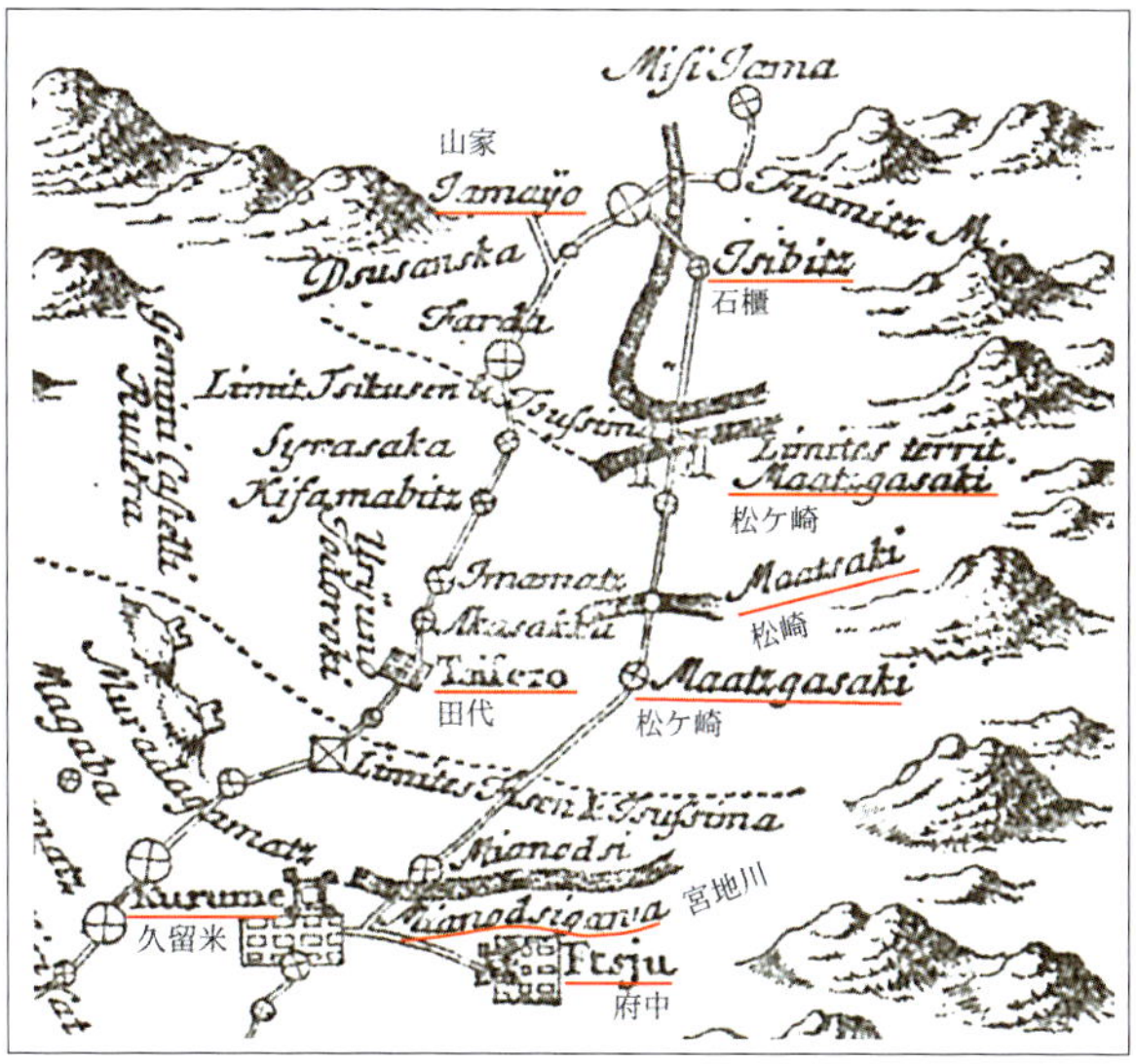

図10　久留米・松崎付近（ケンペル『日本誌』）

▽山家

国境を通り、筑前領の石櫃《いしびつ》を過ぎ、一筋の川を渡ると山家の町、そこで昼食をとった。昨夜ある大名が江戸の参勤からの帰途ここに泊まっていたので、この地方の街道はどこもかしこも掃き清めてあった。山家では参勤交代の大名の通過により、綺麗にされた街道の様子を述べている。日本の街道の清掃についてケンペルはこうも言っている。身分の高い人が旅行する場合には、街道は直前に箒で掃除され、また両側には数日前に砂が運ばれ小さい山が作られるが、これは万一到着の時に雨でも降れば、この砂をまいて道を乾かすためである。

山家でもこのようにして清掃が行われていたのである。ケンペルは日本の街道が日常清潔に維持されているのは、日本の農民の生活と深く関りのあることを次のように述べている。

街道を管理する者は、近所に住んでいる百姓が欲得ずくで不潔なものを利用するので、道路を清潔に維持することについては、ほとんど苦労することがない。毎日落ちてくる松葉やまつかさを彼らは焚物《たきもの》として集め、それで多くの土地でみられる薪の不足を補っている。百姓の子供たちは馬のすぐ後から付いてゆき、まだぬくもりのあるうちに馬糞をかき集め、自分たちの畑に運んでゆく。

東海道など街道の両側に松並木を植え、木陰を作り旅人を楽しませていたが、その落ち葉などを街道近くの者が清掃することにより、清潔保持と燃料補給の一挙両得でもあった。また、多くの駄馬が街道を往来しているが、その汚物処理がこのように有効に行われているのも日本農業の特質によるものであろう。ヨーロッパ人のケンペルがよく観察したものである。

▽帰路（山家―松崎―久留米）

四月四日、ケンペル一行は内野《うちの》を出発し、山岳地帯を駕籠で越え、山家で半時間ほど休み、駕籠を馬に乗り換え松崎の方へ急いだ。松崎のすぐ北に英彦山道《ひこさんみち》と言われた東西を結ぶ道がある、ケンペルが山法師を見かけたのはその道と、一行が通行している松崎街道（薩摩街道）が交叉する辺りであろう。ここで彼は次のように述べている。

ここから道が一〇里先にある大きな英彦山神社に通じていた。われわれは、その道を、刀を腰にさし、頭を剃り寝具を背中に負った二人の巨漢が、山の方へ歩いて行くのを見かけた。人々は彼らを山法師だと思った。同じ格好をした一人の男が、馬ですぐ後から彼を追って行った。

英彦山は福岡県と大分県の県境にまたがる修験道の霊山で、そこに古来、英彦山権現として信仰されていた英彦山神社がある。神道・修験道の霊域として、近世では九州全域がその信仰圏であった。ここの英彦山道を通り、筑後はもとより、肥前から英彦山に参拝する者は多かった。ケンペルは『日本誌』の中で山伏について詳しく述べている。道中、熊野山伏に関心があったように、ここでも気を留めこのように記している。

久留米町では案内の役人が付き添い、また街道には水がまかれ清掃が行われていた。往路の時と同様、住民は家の中でひざまずいて、物音一つ立てず遠くからわれわれを眺めていた、とケンペルは述べている。また、城の堀端を通り過ぎた時に、制札場があり、ちょうど新しい触れが張り出され、犬を殺した犯人の名を知らせた者には、褒美として二〇朱を与える旨が記されていた。これは「生類《しょうるい》憐《あわ》れみの令」に関してのお触れである。ケンペルは参府旅行で九州の街道及び東海道を二回も往復しているが、他所では「生類憐みの令」に関しての記述は全く見当たらない。

▽生類憐れみの令

「生類憐れみの令」とは、五代将軍徳川綱吉により全国に触れられた生類（動物）保護政策である。貞享四（一六八七）年正月、「捨て子・捨て牛馬の禁令」が出された。その内容は「人宿または牛馬宿その外で生類が煩い重くなると、生きているうちに捨てる者があるかに聞く。右のような不届き者があったら厳しく処罰する。隠れてこうしたことがあれば訴え出よ、同類であっても罪を免じご褒美を下さるであろう」とあった。また、同年四月、「犬愛護令」が出された。戌年生まれの綱吉は、生母桂昌院や僧侶隆光の意見により犬愛護の政策を強力に推し進めた。犬殺害は死罪の処分をうける一方、犬収容施設のための費用は財政上大きな負担となる。世上、綱吉は「犬公方」と呼ばれ反感が広まった。綱吉の死後、幕府は「犬愛護令」などを撤回した（塚本学『徳川綱吉』吉川弘文館、一九九八年）。

「犬愛護令」が触れられて五年後の元禄五（一六九二）年、ケンペルが江戸滞在中、野良犬に噛まれ負傷した患者の手当てをした時、次のように述べている。われわれは彼に対して、その犬をやっつけなかったのか、と尋ねたところ、その男は怪訝な顔をして、この私が生命を賭けるようなことをすべきだとでもおっしゃるのですか、と言った。鶏でも野良犬でも（とくに犬は保護されている）これを殺した者は厳罰に処せられるとは、とんだ掟《おきて》があったものである。「生類憐れみの令」に対するケンペルの批判的な見解である。またケンペルは、『日本誌』の「日本の鳥獣」犬の項目の中で次のように述べている。

犬をいじめたり、殺したりすると、死罪に問われる。犬が人に咬みついたり、殺されても仕方がないような悪作《わるさ》をした場合、そのような犬を取締ることができるのは、その職にある刑吏だけである。これはちょうどローマの皇帝アウグストゥスが山羊年の生まれだというので山羊保護令を出したように、戌年の生まれである現在の将軍〔徳川綱吉〕が迷信に捉われて、犬を特別に大切にする「生類憐みの令」を出したためである。

「生類憐れみの令」との比較にローマ皇帝の山羊保護令が例として語られているのは面白い。また、この憐れみの令は迷信によって出されたものであるとの見解をケンペルは持っていた。

▽帰路（柳川－長崎）

久留米を通り過ぎた後、横溝《よこみぞ》－矢加部《やかべ》を経て柳川より舟に乗る。「夕食後二、三時間して、われわれは三艘の小舟に乗り込んだが、船頭は、われわれが危険な目に遭わないように言われていて、万一のことがあれば切腹しなければならなかったので、朝にならないうちに思いきって船を出すことは、どうしても承知しなかった」。「切腹」との厳しい表現があるように藩では非常に気を遣い、船頭など関係者は不祥事が起きた時の厳罰を恐れていた。竹崎－諫早を経由して四月六日長崎に到着、第二回の江戸参府旅行は終わる。

元禄五（一六九二）年のオランダ商館の参府は、何故長崎街道を避けて筑後路を通ったのか、その理由は聢《しか》と分からないが、元禄二年の田代殺傷事件がその原因であろう。また、長崎街道を避けたのはこの年だけであろうか。『石原家記』には次のような記事がある。元禄一三（一七〇〇）年、「四月八日阿蘭陀（人）、江戸より御領内を通る此儀は毎度の事也」。元禄一五（一七〇二）年、「正月紅毛人、上野町を通る」。享保元（一七一六）年、「正月阿蘭陀（人）上野町を通る」。

紅毛人とはオランダ人のことである。当時、一般にオランダ人は参府の時以外は出島から外に出て歩くことはなかった。上野町とは現在の久留米市大善寺町で、柳川から久留米の道筋にある。また、正月は参府の往路の時、四月は帰路の時に近い。これらのことから、元禄五年以降も筑後路を通行したと推測される。

ツュンベリーの江戸参府

田代

元禄四（一六九一）年、ケンペルが参府旅行で轟木－田代－山家を通過してから八五年を過ぎた安永五（一七七六）年、ツュンベリーもまたこの地を通った。しかし彼の当地についての記録はすこぶる簡単、僅か五、六行の記述で、主として田代について触れている（ツュンベリー『江戸参府随行記』）。

「我々は田代で一夜くつろいだ。だが、ケンペルはその『日本誌』の中で、当時この地に留まるのは不運を招くとして禁じられていたと書いている。その理由は、それ以前このような旅において検使と大通詞が口論し、あげくに検使が大通詞を殺して自分も自殺したのがこの田代だったからである」

田代殺傷事件は後々までオランダ商館関係者に認識されていたようである。ただ、この時は慣例の通り田代に宿泊していた。

いつの頃から田代に宿泊したのであろうか。田代新町の旧家の土蔵から一六種類・三〇冊に及ぶ文書が発見された。その中の「異国人通路之部」（鳥栖市教育委員会蔵）は貴重な資料で、オラ

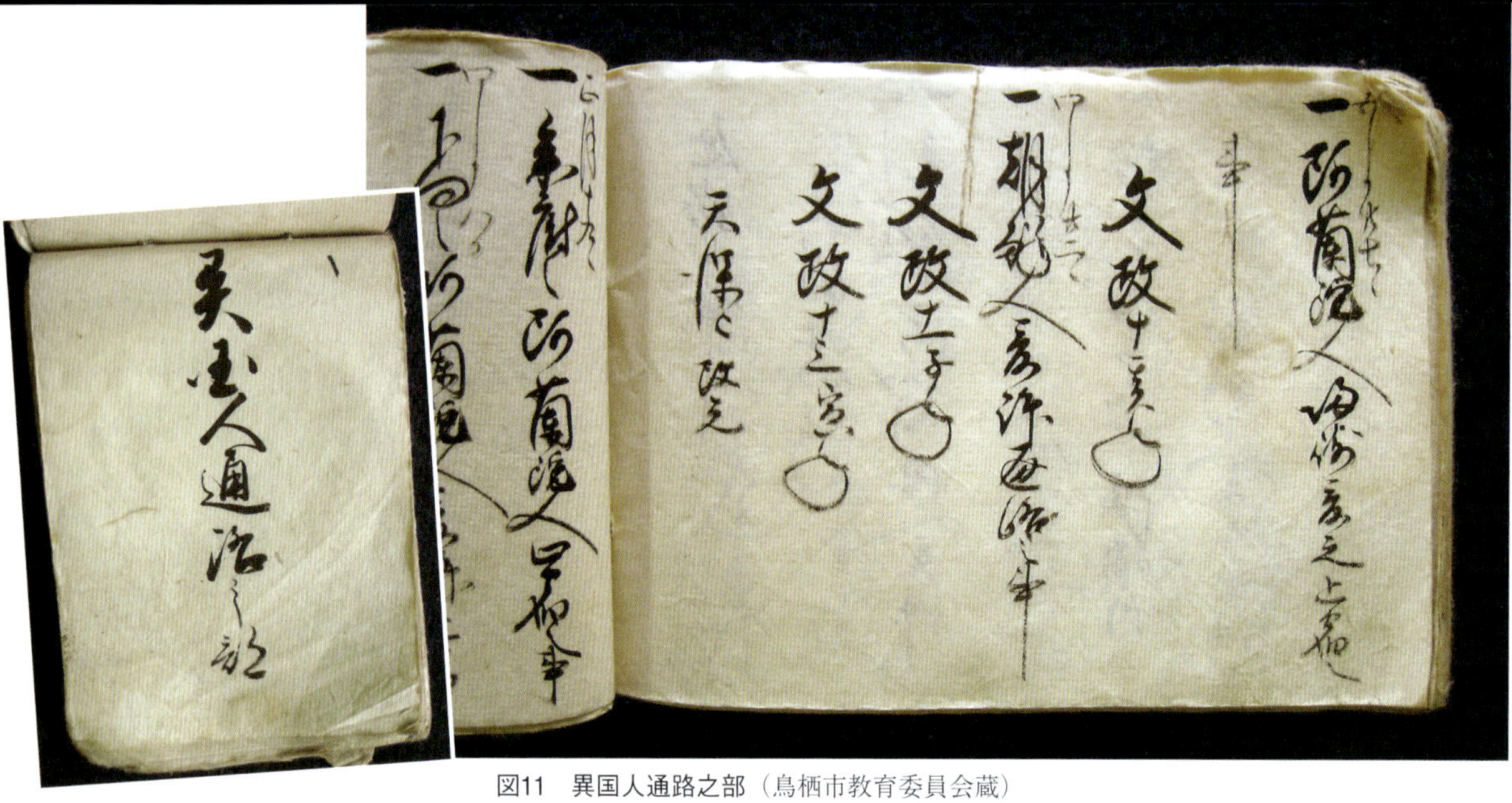

図11　異国人通路之部（鳥栖市教育委員会蔵）

ンダ人に関するものが多く、享保元年から慶応三年まで異国人の田代通過について年毎に記載されている。その資料によると、享保一四（一七二九）年には「オランダ人止宿、御用の犬番人相付け呉れ候様役人より望まれ」と記され、それ以後は、いずれの年も「オランダ人止宿」と記載されている。享保一四年以前は「オランダ人通路の事」、「オランダ人馬継にて通路の事」とあり、このことから享保一四年以降、田代に宿泊するようになったと推測される。

　また、享保一四年三月二一日には「江戸御用の象、通り候事」との記事もあり、将軍（徳川吉宗）へ献上される象が長崎街道田代宿をこの日に通過したことが分かる（「献上されなかった象、ラクダのこと」本書二七ページ参照）。

シーボルトの江戸参府

轟木・田代・山家

▽轟木

　ケンペルの参府旅行から一三五年を経過した文政九（一八二六）年一月九日、シーボルトは参府の随行として江戸へ向かって長崎を出発した。諫早－彼杵－塚崎－佐賀を経て、神埼に泊まり、一月一三日神埼を立ち、目《め》達原《たばる》－中原を経て轟木に着いた。

「昼頃轟木に着き太陽の高度を測った。この地点の天文学的測定は、この付近で肥前、筑前および筑後の三つの大名の領地が境を接しているので、なおさら重要である」。轟木宿の上町と中町と交差する所に日子神社と制札場（高札場）があり、シーボルトが観測した場所は記録にはないが、この辺りであろうと言われている。伊能忠敬も制札場前を街道測量の基点としている。シーボルトの観測では、轟木は北緯三三度二一分（緯度）、経度は推定一三〇度三〇分とあり、現在、国土地理院の地図で検証してみてほぼ正確である。また、その時の様子を次のように述べている。

「われわれが六分儀をとりだすと、すぐさま数人の警護の役人が近づいてきて、われわれの意図を尋ねた。われわれはうまい口実をみつけて、使節が旅行の計画を時間どおりに行うため、天文学の機械を使って正午ごとに彼の旅行用の時計を合わせるようわれわれに命じたのだ、と言ってその場をきりぬけた」。うまい口実

図12　轟木宿下町より日子神社を望む

に警護の役人も納得したようである。

　このような観測・測量は他の地域でも行っているが、ここではその意義、状況など詳細に述べているのが興味深い。シーボルトは下関の調査の時、次のようなことを述べている。

　国土の調査など外国人に対しては非常にきびしく禁じられている。そのため国民にはきびしい法律があり、外国人がそれらを調査する場合力を貸すことをきびしく禁じている。江戸参府旅行中の日本人同行者は監視するよう義務を負わされている。

　しかしまた、日本人同行者は、教養あるヨーロッパ人と接し政治的見解を広め、たいていの場合単に法律の形式を守り、できるかぎりわれわれを寛大に取り扱うと言っている。観測・測量調査を通して当時外国人と接する日本人のあり方をこのように見ているシーボルトの見解は面白い。

　また、観測の時、それを取り巻く民衆の様子もシーボルトの視点から「われわれの仕事は幾重にも取り巻いていた住民の好奇心を誘った。厳粛な静けさがみなぎり、顔という顔には驚嘆と畏敬の色がこもごも浮かんだ」と述べている。制札場の辺りは轟木宿の町筋であり多くの町民が物珍しく集まって来たと思われる。見物の町民は観測器具や観測方法に新しい西洋文明を感じ、驚嘆と畏敬の念からこのような表情になったのであろう。

▽田代

　田代に着いたシーボルトは、まず田代が対馬藩の飛地になった経緯について次のように述べている。

　基肄《きい》郡は、九州の他の二、三の領地と同じく当時天領として没収されたのを、対馬藩主に領地として与えた。新しく国の体制を定めるに当たって対馬藩主に対して毎年一〇万の石高が認定されたが、コムギ・アワ・ソバだけがつくられコメはできない不毛な対馬では、それだけの収入をえることができなかったからである。それゆえ日本の政策は、この藩に朝鮮との単独貿易のほかに九州にある領地を割り当てたのであって、それは万一起こるかもしれないアジア大陸からの侵略的な企図に対して、対馬の位置や朝鮮との関係からいわば監視塔の役目をもつ対馬藩主の忠誠を確実にするためである。

　ケンペルの簡単な説明に比べて、ただ詳しいだけでなく、アジアにおける国際情勢などに触れる意見になっている。このようなシーボルトの見解は、シベリアから南方への進出を企図していたロシアの存在を意識したのであろうか。また、山地が多く米が少ない対馬藩の財政経済実情についてもよく情報を得ている。

　対馬藩田代領である基肄郡、養父《やぶ》郡の一部は天正年間、豊臣秀吉の天下統一にあたり、戦功のあった小早川隆景《こばやかわたかかげ》に筑前一国、筑後二郡とともに与えられた。その後、隆景の養子羽柴秀秋《はしばひであき》に引き継がれ、慶長二（一五九七）年秀秋が越前へ移封され、秀吉の直轄地（天領）となった。慶長四（一五九九）年、朝鮮役の武功としてこの天領は対馬守宗義智《そうよしとし》に替地として与えられた。替地とは、文禄四（一五九五）年、宗義智は戦功により薩摩出水《いずみ》郡の地を与えられていたが、それとの交換である。田代領石高は一万二八三七石である。

▽山家

山家に着き宿泊した。泊まった所は藩主の別荘、と述べている。

「使節は藩主の部屋に泊まった。二つあって、きれいさっぱりし過ぎているような気がした。一方の部屋は高貴な人の次の間にあたり、襖戸《ふすまど》で居室や寝室に使うもう一つの部屋も続いている」

藩主の別荘とは福岡藩の御茶屋で、御茶屋は藩主が領内を巡視する際の宿泊、休憩所である。

福岡藩では宿駅の大名送迎に関する規定がある。山家宿庄屋山田家本「御通方御定目」はその一つである。この規定では送迎の対象となる通行者を一三項目に分け、その順序は格式の序列を示している。その規定によると、御茶屋に宿泊できる者は次の四項目までで、その他の者は町茶屋である。

一、長崎奉行　二、薩摩他六大名　三、久留米他九大名　四、日田郡代（近藤典二『筑前の街道』西日本新聞社、一九八五年）

この通りであれば、「九、阿蘭陀人・付添役人」に該当するシーボルトの一行は、町茶屋に泊まったことになる。山家宿の町茶屋には中茶屋（長崎屋）、下茶屋（薩摩屋）がある。天領代官・御普請役など幕府役人の宿は、脇本陣に当たる町茶屋に定められていた。

また、シーボルトは轟木ー山家通行中植物（ナタネ、カラシ）、動物（カワウソ）鉱物（化石）などのことも述べている。博物学的知見は参府旅行中いたるところで記されている。

図13　山家宿（駅）の図（『筑前名所図会』福岡市博物館蔵）

▽帰路

帰路ではこの地方の記事は少ししかない。五月二七日、山家を過ぎて旅を続け非常な暑さを覚えている、その日は田代に泊まった。五月二八日、夜明けとともに宿を立つ。前の晩は無数の蚊に襲われて、ほとんど眠れなかったようである。「この不快なうるさい虫は、水田の近くにある土地でとくに多い」と嘆いている。それから肥前地方の豊穣《ほうじょう》な平野を通り、おそらく私がこの旅行中に見たうちで一番米の豊富な所である、と言っている。ほんの少し前にやっと田植を始め、所によってはまだ田植の最中であった。ヨーロッパ人であるシーボルトには日本の水田は珍しかったと思われる。米作地帯についてもよく情報を得ており、田植についても関心が深かった。

冷水峠から小倉まで

長崎▼大村▼佐賀▼轟木▼田代▼山家▼内野《うちの》▼木屋瀬《こやのせ》▼黒崎《くろさき》▼小倉《こくら》▼下関

板橋皓世
Itahashi Hiroyo

冷水峠越え

原田《はるだ》宿からは福岡藩領である。福岡藩領を東西に走る長崎街道の宿は原田・山家《やまえ》・内野・飯塚《いいづか》・木屋瀬・黒崎と六カ所あることから、筑前六宿《ちくぜんむしゅく》と呼ばれていた。山家宿と内野宿の間には、街道中最大の難所とされる冷水《ひやみず》峠がある。山家宿を出て、内野宿に向かう途中、前方に目をやれば、青い山脈が屛風を立てたように聳え立って見える。その山脈の山間《やまあい》を越してゆく道に冷水峠がある。冷水峠は慶長一六（一六一一）年に、内野宿は翌一七年に内野太郎左衛門により開かれたので、島原の乱（寛永一四〔一六三八〕年）の際には、幕府の軍勢がこの峠を越していった。

図1　冷水峠の石畳　内野宿へと下る峠道には石畳がかなり残っている。いつの頃石畳が敷かれたか不明で，シーボルト以後の可能性もある。

ケンペルはこの峠道を「おそらく馬ではのぼれそうもない」山道と書き、駕籠に乗って越えた。シーボルトは折からの雨にたたられ、道は苦しく、藁沓《わらぐつ》をはいた人馬の敏捷《びんしょう》さと確実さに驚き、藁沓がなければこういう山道を荷物を背負って越すのは不可能なことである、と書いている。

旅人の多くが難所と記した冷水峠は二里二〇丁といわれ、大根地山《おおねちやま》（六五二メートル）と砥上岳《とがみだけ》（四九七メートル）との山間を通る道である。冷水峠にある大根地神社の鳥居の前に郡境石《ぐんざかいいし》が二基立っており、「従是《これより》西三笠郡」、「従是東穂波郡」とそれぞれ刻まれて、この峠が郡境にあることを示している。この郡境石が立つ地点が冷水峠の頂点で標高二八三メートルあり、ここからは東北に向かって緩やかな下り勾配が続いていく。峠道には石畳が今なお残っているが、ケンペル、ツュンベリー、シーボルトとも冷

図2　シーボルトが歩いた石橋の刻銘　石橋の側面に「文政六」との紀年銘がある。冷水峠の名由来とも言える谷川に架けられている。

水峠越えに際して石畳については記述していない。石畳の道は山野草に縁取られるように細く続き、植林された森の中を下っていく。

幕末、日本に英国外交官として滞在したオールコックは、清冽な小川の傍らに立つささやかな地蔵堂と、その前に休憩している人々の風景を「たまらなく美しかった」と、その著『大君の都』（岩波書店、一九八三年）に書いた。

この地蔵堂のすぐ前に小さい石橋があり側面に「文政六未秋新規仕居」と刻まれ、シーボルトがこの石橋を渡ったことはまちがいない。右手下には谷川が水音をたて、ひんやりとした風が吹き通るのを感じると、冷水峠という名の由来にも納得がいくのである。

日本の植物

冷水峠

春浅い時期にここを通ったシーボルトは、この深い森林の道に緑の群落を見、植物学者としての感覚を刺激されたのか、『江戸参府紀行』の中で日本の四季の草花や、シカやキジなど野生の動物について書き、五〇〇種の有用ないし鑑賞植物のうち、半数以上がアジア大陸からの移入種であると推定した。シーボルトが医師であると同時に、植物学者でもあることを再認識させる記述である

峠の古いしきたり

冷水峠・内野

冷水峠越えに際し、三人はそれぞれ峠での風習について述べている。ケンペルは内野で茶菓の接待を受け、ツュンベリーは「峠の宿」で同行の役人と酒を酌み交わし、宿の主人に幾許《いくばく》かの心付を送った。シーボルトもやはり茶菓の接待を受け、酒宴に招かれた。「主人は古いしきたりにしたがい、杉の木の小さい板にキジと卵をならべたものを土産として送った」と記している。

ここでの一連の行為は、「古いしきたり」に従ったもので、峠を越える者、峠を越えた者が峠の神に旅の安全を願い、また感謝をささげたことに始まると考えられる。冷水峠に限らず、峠神に対する信仰もしくは習俗は、日本のあちこちの峠にも伝えられているという報告がある（北見俊夫『旅と交通の民俗』岩崎美術社、一九八一年）。

最も古い峠神の伝承は『古事記』に書かれているもので、日本《やまと》武尊《たけるのみこと》が東国遠征の帰途、美濃と信濃境の峠にさしかかった時、山の神が尊の前にたちはだかり災いをなした。尊は食べていた蒜《ひる》（にんにく）を山神にぶつけると山神は死に、山は荒れ尊は進路を失った。その時一頭の白狗《いぬ》が現れ尊を導いた。その後、この峠を越す人は峠神の妖気にうたれないように蒜を噛んだり、その汁を人や牛馬に塗るようになった。また、天下の険と言われる箱根でも、箱根山を越えた旅人は雇った人足に祝儀を与え、「山祝」と称して酒を振る舞ったという（岩科小一郎「峠」（『山の民俗』岩崎

図3　内野御茶屋（本陣）跡を望む　写真左手奥の一段高くなった所が福岡藩内野茶屋跡で，今は田となっている。大銀杏は遠くからも見え，内野宿の目印でもあった。

美術社、一九七八年）。

この習俗の一端を語る例が『東海道中膝栗毛』に「斯く祝して峠の宿に悦びの酒をくみかわしぬ」と箱根山を越えた夜の酒宴について書かれている。峠神への手向けの場所は頂上は勿論であるが、峠にかかる前の足溜りの場所が峠を無事に越すための祈りの場所となり、また峠の下り口では感謝の奉《ほう》斎《さい》が行われた（北見俊夫『旅と交通の民俗』）。

冷水峠の足溜りの場所が山家であり内野であったと言える。峠の神への祈りにつながる行為として、内野での祝宴が、シーボルトが「古いしきたり」と記したものにあたるのではないかと考えられる。

山岳地帯の住人

西山村・長尾村

冷水峠の村の人々についてケンペルとシーボルトは記述を残しているが、ツュンベリーは何も記していない。ケンペルは往復とも女性の姿、身なりについて観察を残している。シーボルトも女性について書いているが、ケンペルとは全く異なる色あいの記述で、そこにあるのは医師としての関心である。ケンペルは冷水峠を一里程登った所にある村（西山村か）について奇妙な話を伝えている。

「噂によると、この村の住人はみな、今なお生きている一人の曾祖父から生まれた」という。言い換えれば村の住人はみな親類（一族）であるというような意味合いであろうか。またこの村人たち、特に婦人がたいそう良い姿をし、身分相応の教育を受けた人のように感じ、帰路にもまた「若い娘は驚くほどきれい」と記している。

シーボルトはそこから少し離れた長尾村で「女性は大変優美で、若い娘は美しく白い皮膚をし、頬は生き生きとした赤みを帯び、まるまるとした顔立ち」と記し、住民の風貌を医師らしく観察し、男性の顔面の計測を行い、その計測値を自筆日記（斎藤信訳『シーボルト　参府旅行中の日記』思文閣、一九八三年）に書き留めている。両者の記述を比較すれば、ケンペルがより情緒的であるように思われる。ケンペルは山間の孤立的な村に身をおいて「平家落人伝説」を想起したのかもしれない。

ケンペルの旅程中、筑前六宿の記事はたかだか一ページにも満たない。六宿中では宿泊は飯塚だけである。ツュンベリーも飯塚に宿泊しているが、シーボルトは飯塚では昼食をとっただけで出発した。ケンペルは飯塚に至る風景がドイツのある地方に似ていることや天道町が一番であると書いているが、飯塚については特別のことは何も記していない。

石炭を焼く

木屋瀬

ケンペルは元禄五（一六九二）年の江戸参府の際、木屋瀬で見た人々が「大変黒く汚れて見えた」のは石炭を燃やすことが原因

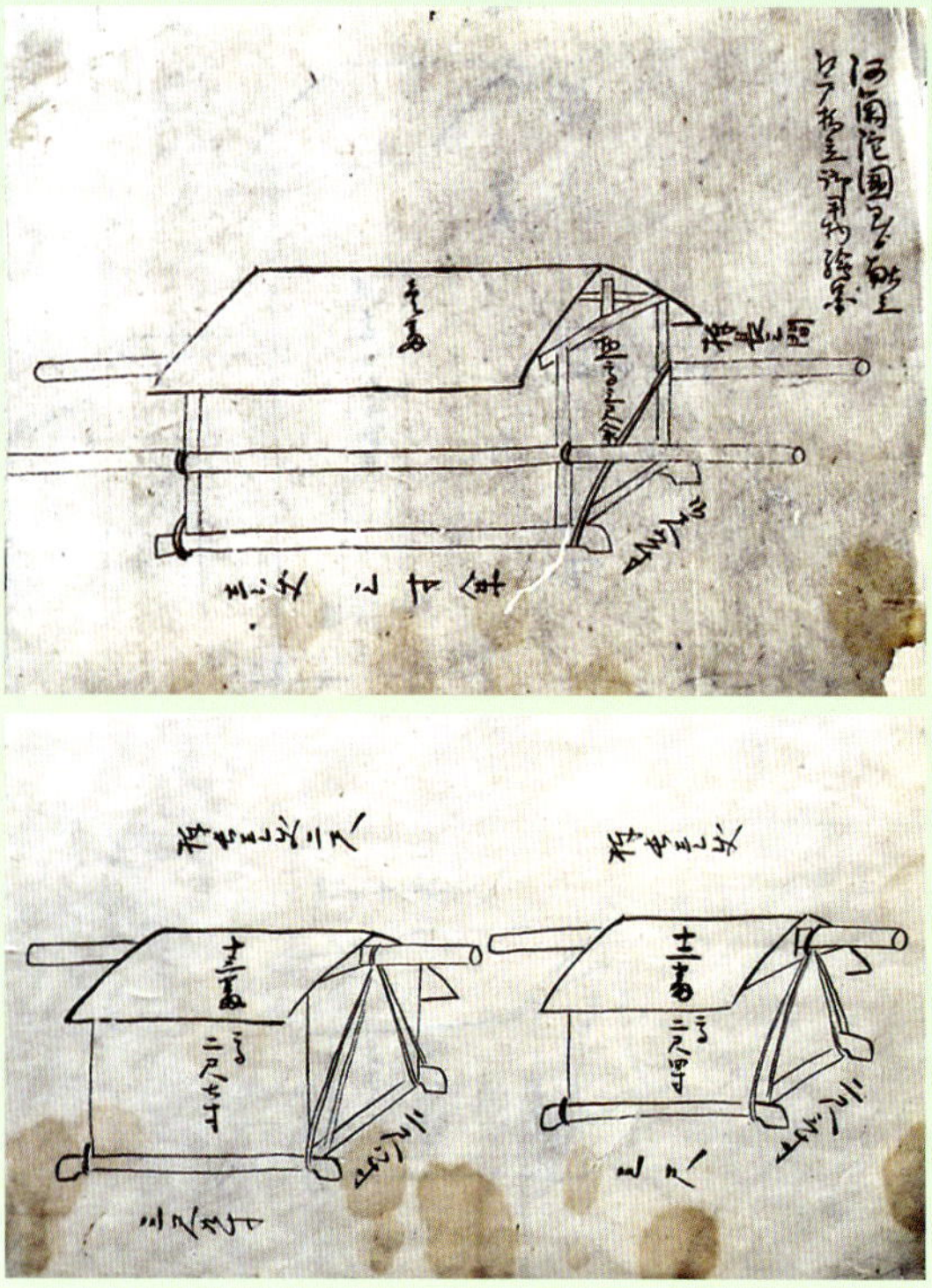

図4　木屋瀬宿を通ったオランダ人の荷物図（北九州市立長崎街道木屋瀬宿記念館蔵）「阿蘭陀国王ヨリ献上　江戸指立御用物絵図」のタイトルがある。オランダ商館長から将軍への献上品を運ぶ駕籠の形を珍しがって，下木屋瀬宿の者が描いたと伝えられている。

図5　商家の壁に描かれた象の画　長崎街道は日本に異国の文物をもたらす道であった。享保14（1729）年，将軍吉宗へ献上の２頭の象が木屋瀬宿に泊った。初めて見る象の大食に宿場の人々が驚いたという。

かも知れない、と書いている。これは仕事として燃やすことを指し、自家用燃料を燃やすことではない。おそらく生石を焼いてガラにする作業に従事する人をケンペルは見かけたのであろう。採掘されたままの石炭を燃やせば炎をあげて激しく燃えるため、一度燃やしたものを燃料としていた。

文政九（一八二六）年に木屋瀬で休泊したシーボルトは、石炭を運ぶ人や石炭を焼く山の煙を目にした。元禄五年から文政九年までの一三五年間に、筑前国ではささやかなエネルギー革命とも言える状況が起こった。家庭燃料として薪炭以外に石炭が利用されるようになったのである。この間の事情について簡単に記そう。

▽石炭採掘の歴史

日本の石炭採掘の歴史は古く、文明年間（一四六九〜八七年）に遡《さかのぼ》る。当初は産地近辺の住民が利用する程度であった。元禄一〇（一七〇三）年の貝原益軒『筑前国続風土記』（伊東尾四郎校訂、文献出版、二〇〇一年）には、木屋瀬の村民が燃石（石炭）を掘り薪の代用としていると記され、寛文八（一六六八）年に開発された宗像郡勝浦村の勝浦塩浜では、海水を煮沸《しゃふつ》する燃料として石炭を買った（『鞍手町誌』中、鞍手町役場、一九七七年）。

明和二（一七六五）年成立の津田元顧『石城志』（九州公論社、一九七七年）には「享保年中（一七一六〜三六年）に藩債重りて償責の道なく国中の竹木を伐り一時の急を救」ったので筑前領内では薪炭が乏しくなって、風呂や台所などの家庭燃料が不足するようになり、その不足を補うために廉価であった石炭が城下の家でも用いられるようになった。その後、糟屋・那珂・席田より石炭

図6　曲里《まがり》の松並木　長崎街道黒崎宿近くの曲里に600mにわたり600本の松の並木が残されている。寛永期に整備され，江戸時代には松並木は木屋瀬まで続いていたという。

を持ち出し城下で売り歩く百姓が増え、田作の障りになったので五〇歳以上の者だけに売らせるようにしたという記述がある（『博多津要録』中巻、西日本文化協会、一九七六年）。石炭が新燃料としての位置を占めていった経緯が分かる。

ケンペルは、黒崎の町に至る途中に炭鉱があって「人々はそれを大変珍しいものだと言って我々に見せた」と書いており、元禄四（一六九一）年頃は「炭鉱」が興業されていたことが読み取れる。明和年間（一七六四～七一年）には、石炭業を福岡藩が直営化し、採掘及び販売は次第に組織化され統制されていった。

筑前と豊前の国境

黒崎・清水村

ケンペルやツュンベリーはそれぞれ飯塚で一泊、シーボルトは山家と木屋瀬で一泊ずつ計二泊して、豊前国小倉へと入った。途中、黒崎宿に入る手前に今もなお松並木があり、往時の様をしのばせる。

シーボルトの時代、そこからは「洞《くき》の海」を望む素晴らしい景観が眼前に開けた。「筑前黒崎宿元和寛文年中之古図」では街道沿いの宿場や広大な御茶屋のすぐ裏はもう海で、井上之房《これふさ》の黒崎城があった道伯《どうはく》山は洞の海に突き出た岬のような地形にあったが、今は工場とビルの海の只中にある。すぐそこに見えていた海は干拓されて工場地帯となり、対岸の若松まで二キロもあった洞の海は、今、幅五〇〇メ

図7　「黒崎宿元和寛文年中之古図」に描かれた黒崎宿（「宇都宮家文書」宇都宮東正氏蔵）　海中に突き出た岬の上には井上周防守之房の古城跡が見える。

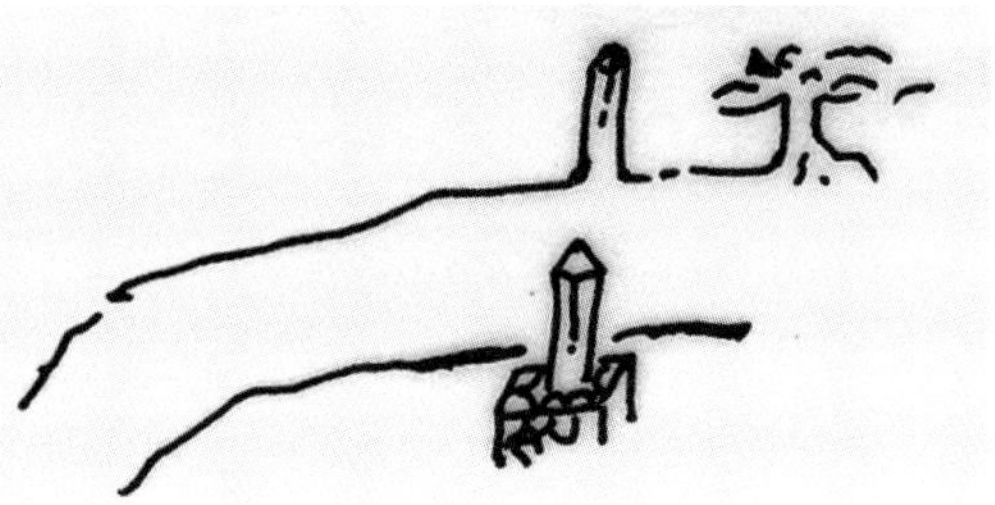

図８　シーボルトが描いた国境石（『シーボルト江戸参府旅行中の日記』よりトレース）　石で築かれた台上にある境石が筑前側のものであろう。

ートルの水路のようになってしまった。

　黒崎と小倉との間の清水《きよみず》村に国境石があり、シーボルトの自筆日記にはそのスケッチが載せられ、ケンペルも「街道の両側に立っている二つの石」で国境が示されると説明している。これは三条（北九州市八幡東区。三条は大正期以降の通称地名で、シーボルトの時代には清水村であった）の国境石についての記述であるが、今残されている碑とケンペルやシーボルトが目にし記述したものとは同一ではない。残されているのは天保五（一八三四）年に建てられたもので、竹底彫りの刻銘は福岡藩士で書家でもあった二川相近《ふたがわすけちか》の筆になる。

　その昔、筑前と豊前の国境には北九州市を東西に分けて一八基の国境石があったが、現在では一四基だけが残されている。その中でも三条の国境石は最大のものである。

　吉田松陰「西遊日記」（『吉田松陰全集』第七巻、岩波書店、一九三六年）に「豊筑の境道右に一石柱、《是ヨリ東豊前国小倉領》左には大石柱《是ヨリ西筑前国》とあり」とある。

　シーボルト前掲日記の図にも、道手前の石柱は道奥の石柱より大きく立派に描かれ石積の土台もある。筑前国が大国であったからか……。

繁華か落ち目か　小倉

　ケンペルもシーボルトも小倉城下に近接した清水村で小倉藩の数人の武士の出迎えを受けて城下に入った。

　城下は三区に分かれ、川が流れ、中央に城の六層の天守閣がある、とケンペルは書いている。

　元禄四（一六九一）年当時の城主は小笠原右近将監忠雄で、休憩したのは常盤《ときわ》橋の東勢溜り近くにあった本陣大坂屋宮崎良助方である。大坂屋は寛文年中「長崎御用仰付」となり公儀役人の本陣となった（『小倉市史』上巻、小倉市役所、一九三五年）。

　小倉に到着したそれぞれの感想は一様ではなく、ケンペル、ツュンベリー、シーボルトがいた時代の小倉をそれぞれに感じ取っていて時の経過を感じさせ、興味深い。

　ケンペルは元禄四年の小倉を「以前には人口も多く栄えていたが、豊前国が多くの大名に分割されて以来貧しく格下げの状態」であるが、宿舎はたいへん心地よく設備もよく、必要なものはすべて揃《そろ》えている、と記す。ケンペルが書いた豊前国の分割とは、寛永九（一六三二）年、それ以前の細川氏による一括支配から、小笠原氏の入国により同族分封（小倉・中津・杵築・龍王の四支藩）になったことを指している。小倉は三九万石から一五万石の城下町になったのである。

　ケンペルより八五年後、安永五（一七七六）年の小倉に着いたツュンベリーは「大きくかつ豊かな商業都市へ着いた。小倉は国の中でも大きな街に数えられ広く貿易を営んでいる」と述べている。

それからさらに五〇年後の文政九（一八二六）年、シーボルトは「ケンペルの時代には小倉の繁栄は下り坂であった。現在では再び活況を取り戻している〔略〕人口は一万六〇〇〇に及ぶだろう」と記している。小倉城下については、他にも数人の旅行記に記述があり、概括すると一八世紀中までは、異口同音に「町屋も賑やかでない〔略〕淋しき所」（司馬江漢『西遊日記』平凡社、一九八六年）と書いているが、一九世紀の旅行記には「いとにぎわしき城下」（菱屋平七「筑紫紀行」（『日本庶民生活史料集成』第二〇巻、三一書房、一九七二年））と書かれている。一九世紀頃に繁栄に向かったのであろうか。

ケンペルは旅館で一時間半程休憩して日本食をとり、「すっかり元気を回復して」九州をあとにした。『江戸参府旅行日記』には、「長崎から陸路九州島を横切り海岸の町小倉に至る」旅程は「通常五日を要」する、と書いている。ケンペルの初めての江戸参府旅行は、一月一六日（新暦二月一三日）に長崎を出立し、二〇日の午後、小倉から小舟に乗り五時間かかって関門海峡を渡り、太陽が沈む半時間前に無事下関に着いた。ちょうど五日である。まずは順調な旅であった。

「小倉の休日」シーボルト

小倉ではケンペルは昼食のみの小休止で、城下を歩きまわる自由はなかった。これはツュンベリーとて同じであった。それに比べるとシーボルトは一泊と半日の滞在で、城下を散策したり、常盤橋の上から測量したり、また門人たちに小倉の産物を探させ、禁鳥であったクロツルを試食して、まずいとかヨーロッパ人の口には合わないなどと記している。江戸時代には、ツルは将軍から天皇に「鶴のお成り」として献上されたり、大名に「お鷹のツル」として下賜するもので、庶

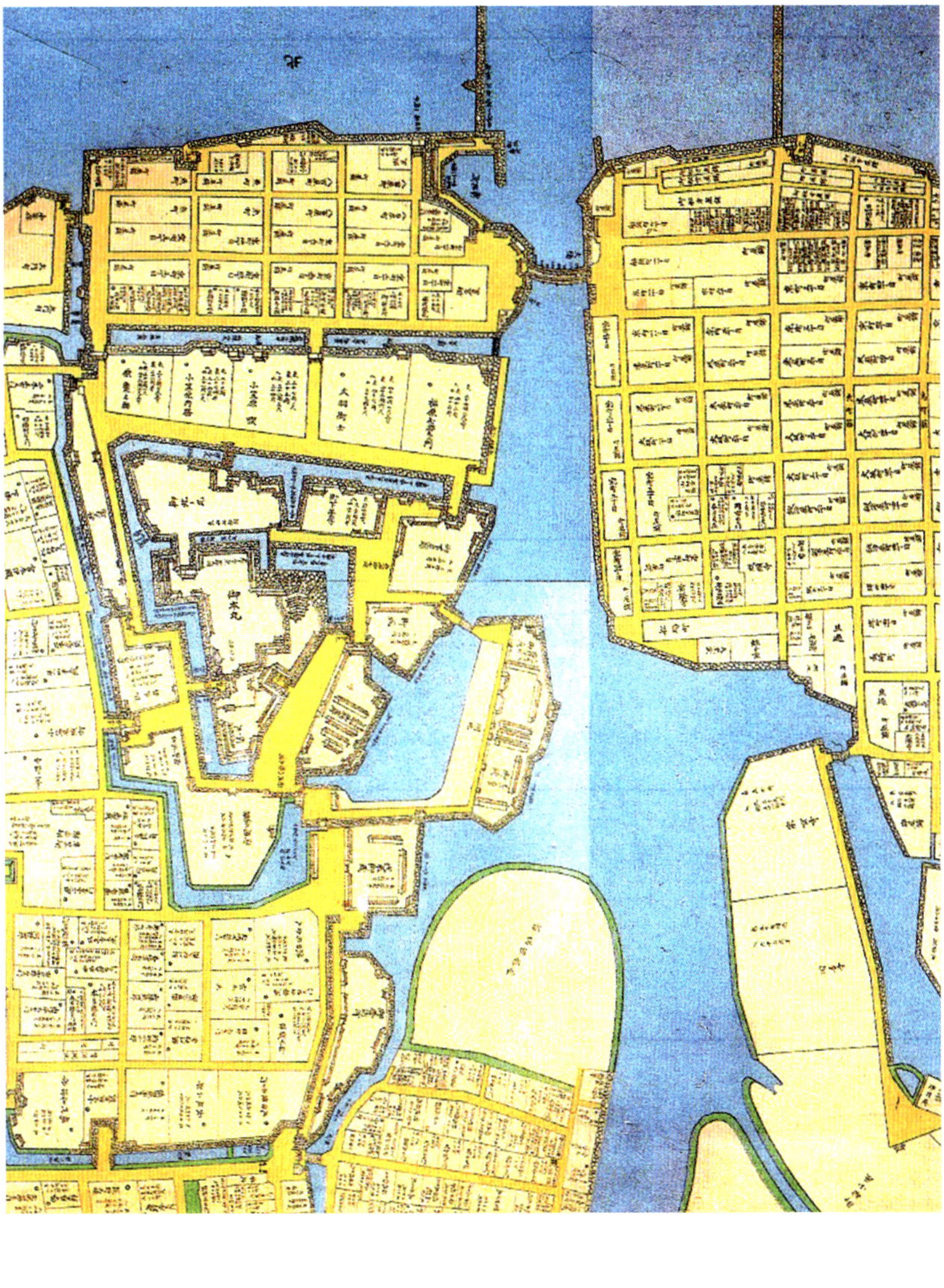

図９　小倉藩士屋敷絵地図（小倉観光(株)発行「小倉今昔絵図」より。北九州市立いのちのたび博物館蔵）　紫川は湾入した海のように見え，常盤橋の東西に広場（勢溜り）がある。本陣大阪屋は東勢溜りのすぐそばにあった。

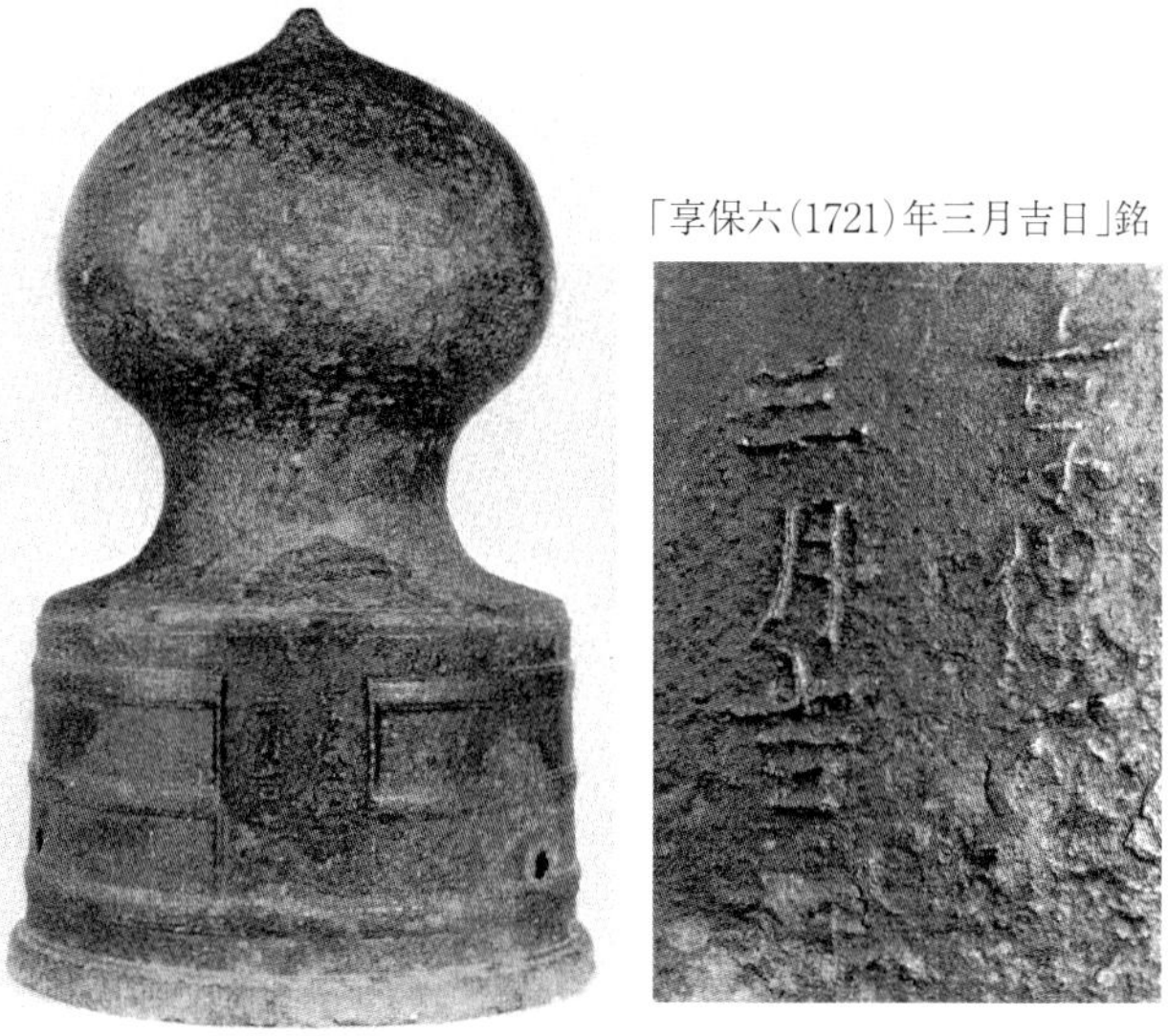

図10　常盤橋の擬宝珠とその刻銘（「再見 城下町小倉」北九州市立いのちのたび博物館蔵）　江戸時代，常盤橋は九州各地へとつながる５街道の起・終点であった。

民は捕獲も食用に供することも禁じられていた。

シーボルトは小倉で、診察を受けにきた人々の治療にもあたった。眼病や皮膚病などのたくさんの患者に、下層の人の貧困を読み取り、小倉の繁栄で豊かに暮らす人との格差の存在を指摘している。このようなシーボルトの行動の自由さはケンペルには見られないもので、時の流れがそうさせたのか、役人の意識が変化しつつあったのか。

シーボルトが紫川河口にかかる常盤橋上でコンパス測量を行ったのは、一つに関門海峡の西に浮かぶ引島（彦島）の位置を決定するためであった。「詳細な地図を明らかにする」ことは、この旅の主目的の一つと考えられ、そのことに関してシーボルトの準備は怠りなかった。シーボルトは幕府天文方高橋景保《かげやす》から送られた地図を研究しつくして旅に臨んだ。

常盤橋上でコンパス測量するシーボルトとその門人たち、そばで同じ方角を細密に描く川原慶賀……。一八〇年を経た今、常盤橋上に立つと、見える景色は違っても、私の目の前には彼らが測量している様がまざまざと浮かんできたのである。

画工川原慶賀

同行の絵師川原慶賀《かわはらけいが》は、常盤橋の上から引島（彦島）を遠景に入れて写生をした。その絵「小倉　引島を望む景」は『日本』に掲載されている。絵には、菅笠を被り背中に笈《おい》をせおった旅姿の人、都会の町人風の身なりの男女が描かれ、陽はすでに西の方に傾いているらしく橋上に影が長く伸びている。左手には長い石積の波止、湊には船が舫《もや》っている。都邑《とゆう》を画す石垣は植物画を描く時のように細密に描かれている。慶賀の絵の特徴はこの写実的な点にある。一九世紀の日本を忠実に記録するために、これこそがシーボルトが慶賀に求めたものであった。シーボルトは写真がない時代に写真となりうる絵を求めたのである。

『日本』に掲載された絵の多くは、原画を慶賀が描き、それをヨーロッパの画家が石版に描き印刷したものである。そのため今私たちが目にする挿図は日本人画家の手になるものとは見えず、異国的な雰囲気を感じさせるものとなっている。慶賀の本来の描法はどのようなものであったのか、慶賀とはどのような画家であったのか、その素顔に迫ってみたい。

川原慶賀についての史料は少なく、詳しくは知られていないがこれまでの先学の研究により、通称登与助、諱《いみな》は種美、慶賀また聴月楼とも号し、晩年に姓を田口と改め、登七郎という子がいたこと、登七郎も長じて画家となったことが知られている。慶賀の

図11　引島を望む景（シーボルト『日本』九州大学附属図書館医学分館蔵）　正面に引（彦）島，その奥には長門の山が薄く描かれている。

図12　現在の常磐橋から引島方面を望む
2007年の常盤橋で，1826年の慶賀と同じ位置から彦島方面を見る。島は見えない。

父香山も絵を描き、その友石崎融思《ゆうし》は「唐絵目利《からえめきき》」の職にあり、長崎画壇の重鎮であった。

慶賀の生年は、万延元（一八六〇）年に描かれた肖像画に「七十五歳種美写」とあるところから天明六（一七八六）年と推定できる。また没年は慶応期の慶賀作品があったと伝えられていることから一八六〇年以降の没となり、八〇歳前後の長命であったことになる。

ヨーロッパに伝えられている慶賀の絵は点数も多く（一〇〇〇点以上）画題も多彩である。国外に残る慶賀の絵は文化一四（一八一七）年から文政一二（一八二九）年までの一二年間に三人のオランダ人（ブロンホフ、フィッセル、シーボルト）のために描かれ、現在オランダ、ドイツ、ロシア、イギリスなどに伝えられている。日本国内にあったと確認されているのは、現在不明となっているものも含め七五点、『日本』に収められた江戸参府についての絵はすべて慶賀の手になるものである（兼重護『シーボルトと町絵師慶賀』長崎新聞社、二〇〇三年）。

シーボルトの旅行記にはたびたび「絵師登与助」の行動が記され、慶賀が精力的にシーボルトのために働いたことが知られる。しかし、最初から慶賀がシーボルトの眼鏡にかなっていたわけではない。

シーボルトはライデンの国立科学博物館長テミンクに宛てた手紙で、ヨーロッパ人の画家を一人日本へ送ってくれるなら、生きている状態の哺乳類や重要と思われる魚類の図を付加することができるのだが……と書き、慶賀の技量を認めていないことを暗示している。シーボルトの要請を受けて翌年到着したのが、ヨーロッパ人の画家フィレニューフェである。慶賀は彼から西洋画法の指導や影響を受け、西洋的画法を習得していった。慶賀はシーボルトのために描き始めてから二年余りの間に、シーボルトの信頼を勝ち得たのである。

　それは画家フィレニューフェの指導もさることながら、慶賀の確かな技量があってのことである。「（慶賀が）正確な視覚的記録にむけて着実に進歩したこと、そしてそれはシーボルトの指導に多くを負っていた」（兼重護『シーボルトと町絵師慶賀』）と言われるように、慶賀はシーボルトが求めているものを的確に受け止め、自身の画業の意味に気付いた。兼重氏は、西洋の明暗法を試みたのは日本では慶賀が最初である、と言う。

　慶賀の人となりを史料の上から掘り起こすことは困難であるが、わずかに「犯科帳《はんかちょう》」（長崎歴史文化博物館蔵）に慶賀の記録が残されている。「犯科帳」の文政九（一八二六）年の項では、「今下町出島出入絵師登与助」が「去る戌年オランダ拝礼参府に付添道中筋で薬草絵等描き、シーボルトが療治または対話した人から御製禁の品を受け取った」ことなどを理由に入牢、その後お叱りの罰を受けた。また天保一三（一八四二）年には「今下町絵師登与助」はすでに出島出入りでもなく、寅九月二一日手鎖預、同一一月一三日江戸幷長崎払いとなった。理由は、オランダ人の注文（「蘭人相好ニ任せ」）どおりに御法度とされている台場や長崎西役所、長崎警備の番船の旗に「九曜星《くようせい》」（肥後熊本藩細川家の紋）や「抱き杏葉《ぎょうよう》」（肥前佐賀藩鍋島家の紋）を描いたというものであった。

　この絵はオランダ人の手に渡る前に見とがめられ、没収された。しかし、この罪科の原因となった絵がどの絵であったかは、現在特定されていないのだという。

　文政九年に「出島出入絵師」と記された川原慶賀は、江戸参府時の科《とが》によりその資格を剥奪されたのである。「出島出入」は「唐絵目利」のように職制化された役目ではなく、出島出入りを許され、カメラのない時代にオランダ人の希望を受けて写真のような絵を描き、売るというほどのものであったのだろう。

　慶賀がオランダ人注文の絵でかなりの報酬を得ていたので、「出島出入」の差し止めは大きな痛手であったことが推察できるのだが、天保一三年の「犯科帳」の記録からは、慶賀の強靭な性格が垣間見えてくる。慶賀は「出島出入」を差し止められてもオランダ人から絵の注文をとっていたのである。

　天保一三年の「江戸ならびに長崎所払」の罰には、禁制の絵を描き売ろうとしたことに加え、出島に「不法に」出入りしたことも含まれているのであろう。

　ともあれ、慶賀のこの強靭な性格により、オランダ人は慶賀に「好み」の絵を描かせることに成功し、当時の長崎、また日本の風景や人々の姿を写実的に今に伝えているのである。

　シーボルトは『江戸参府紀行』の中で「彼（登与助）は長崎出身の非常にすぐれた芸術家で、とくに植物の写生に特異な腕を持ち、人物画や風景画にもすでにヨーロッパの手法を取り入れ始めている。彼が描いたたくさんの絵は私の著作の中で彼の功績が真実であることを物語っている」と書いた。

　慶賀の絵なくして、シーボルトの『日本』、『日本植物誌』、『日本動物誌』は存在しえなかった。慶賀の存在は大きい。

図13　川原慶賀筆３点
写真のように細密に描かれている。

カノコユリ（ロシア，コマロフ植物研究所蔵）

モンバラカワハギ（オランダ，ライデン自然史博物館蔵）

ガザミ（オランダ，ライデン自然史博物館蔵）

与次兵衛瀬

内裡の沖

与次兵衛瀬は伊能忠敬の地図には「篠瀬《しのせ》」と書かれている。篠瀬は〝死の瀬〟とも呼ばれ恐れられた、北九州市門司区大里と下関市彦島との間の狭い海峡に横たわっていた岩礁のことである。大正元（一九一二）年から六年にかけての除礁《じょしょう》のため爆破され、今はない。かつてこの岩礁は長四八間、幅八間あり、岩礁上に与次兵衛塔と言われる石碑があった。文字が刻まれていたわけではない。ケンペルは海から突き出ていたこの岩礁について「自ら腹をかき切った船頭の名誉のために」この碑があると書き、シーボルトも「太閤秀吉を危険にさらした船頭の名で、彼は腹かききって自害したので当然の罰を免れた。過失を犯した後、勇気をもってただちに敢行した自発的な死に方は日本人の目には重罪を償い過失を犯した者に恥の代わりに名誉をもたらす」と、特異な罪の償い方について書いている。

与次兵衛は姓を石井という。

尾道市の浄土寺に残る奉納絵馬から、石井与次兵衛が「播州明石船上《ふなげ》の住人」であったと知られている。ケンペルもシーボルトも「船頭」と記しているが、与次兵衛は豊臣秀吉の水軍の一角を構成する武士であった。もともとは瀬戸内海の運送を業としていたようであるが、後に秀吉につかえ天正一一（一五八三）年、秀吉の初めての大坂入城には、秀吉は与次兵衛に持ち船を大坂に終結させることを命じた。このことから、与次兵衛が軍船の指揮官であり、戦闘の際における海上警備の役目を持っていたことが推定できる（田中健夫

図14　与次兵衛瀬（北九州市立いのちのたび博物館蔵）　五雲亭貞秀画「西国内海名所一覧」幕末期　画面中央，小さな岩礁上に立つ石塔が小さく見える。与次兵衛塔である。

『中世対外関係史』東京大学出版会、一九七五年）。

石井与次兵衛が切腹したことについては諸説ある。「石井家系」（『門司市史』一九八二年）では文禄二（一五九三）年、秀吉が母大政所の危篤の知らせを聞き、与次兵衛を呼んで豊前小倉より乗船と決め、大坂に向かう途中瀬に乗り上げ秀吉を遭難させた、となっている。瀬に乗り上げたのは「存ずる旨」あってのこととし、秀吉はその忠節を惜しんだと書かれている。

図15　『日本』に掲載された与次兵衛塔（九州大学附属図書館医学分館蔵）　図16の原画をもとに石版画に刻んだもの。

図16　川原慶賀が描いた与次兵衛塔の原画（ドイツ，ブランデンシュタイン城博物館蔵）

『日本』に掲載された「与次兵衛塔」の絵には暗雲がかかり、海鵜やカモメが碑にとまりおどろおどろしい景観を呈しているが、実は慶賀が描いた与次兵衛瀬の絵はもっとシンプルなものであった。掲載された絵は「腹をかき切った」日本人に思いをはせたシーボルトの心象風景を語るものであろうか。

石塔は四角柱に描かれている。ケンペルが見た石塔は寛文一〇（一六七〇）年、彦島の人々によって建てられたもので、シーボルトが見たものと同一のものであろう。しかし、現在和布刈《めかり》公園に立つ与次兵衛塔は円柱で、笠石も円形である。

角柱の与次兵衛塔は

図17　松茸型の石塔　図16の石塔が海に落ちた後，柳ケ浦の里人により建てられた。大正期の除礁工事で海底に沈んだが，昭和29年に引き上げられ，今は和布刈公園にある。

文政一一（一八二九）年の子年の大風で海中に転落し、跡に松を植えさせたが、またすぐ風に倒れた、と小倉藩大庄屋の日記（『中村平左衛門日記』北九州市立歴史博物館編、一九八二年）にある。『門司の歴史』（門司区役所、二〇〇六年）には、後に柳ケ浦の里人によって松茸型の石柱が建てられたことが記されている。この松茸型の碑は、大正六（一九一七）年の関門海峡除礁工事の時、石柱を海中に捨てたが、昭和二九（一九五四）年に引き揚げられ和布刈《めかり》公園入り口の高台に建てられた。

『日本』に掲載の絵は墓碑の雰囲気であるが、与次兵衛塔は墓碑ではなく岩礁があることを示す礁標である、というのが真実のようだ。

ケンペルもシーボルトもともに小倉城下から船に乗った。大勢の町人が行儀よく見送る中、旅館から常盤橋まで歩き紫川の河口から船に乗った。ケンペルはこの渡海について「五時間もかかった」ことを、しばしば浅瀬に乗り上げたせいであると記している。

ケンペルの時代には、関門海峡という海峡名はなく、この海峡を「彦島とも呼ばれる島と豊前国の間の海峡」と記し、「関門海峡」とは記していない。伊能忠敬の地図では「和布刈セト」とある。

余談ではあるが、関門海峡という呼称は大正一一年作成の国土地理院の地図に登場したのが最初で、下関海峡から関門海峡へと変更したものである。海上の名称には、国土地理院は関知せず、海上保安本部の命名をそのまま地図に使用しているという。

シーボルトの高揚

ケンペルにとってこの海峡は、本土により近づくための一つの海峡にすぎなかったようである。しかし、シーボルトにとって関門海峡は特別の意味を持つ場所であった。

シーボルトは出島を立つ前に海峡の略図を書き、「地理学的ならびに航海にとって重要な、今日までほとんど知られていない海峡を、渡る時に調査しようという計画だったのである」と書いている。関門海峡を前に、心に期した思いでシーボルトの胸は高鳴ったのであろう。彼は錘《おもり》に紐をつけて海底に向かって下ろし、「一尋、二尋」と数えながら深さの測定をし、その数値を『日本』に掲載された海峡図に書き込んでいる。「いくつかの水路」（当時は早鞆ノ瀬戸、大瀬戸、小瀬戸の三水道があったことか？）の測量を行い、この海峡に独自の名前を付け、シーボルトは歓喜の思いに満たされて関門海峡を渡ったのである。

ケンペルとシーボルトの下関

長崎▼大村▼佐賀▼轟木▼田代▼山家▼内野▼木屋瀬▼黒崎▼小倉▼下関《しものせき》

竹森健二郎
Takemori Kenjiro

ケンペルと下関

ケンペルの『江戸参府旅行日記』によると、彼らは、元禄四（一六九一）年二月一七日（和暦一月二〇日）に小倉を出立し、その日のうちに下関に到着した。海上三里と記す。下関は、萩藩毛利氏の所領である長門国豊浦郡赤間関《ながとのくにとようらぐんあかまがせき》（赤馬関とも）である。本州の最も西にあり、関門海峡を隔て海上交通の要衝であった。

上陸すると彼はすぐに測量を行い、北緯三四度と測定した。測量のための道具は出島出立の際、「個人用に樹皮で作ったジャワ製の粗末な箱」に入れておいた「大きな羅針儀《らしんぎ》（コンパス）」であった。彼は随行の役人たちに気づかれないように観測した。観測をする際には「草花や緑の小枝を手に持っていたが、日本人には私がこれらの植物をただ写生したり、説明を書いているかのように思わせた」という。ケンペルは測量に際して随分と慎重であった。

翌一八日（和暦一月二一日）、ケンペルは下関の町を散策する。その印象について次のように記している。

> 下関は四〇〇～五〇〇戸の町で、非常に長い通りと、何本かの短い横丁や裏通りに家が建っている。ここにたくさんの雑貨店があり、毎日東や西から着いた船乗りが種々の必要品と食料品を買うことができる。〔略〕また、ここには石を美術的に加工する者がいて〔略〕いろいろな種類や形の蛇紋岩《じゃもんがん》の硯《すずり》や小筥《こばこ》などを作る腕を持っていた。

蛇紋岩とは、橄欖石《かんらんせき》・輝石《きせき》などの変成岩で、外観に緑または黒色の脂肪色を有している。斑紋があり蛇の皮に似ていることから、「蛇紋」と名付けられた。外見は美しく、装飾用の石材として利用される。硯はおそらく赤間関硯であろうか、現在でも「和硯の最高級品」として下関の伝統工芸品となっている。

翌一九日（和暦一月二二日）出立の予定であったが逆風のため出港できず、やむなく午後から「石切場や石を彫刻する仕事場」と阿弥陀寺《あみだじ》へと出かけた。阿弥陀寺は、現在の赤間《あかま》神宮である。

図1　ケンペルとシーボルトが参拝した赤間神宮

赤間神宮は、文治元（一一八五）年の壇ノ浦の戦いで入水《じゅすい》した安徳天皇の遺体を、境内に埋葬したと伝わる。その後建久二（一一九一）年、勅命により御陵に御影堂が建てられたのが始まりといわれ、以後、勅願寺として崇敬《すうけい》を受けた。阿弥陀寺は、明治八（一八七五）年赤間宮に、昭和一五（一九四〇）年現在の赤間神宮と改称した。

阿弥陀寺では、僧から平家に関する説明を受ける。この時にケンペルは赤間神宮に伝わる「安徳天皇縁起絵図」を見たのであろうか。一分金（一・五ターレルの金貨）を寄進した。

宿舎に帰り、「日本風の食事をとり酒を飲んで、入浴して元気をとりもどし」、夕方船にもどった。翌日早朝、大坂に向け出帆した。

ケンペルの下関に関する記述は、淡泊というか淡々としているように感じる。これは、ケンペルにとっての下関は、江戸へ上る通過点の一つとしての意味しかなかったからであろうか。

シーボルトと下関

シーボルトの『江戸参府紀行』によると、彼らは、文政九（一八二六）年二月二二日（和暦一月一六日）、志井川（現紫川）河口から一路下関をめざし出港し、同日下関に上陸した。シーボルトにとって下関は特別な意味を持った町であった。一つは下関という町そのものの重要性、いま一つは鳴滝の塾で学んだ門弟たちと再会する予定であったからである。

下関の重要性は、シーボルト以前に来日したオランダ人たちの手によって本国に紹介されていた。ツュンベリーの『江戸参府随行記』には、「（下関は）地理的に重要な地点となっている。（略）国中のあらゆる地域から、ここに集まってくる大勢の人々の群からみて、当地での商取引や貿易の規模は非常に大きいと思われる」と書かれている。それらの記録を読んでいたシーボルトは、下関が日本における海上交通と商業の要衝であることなどから、より正確に下関を記録することが必要だと認識していた。

『下関市史』（下関市史編集委員会、一九六四年）には、「赤間関は山陽・山陰両道の合流点であり、堂崎は山陽道の起終点、九州往来の要衝であった」とある。赤間関は下関である。街道の要衝でもあるが、海上航路も発達していた。当時は、東海筋（奥羽－江戸間）、南海筋（主に江戸－大坂間）、瀬戸内筋（瀬戸内海を通り、九州－関西間）、西海筋（九州・壱岐・対馬・五島）、北国筋（北海道から日本海を回り下関へ下る）の五航路がその隆盛を見せていた。下関は、それらの五航路の結節点としての位置を占めていたのである。

川原慶賀《かわはらけいが》に描かせた下関の鳥瞰図や、竹崎から見た下関、阿弥陀寺などの絵も多い。

舟島を抜けると視界が開けた。シーボルトは「豊前の海岸は長

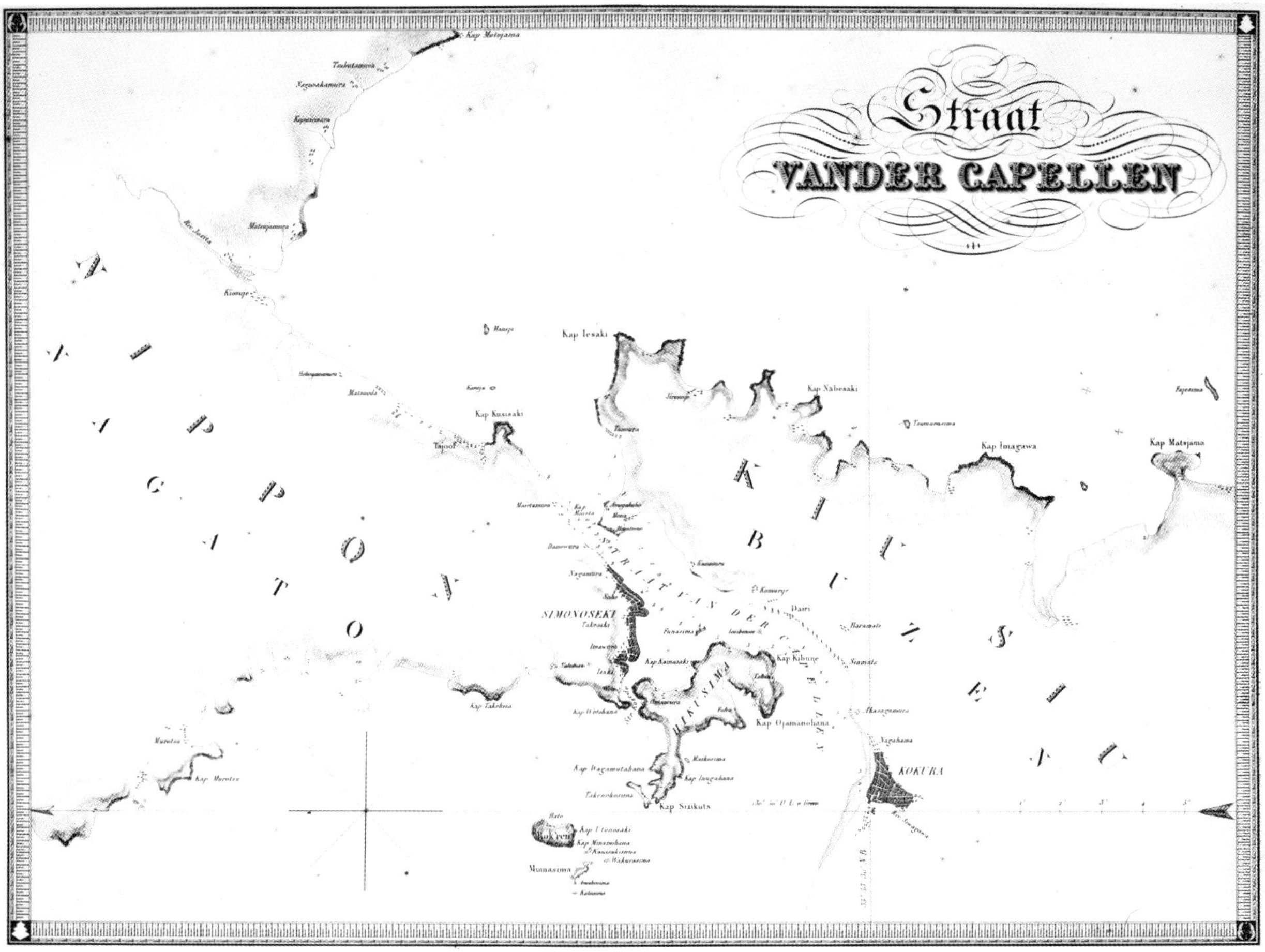

図2　「ファン・デル・カペレン海峡」の地図（シーボルト『日本』九州大学附属図書館医学分館蔵）

門の海岸や引島（彦島）といわば一つになって、すばらしいパノラマを見せる」と賛美している。港には白や青い条《すじ》をなした帆とたくさんの漁船が見え、舟歌の元気のよい繰り返しが聞こえていた。シーボルトはこの関門海峡を「ファン・デル・カペレン海峡」と命名した。ファン・デル・カペレン（Van der Kapellen）とは、一八一九（文政二）年東インドの総督に任じられ、シーボルトを日本に派遣することを決定し、多大な援助を与えた人物であった。いわばシーボルトにとって恩人であることから、彼の名を残すことでその恩に報いようとしたのである。

▽下関の人々

下関ではオランダ国旗に迎えられ、上陸したシーボルトたちは、南部《なべ》町の佐甲甚右衛門《さこうじんえもん》方に宿泊した。江戸参府の定宿は「阿蘭陀《オランダ》宿」と呼ばれ、小倉、下関、大坂、京都、江戸の五カ所にあった。下関には二カ所の阿蘭陀宿があり、佐甲家は「西の本陣」と呼ばれていた。いま一つは「東の本陣」と呼ばれた伊藤家であり、両家が交互に宿を受け持っていた。

佐甲甚右衛門は、商館長スチュルレル（Johan de Sturler）から「ファン・ダーレン（Van Dalen）」というオランダ名を付けてもらった。一方の伊藤家の当主は伊藤杢之允《もくのじょう》といい、シーボルトは「オランダ人の熱烈な愛好者」と評した。それは、伊藤の名刺には「ファン・デン・ベルヒ（Van den Berg）」とあったからである。このオランダ名は、商館長であったドゥーフ（Hendrik Doeff）から名付けられた。

図3　下関（シーボルト『日本』九州大学附属図書館医学分館蔵）

伊藤はオランダの服を持っており、オランダ人来訪の折にはこれを着てもてなすという。シーボルトは、二月二四日（和暦一月一八日）夜に夕食に招かれ、このオランダ服を見た。伊藤は「金モールのついた赤いビロードの服と金糸で刺繍《ししゅう》したチョッキを着、半ズボンと絹の靴下とスリッパをはき帽子」をかぶって登場し、シーボルトを喜ばせた。この服は、ドゥーフが江戸参府の際に、江戸城で将軍に謁見した時に身につけていたものであった。残念ながら、この服やシーボルトからの贈り物であるオランダ人形は、空襲で焼失したという。

シーボルトはこの招待について、「私はこの主人の親しい友人となり、彼のオランダ好きの証人」となったと書き添えている。彼の自筆日記（齋藤信訳『シーボルト 参府旅行中の日記』思文閣、一九八三年）には、同行したビュルガーが、「彼ハワレワレヲよーろっぱ風ノ家具ヲ備エツケタ部屋（略）ニ招キイレ、よーろっぱノヤリ方ヲ真似テ、一晩中ワレワレヲ喜バセテクレタ」、「夜、飼イ馴シタネズミヲ使ウ奇術師モ出演シタ。コノネズミハ踊ッタリ色々ナ芸ヲヤッテミセタ」とその模様を記している。

▽下関の測量

シーボルトは、関門海峡のいくつかの地点で水深を測っている。小倉を出発してからは約一尋《ひろ》（約一・八メートルであるが、一尋五尺（約一・五一五メートル）とすることもあり、シーボルトは後者で計算している）、海峡へ乗り出してからは、三、五、七尋と測量した。上陸してから、クロノメーターを使い、経度と緯度を観測し、観測は下関滞在の五日間に二九回にも及んだ。

下関に上陸した翌二三日には、「羅針儀による若干の観測」を行い、内裡《だいり》（大里）と舟島の位置を確認した。この測量を「渡航の際航路をきめるのに役立つかも知れない」としている。

二四日は緯度と太陽の高度を観測した。下関は「東経一三〇度五二分一三秒、緯度は北緯三三度五六分三〇秒」という。現在下関市役所の位置は、東経一三〇度五六分三三秒、北緯三三度五八分五秒であり、測量地点の誤差などもあると思われ、このシーボルトの測量の正確さが分かる。

この日の測量はそれにとどまらず、「海峡や入江を自由に展望できる」阿弥陀寺境内から関門海峡を観測している。さらに、一旦北九州側の早鞆《はやとも》へ渡り、今度は下関側を測量することによって、「海峡の西南の入口のいちばんせまい場所」を確定している。

二五日は快晴で測量には好都合な日であった。海峡の先を測量する目的で壇ノ浦へと向かった。同行は、佐甲家の息子、画家の登与助《とよすけ》（川原慶賀）と門弟たちであった。登与助に海峡のスケッチを命じ、壇ノ浦と北九州の早鞆岬との距離、その間の潮流の様子などを観測した。

二七日には、「好奇心を抱いた群衆が殺到してきて」測量はうまくいかなかったが、今浦へ行き随行の役人に酒を飲ませ、こっそりと引島周辺を測量している。この日の測量に関する記述は多く、筍島《たけのこじま》（竹ノ子島）、六連島《むつれじま》、馬島《うましま》、武久岬、室津岬、若松の水道、男女島、遠い所では藍《あい》ノ島も記録されている。これらの記

録を、シーボルトは「最も重要な測量のうちの数例」としている。

三月一日（和暦一月二三日）、下関を離れようとする日の測量は、正午頃、太陽の高度を測っただけのものであった。しかしこの日の記述は、下関を去るのを惜しむかのように、町々の名、町筋の様子、主な神社仏閣なども記している。

シーボルトのこのような測量のこだわりはどこからくるのか。一つは五航路の結節点としての下関に由来する。また、「渡航の際航路をきめるのに役立つかも知れない」という記述からは、いずれ開国のあかつきにはこの関門海峡が非常に重要な位置を占めることになる、と予測していたことがうかがえる。シーボルトは、この海峡を通過するための地理的な情報を収集することを目的としていたのである。

シーボルトは下関のみならず、参府旅行に際しては日本各地の測量を行っているが、これらの測量は日本の開国を視野に入れたものであったことは確かであろう。例えば、瀬戸内海を渡る際には「ヨーロッパの船舶が、もしこの海に船を乗り入れようとするならば、航行の際に比較的大きな日本の船をいちばん確かな水先案内人として目を離してはならない」とヨーロッパ船舶の航海を予測している。また、播磨の室《むろ》に上陸した際には、室の港について「ヨーロッパの船の錨地として非常に適している。〔略〕戦争の場合港の中にいるより自由に動くことができる」などと対日戦争をも想定しているかのような記述もあり、単なる測量のみならず軍事的な関心も示しているのである。

▽門弟たちとの再会

二月二三日（和暦一月一七日）には、早くも「数人の門人」がシーボルトを訪ねてきた。その中には「行斎」がいた。行斎とは山口行斎《やまぐちこうさい》のことで、名を成允、行斎は通称である。彼は出羽国庄内出身であった。江戸へ出て蘭学・医学を学び、文化九（一八一二）年長崎に赴き、鳴滝の塾で学んだ一人である。その後、同門湊長安《みなとちょうあん》、美馬順三《みまじゅんぞう》やオランダ通詞吉雄権之助《よしおごんのすけ》から西洋医術の指導を受け外科を得意としたという。文政二（一八一九）年、下関の伊藤杢之丞宅に滞在し、同地において開業。繁盛して門人百余人に及んだという。シーボルトは「（佐甲・伊藤の）両氏の強い支持をえて、現在この町で非常に広い患者層を持っていた」と記している。商館長ブロンホフ（Jan Cock Blomhoff）に「カレル（Karel）」のオランダ名を贈られたという。

門人たちは、再会の挨拶の品をシーボルトに贈った。それらは、「珍しいノガモ・ウミガニ・タツノオトシゴ」などといったものであった。

二五日の朝には、「門人とこの地方出身のほかの医師たちが患者を連れ」て訪れたが、門人の誰がいたのかはっきりとはしない。午後、壇ノ浦に出かけた際には、「親しい門人の良斎と行斎」が同行していることから、少なくともこの二人はいたことが分かる。「良斎」とは高良斎《こうのりょうさい》のことで、寛政一一（一七九九）年阿波徳島で生まれ、一九歳の時長崎に出て西洋医学を修めた。来日したシーボルトに師事して勉学に励み、この参府旅行に随行し、その二年後シーボルト事件に連座して一時禁錮《きんこ》されることになる。

またこの日夜には、「長門出身の熊谷《くまや》」が行斎の家を訪れ、シーボルトと再会した。熊谷とは、分家熊谷家四代目・熊谷五郎右衛門義比《よしかず》である。彼は萩藩御用商人を務めるほどの豪商であった。また、義比の兄熊谷五郎左衛門芳淑は、萩で酒造業を営む豪商であった。五郎左衛門は、高野長英・岡研介に『蘭説養生録』の翻訳を依頼したという。

義比は、文政七（一八二四）年、長崎を訪れ、膝・足の痛みの診察をシーボルトより受けたことがある。義比は、シーボルト下関来訪の折には、「藍染に関して」、「早稲播種法」の二論文を提出した。また、シーボルトは、帰国準備中の文政一一（一八二八）年、愛用のスクウェアピアノを五郎右衛門に贈っている。ピアノは、「横一メートル六八センチ、奥行六二センチ、高さ三七センチ」で、六本の脚があった。これが日本最古のピアノで、現在シーボルト関係の品々とともに萩市の熊谷美術館に所蔵されている。ピアノのサウンドボード（共鳴板）には、シーボルト自身の手で次のように書かれている「Tot gedachte nins aan mijnen vriend Koemaya（わが友熊谷への思い出に）1828」。

図4　シーボルトが熊谷五郎右衛門に贈ったスクウェアピアノ（熊谷美術館蔵）　イベントなどの際にはシーボルトが弾いていた当時そのままの音色が披露されている。

熊谷は、「ことに大坂や江戸にたくさんいるような富豪の一人」であり、「毎時一石（あるいは小判一枚）の収入があり、従って約黄金一トンになる」とシーボルトは記している。また、商人につ

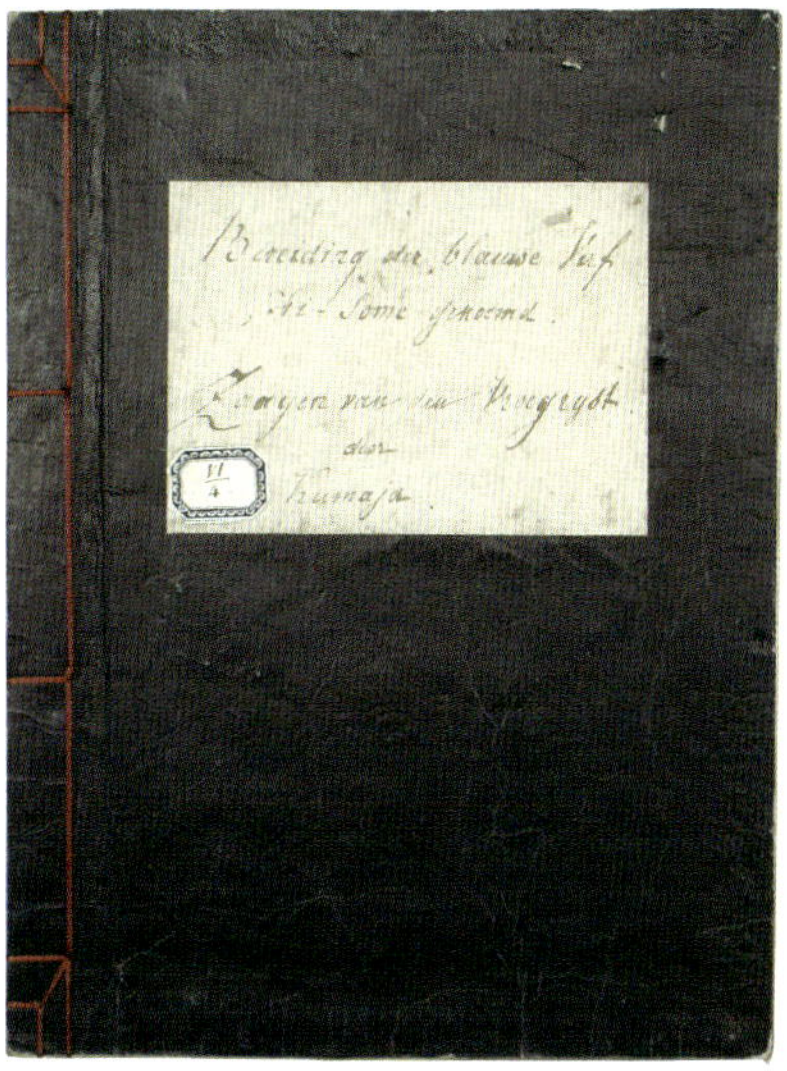

図5　熊谷五郎右衛門の提出した論文
（ドイツ，ボフム大学図書館蔵）

いて「市民としてはおそらく尊敬されるが、何ら社会的な名望はなく、土地を耕す人の下に立つ」と、その社会的身分が百姓の下であるとも記している。

　翌二六日にも「長門やそれに隣接する周防地方から門人や知人が、彼らの友達や患者」と一緒に訪れ、天産物などが差し出されている。門人たちとの再会は、シーボルトにとっても喜ばしかったとみえる。シーボルトは、彼らに「めいめいの故郷で学位論文を書き、それを参府旅行の途上で先生に手渡す」ことを条件として、医師免許を与えていた。「学位論文」のテーマは、鳴滝の塾時代に指示され、地理・民族・博物などの分野であった。

　この日来訪した門人たちの論文は、『シーボルト研究』（日独協会編、岩波書店、一九三八年）などによると、次のようであった。

　河野コサキ（厚伯）「長門および周防国の地理的・統計的記述」、杉山宗立《そうりゅう》「塩の製造について」、井本文恭《いもとぶんきょう》「最もよく用いられる染料と布地の色染について」、高野長英「鯨ならびに捕鯨について」、横田宗碩《そうせき》「日本における注目すべき疾病の記述」など。

　杉山宗立は、周防国三田尻の製塩業を営む嘉右衛門の三男であり、後に医学の道を志し鳴滝の塾でシーボルトに学んだ。杉山は萩の医学館で種痘法を伝習し、三田尻勘場で種痘を行っている。この時に提出された、杉山の「塩の製造について」はシーボルトの『日本』に引用されている。

　井本文恭は、杉山とともに鳴滝の塾で学んだ周防出身の医師であった。

　高野長英は、陸奥水沢藩（岩手県奥州市）の藩医の家に生まれた。文政八（一八二五）年長崎に留学してシーボルトの鳴滝の塾で医学・蘭学を学び、その抜きん出た学力から塾頭となっている。シーボルト事件の際には逃れたが、天保一〇（一八三九）年、蛮《ばん》社《しゃ》の獄《ごく》により捕らえられ永牢の判決が下される。その後脱獄し各地を放浪するが、嘉永三（一八五〇）年江戸で捕縛された際に死亡した。

　二七日（和暦一月二一日）には、「平戸の捕鯨業者」がシーボルトを訪れている。この「捕鯨業者」は、肥前生月《いきつき》島の鯨組主・五代目益冨又左衛門正弘であった（「益冨家と捕鯨業」本書一一一ページ参照）。

　さてこの日、シーボルトは一つの興味深いことを記している。「薬品応手録」（シーボルト述、高良斎記、文政九年刊）という「簡明な薬品目録」にコーヒーの効能を記した、というのである。日本人はオランダ人といると「コーヒーを飲むのが好き」だが、コーヒーが流行しなかったのは「実に不思議なこと」と書いている。どうやら、シーボルトはオランダとの貿易振興のため日本でコーヒーを普及させたかったのであろう。普及のためには「コーヒーは長寿にきくと宣伝」すればよいというのである。

　しかし問題が二つあった。一つは、日本人の「ミルク嫌い」である。日本人は、ミルクを白い血と思い、「血を流すことはことはもちろん、血を飲むことはもっと慎み深いこと」という仏教的な戒律を犯すことになると考えていたからだ。

いま一つは豆の炒り方にあった。日本人は「知識も持たずにコーヒーの豆を炒る」のでコーヒーの「味を損ない、同時に評判をおとすようなことがしばしば」あったからだ。焙煎《ばいせん》については「適切な説明を書いたレッテル」を貼って輸出すればよいと説き、シーボルトはこれを「切望」した。日本にコーヒーが普及したのは明治末から大正期にかけてであり、シーボルトの「切望」が叶うのは、まだまだずっと先のことであった。

下関出港前日には、早朝から門人や知人らがシーボルトのもとを訪れ、別れの贈り物を渡した。シーボルトもそれに応え、「薬、薬を入れるビン、オランダの書物や外科用の機械」、「装飾品、ガラス器、金唐革《きんからかわ》の品物」などを贈った。新たに医師の免状を授けた新人には、論文提出のテーマを追加した。これらの論文は、シーボルトの日本研究にとって大きな貢献をしたことは言うまでもない。

▽町を歩く

シーボルトは、測量のため下関を歩き回るが、ここでは、測量以外の、いわば散策といったことを見てみよう。

二四日（和暦一月一八日）午後には、阿弥陀寺を訪れた。阿弥陀寺は「簡素な木造で藁葺の屋根でおおわれ」ていた。

シーボルトたちは、阿弥陀仏が安置されている本堂や「安徳の物語」の七枚の絵を見学した。この絵は、①安徳天皇の誕生、②源平一ノ谷の山の道の戦い、③屋島の内裡・宮廷の図、④平家の軍船、⑤干珠・満珠二島の壇ノ浦の戦い、⑥下関の有名な八幡社、⑦最後の戦いの場面と安徳天皇入水の図であった。この七枚の絵は、赤間神宮に伝わる「安徳天皇縁起絵図」（県指定文化財）で、土佐光信が一五〇〇年前後に描いた作と伝えられている。

その後、寺に保存されている「記念品や珍しい品物」を見ている。それらは、寺の開基に関する宸翰《しんかん》や「平家物語」、「鎌倉〔関東カ〕御教書」足利尊氏の文書などであった。

この阿弥陀寺には下関出港の日に、門人の行斎に命じ布施を渡し、「ファン・デル・カペレン男爵を記念して」の奉納画を掲げる許可を得ている。この奉納画は、前日に出島のフィレニューフェに手紙と下関海峡の下絵を送り、帰りがけには下関に届くように指示したものであった。奉納画は羊皮紙に描かれ、カペレン男爵の紋をつけ、次のように記されていた。「ここはファン・デル・カペレン海峡である。この海峡は、われらにこの国を研究する崇高な委託を与えた者の名を冠むるべし　一八二六年二月二十四日　阿弥陀寺にて　江戸参府の使節一行」。この奉納画は、昭和二〇年六・七月、両度の下関空襲により社殿が焼失したことから、残念なことに失われてしまったという。

図6　下関阿弥陀寺の景（シーボルト『日本』九州大学附属図書館医学分館蔵）

【第三章】

江戸のニッポン

1

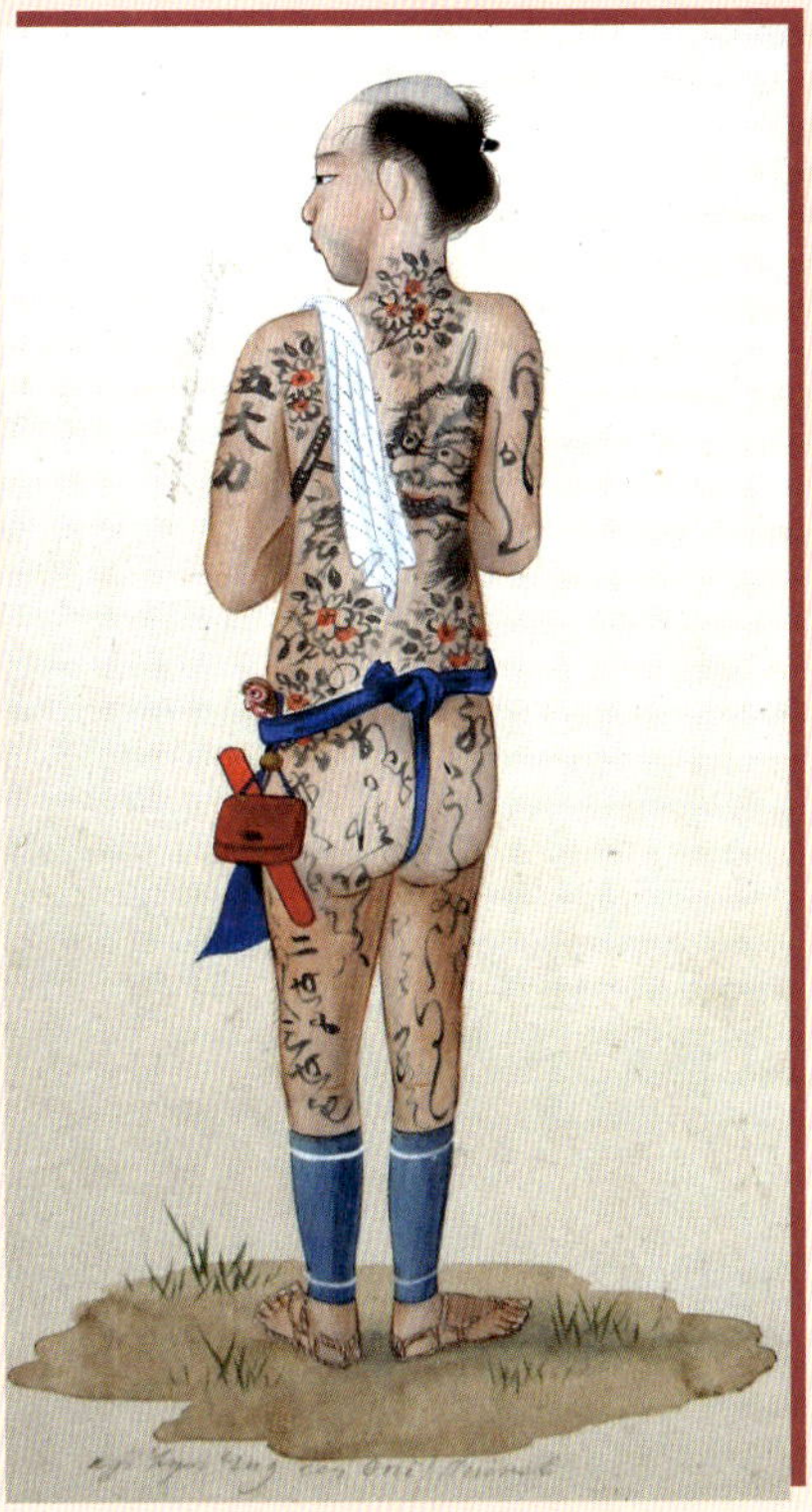

2

4

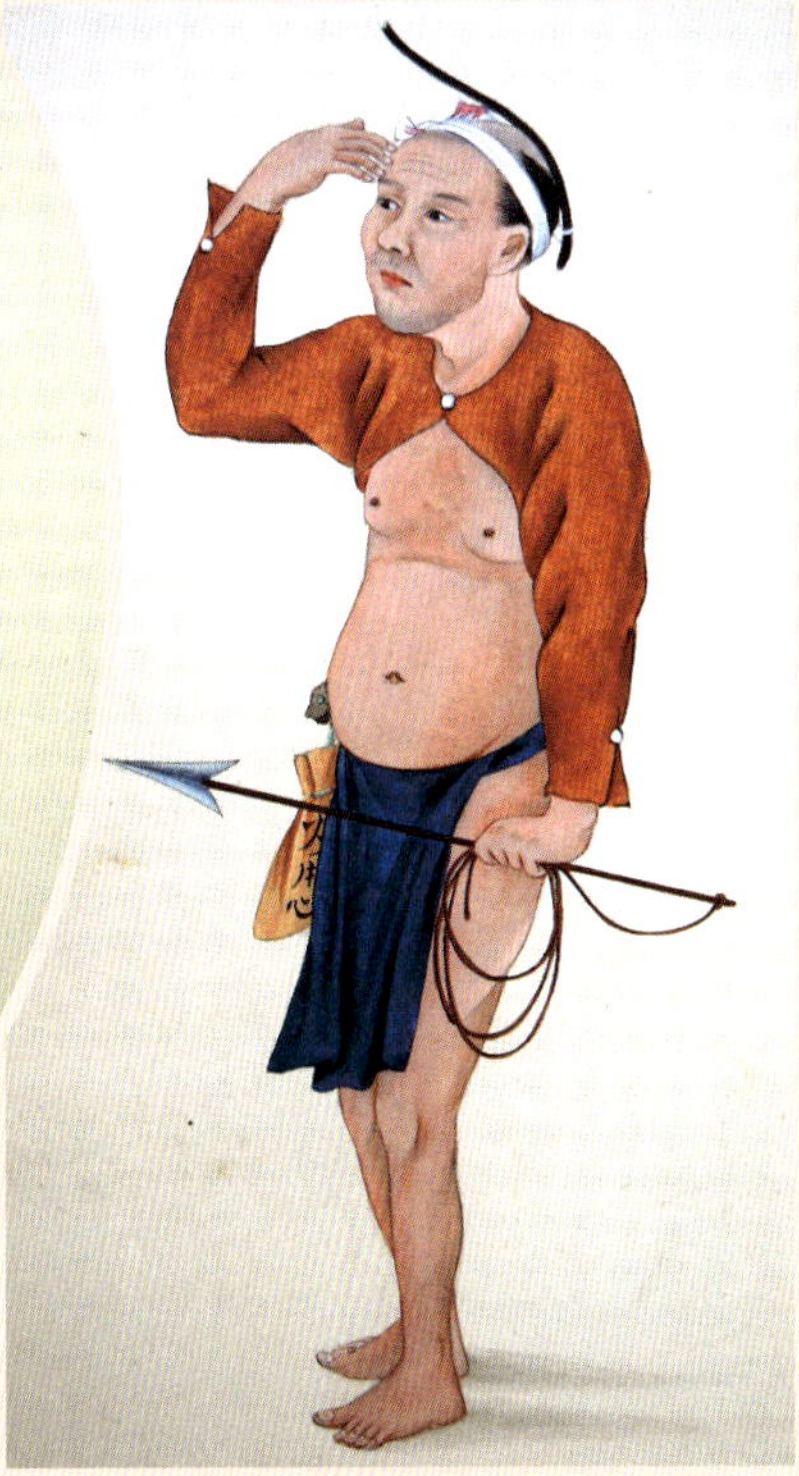

5

3

「人物画帳」（ドイツ，ミュンヘン国立民族学博物館蔵）**より５点**
シーボルトは109態に及ぶ各種職業者の姿を和紙に描かせ，それを台紙に貼り付けてアルバムに仕立てた。彼はこれを『日本』の下絵として多用する。1）農夫，2）刺青をした渡し守，3）身づくろいをする遊女，4）海女，5）鯨取り（羽指）

ヨーロッパ人と日本の茶

森　弘子
Mori Hiroko

日本の茶の話

日本の茶がヨーロッパに詳しく紹介されたのは、一七一二年にラテン語で出されたケンペル『廻国奇観《かいこくきかん》』においてである。その中の「V　日本の茶の話」がそれである。ケンペルの論文にもとづき、スウェーデンの博物学者リンネは茶樹に学名をつけて分類した。リンネの弟子ツュンベリーは、リンネの二名法を採用して『日本植物誌』に茶樹を登場させている（木村陽二郎「ケンペル・ツンベルグと茶」〔『季刊 植物と文化』第九号、八坂書房、一九七三年〕）。そしてシーボルトは、リンネの分類を基本としながら、日本の茶樹のさらに詳しい分類を試みた。また、それまで誰も成功しなかったバタビア（現インドネシアのジャカルタ）への日本茶の移植に成功している。

　ヨーロッパ人たちは、日本の茶をどのように見ていたのであろうか。

初めてヨーロッパに渡った日本の茶

ケンペルが日本の茶をどのように理解していたのか、前記の「V　日本の茶の話」（『廻国奇観』〔今井正訳『日本誌』下巻附録、霞ケ関出版、一九七三年〕）をみていこう。この中でケンペルはまず茶樹の生態について、当時のヨーロッパで知られていた植物に譬《たと》えながら詳しく述べている。ケンペル来日時の一七世紀末は、ヨーロッパでは紅茶より緑茶の方が多く飲まれていた。しかしヨーロッパの人々は、茶の生態や茶葉の原形がどのような形をしていたのかなど、ほとんど知らなかった。ケンペルの論文によって、初めて茶樹の生態が判明したのである。

　ヨーロッパに初めて日本の茶が渡ったのは、慶長一五（一六一〇）年である。同一四年七月、オランダ船が通商を求めて平戸へやって来た。オランダ人は八月に平戸オランダ商館を開設し、翌一五年に茶を積み込みオランダへ帰った。角山栄《つのやまさかえ》『茶の世界史』（中央公論社、一九八〇年）は、この時「日本の緑茶を積んで持ち

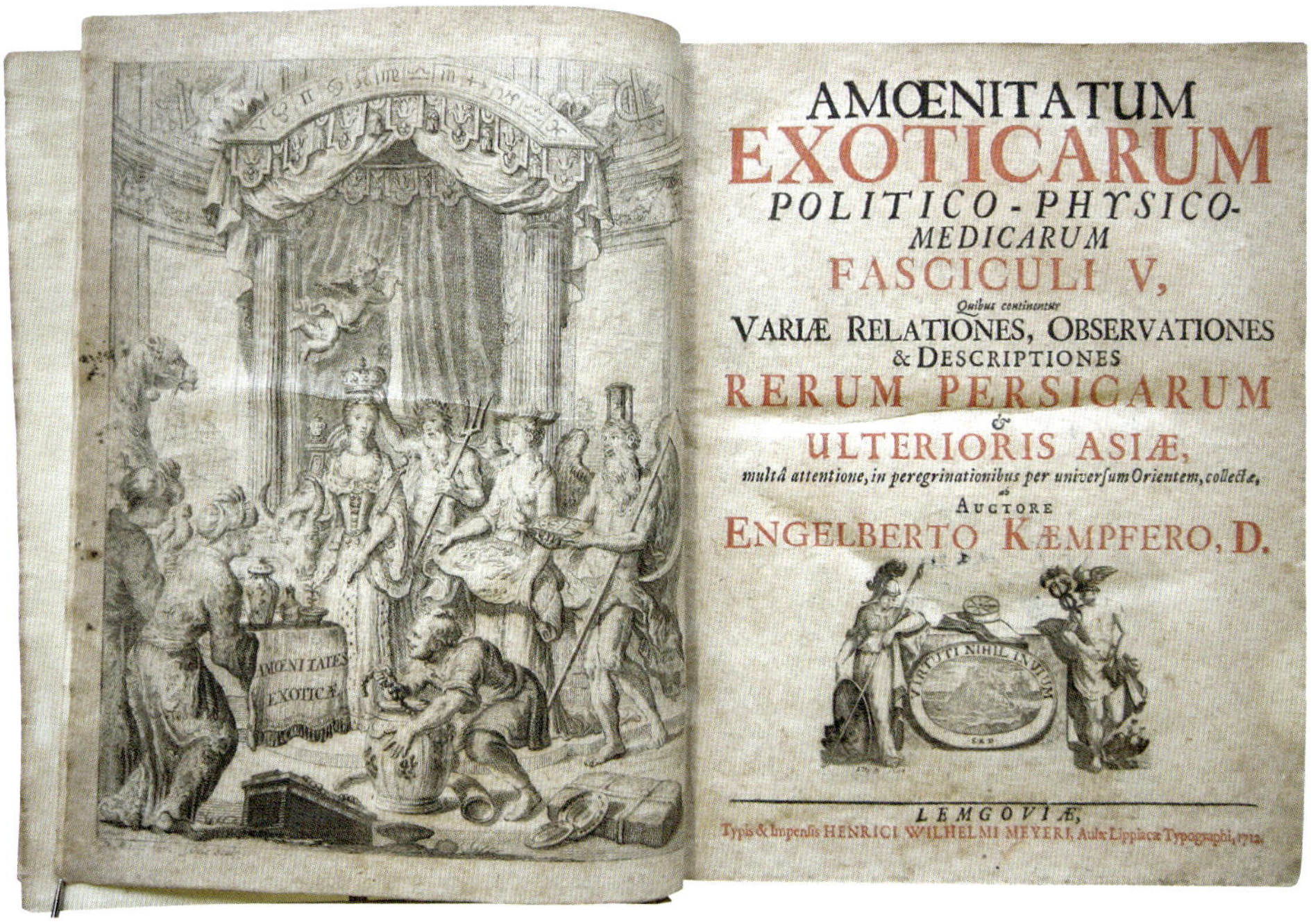

図１　ケンペル『廻国奇観』（九州大学附属図書館蔵）の扉

図２　茶樹（『廻国奇観』）

帰った」のが「海を渡った日本茶の第一号」であるとしている。

『オランダ商館長日記』（東京大学史料編纂所、一九七七年）を見ると、一六三七（寛永一四）年八月二一日に貿易品として茶が積み出されている。この時の船は座礁したため、オランダへ到着しなかったが、日本からバタビアを経由してオランダへ茶が渡っていたことを示すものである。後にオランダは、輸入する茶の大部分をバタビアに来る中国商人から入手するようになる。

達磨大師と茶

ケンペル『廻国奇観』には、茶と関係する人物として達磨《だるま》大師が登場している。このことについて彼は、

　インドに生まれ、中国に渡り仏教を伝えた達磨大師は、自らも悟りを開くために眠らず

に苦行を続けていたが、ついに眠ってしまった。このことを悔いて大師は両眼の瞼《まぶた》を切り取って捨てた。後日その場所に行ってみると茶の木が生えていた。この茶の木は、それまではこの世にはなかった。

図3　達磨像（ケンペル『廻国奇観』（九州大学附属図書館蔵）

という。ケンペルは、達磨大師が修行していた六世紀頃に茶が突然出現したとしている。

　現在、茶は亜熱帯地域から温帯地域まで広く栽培されている。もともと茶は中国の雲南省辺りで自生していた。中国における茶の歴史を辿ってみると、漢時代の紀元前一世紀頃まで遡るという（小川英樹「茶の歴史」『FUKUOKA STYLE』福博綜合印刷、一九九七年）。その後に雲南省から長江《ちょうこう》沿いに下流域へ茶の栽培が伝播していった。六世紀の初め頃、禅宗の始祖である達磨大師が修行をした少林寺は、中国河南省の嵩山《スウザン》にある寺で、長江の中流域に位置する。ケンペルは、茶の栽培および飲茶の伝播を示すものとして、達磨大師を採用したのであろう。

　では、茶はどのようにして日本人の生活の中に入ってきたのであろうか。

図4　茶の発祥地・中国

日本への茶の伝来

日本における茶についての最古の記録は『日本後紀』にあり、嵯峨天皇の弘仁《こうにん》六（八一五）年四月二二日に「大僧都永忠手自煎茶奉御」とある。嵯峨《さが》天皇が滋賀の韓埼《からさき》へ行った時、宗福寺の僧永忠が茶を差し上げたという記録である。また同年六月、嵯峨天皇は畿内・近江・丹波・播磨の国に茶を植えさせ、毎年これを納めるよう命じたと記されている。しかし、茶が献納されたという記録はない。当時、中国へ渡った留学生や留学僧が、文化の一つとして茶や茶の種子を持ち帰ったと考えられるが、まだ一般の人々の間には普及しておらず、貴族や高僧たちが薬あるいは儀式用として用いていた。

図5　脊振山，石上坊跡（田中由利子氏提供）

図6　聖福寺境内の茶樹　左は博多塀。

日本において茶を飲むことが普及するようになったのは、鎌倉時代、僧栄西《えいさい》《ようさい》が宋より茶の種を日本に持ち帰って植えたことに始まるとされる。宝永五（一七〇八）年の貝原益軒《かいばらえきけん》「大和事始」には、「茶湯記」からの転載として、

建仁寺の開山千光国師、栂尾の明恵上人同船して入唐し、同時に帰朝しけるが、茶の種を持ち来たって、筑前国脊振山にこれをうゆ。岩上茶と号す。上人（明恵）これを栂尾にうつし、また、宇治に移すとあり
（『益軒全集』巻一、益軒全集刊行部、一九一一年）

とある。千光国師は栄西の通称。栄西は仁安三（一一六八）年と文治三（一一八七）年の二度、入宋して天台山で禅を学んだ。帰朝する時茶の種を持ち帰り、筑前国脊振《せぶり》山の岩上《いわがみ》（霊仙寺の石上坊）に植えた。これを岩上茶という。明恵は栄西から茶の種を分けてもらい栂尾《とがのお》に植えた。その後、種を宇治にも分播した。『史都平戸』（松浦史料博物館、二〇〇〇年）によると、栄西が二度目の帰朝の時、上陸した平戸の富春庵に植えたのが、「日本における茶栽培のはじめ」とある。また、栄西が創建した博多の聖福寺《しょうふくじ》にも茶樹が植えられた。しかしその後度々の戦禍に遭い、当時の茶樹は消滅したという。現在境内には、当時を偲んで多くの茶樹が植えられて

いる。

栄西は承元五（一二一一）年に「喫茶養生記」（『茶道古典全集』第二巻、淡交新社、一九七七年）を著している。その冒頭に「茶というものは末世における養生の仙薬であり、人の寿命を延ばす妙術である」とある。不老長寿を願う者ならば誰でも欲しくなるような効能を書いている。この「喫茶養生記」が喫茶を普及させるきっかけとなり、鎌倉時代から室町時代にかけて武士や豪商の間に広がっていった。

日本人の生活必需品となった茶

室町時代の初め頃の「喫茶往来」（『茶道古典全集』二巻）を見ると、当時の茶会の様子が手紙形式で詳しく記されている。そこには「栂尾・高尾産の茶」や「蜀茶《しょくちゃ》の園に入る」という文言があり、すでに有名な茶の産地が登場している。また、栂尾茶を「本茶」とし、それ以外の茶を「非茶」として飲み比べ、豪華な賭け物をして茶の優劣を競う「闘茶」という遊びも流行していたとある。しかし、これらの茶は一握りの裕福な人々のためのもので、庶民の間に茶が普及するのは江戸時代になってからである。

ケンペルは「日本人は特別な茶園や茶畑を作らず、単に畑の縁を利用する」と書いている。当時、農民は畑や山の斜面などを利用して茶の種を撒き、自家用の茶を作っていた。ケンペルは江戸参府の時に、畑の周りや山の斜面などを利用して植えられていた茶樹を見たのである。彼の記述から、元禄時代に日本で茶の栽培が広く行われていたことが分かる。江戸時代の農業手引書、元禄一〇（一六九七）年の宮崎安貞『農業全書』（岩波書店、二〇〇三年）には、

凡都鄙《とひ》、市中、田家、山中ともに少しも園地となる所あらば、必ず多少によらず茶をうゆべし。左なくして、妄りに茶に銭を費すは愚なる事なり

とあり、「園地」（空き地）に茶を植えることを奨励している。宝永五（一七〇八）年の貝原益軒「大和本草」（『益軒全集』六巻）にも、

日本に、昔は賤民も、點茶《てんちゃ》を用ひて、煎茶はまれなり。近年は民間點茶は、まれにして、多くは煎茶をのむ

とあり、一般庶民が煎茶（煮出した茶）を飲んでいたことが記されている。庶民が飲む茶はどのようなものだったのか。ケンペルは「若葉を二度摘んだ後の、あるいは前年から残っているこわい葉を使う」という。彼がこの情報をどのようにして得たのかわからないが、正しい情報であった。『農業全書』には、庶民用の茶の製法について「煎じ茶は若葉古葉残らず摘み取りて、あくにてざっと湯がき」とある。当時の茶の品質は、最初の若葉だけを摘んで製した上質の一番茶、その後の二番茶、若葉も古葉も一緒にした庶民向けの茶に分かれていた。茶は嗜好品の域を超えて日本人の生活必需品となっていたのである。

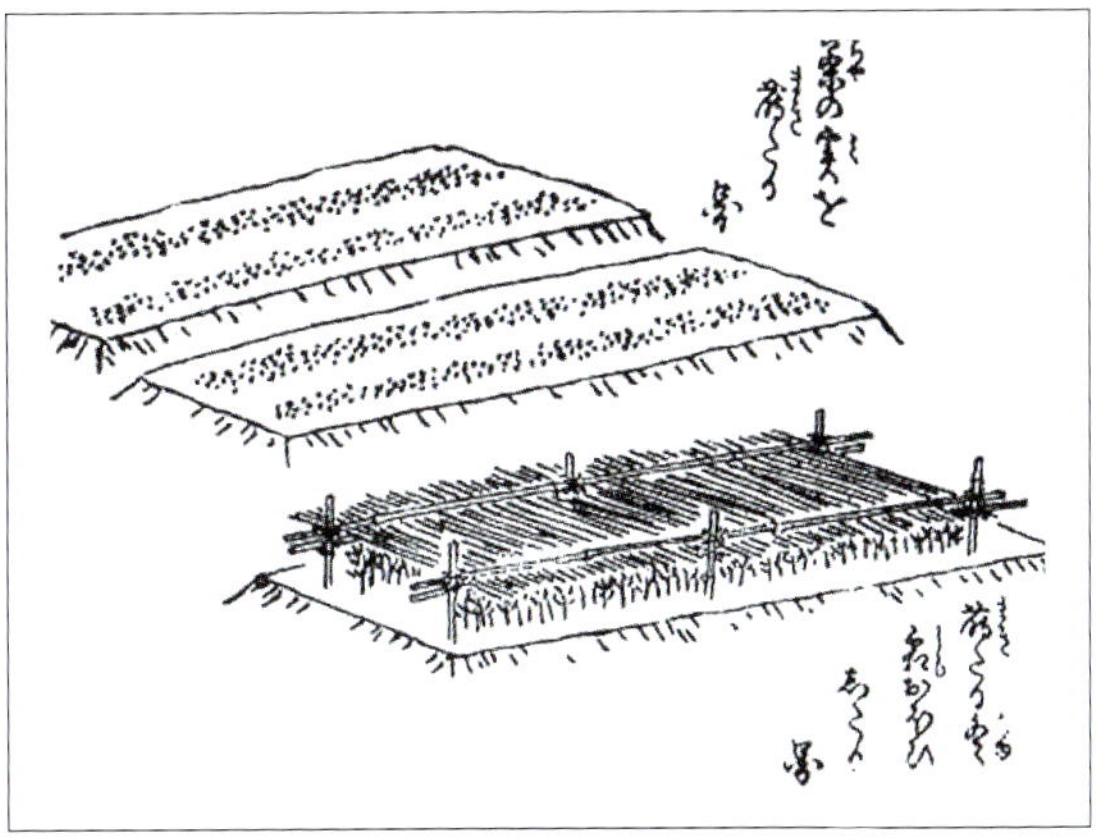

図7－1　茶の実を蒔たる図（大蔵永常『広益国産考』国立国会図書館蔵）

図7－2　刈茶製法場の図

図7－3　茶を刈図

江戸時代の製茶

江戸時代の製茶法には、蒸し茶法と釜炒り茶法があった。『農業全書』によると、蒸し茶法は、摘み取った茶葉をすぐに蒸気で蒸すか、熱湯に短時間浸ける。そして焙炉《ほいろ》という乾燥器で乾燥させるか、莫蓙《ござ》の上で手もみした後に天日で乾かすかの方法であった。釜炒り茶法は、茶葉を専用の釜で万遍なくかき回し、熱くなったら取り出して莫蓙の上に広げて手でもみ、冷めるとまた釜に戻してかき混ぜた。この作業を七、八回またはそれ以上繰り返して水分を完全に取り去る。

このようにしてできた茶は、袋や壺あるいは俵に入れて保存される。梅雨を過ぎた頃に、もう一度取り出して乾燥させ、再び保存した。ケンペルが詳細に紹介している製茶法は、釜炒り茶法である。松下智『日本茶の伝来』（淡交社、一九八七年）によると、嬉野《うれしの》茶は釜炒り茶法であったというから、ケンペルの情報は、嬉野茶のそれであろう。彼は抹茶用の最高級茶から一般庶民用の番茶までの製茶工程にも触れている。

日本では、蒸し茶法が釜炒り茶法より早く導入されている。栄西『喫茶養生記』に中国宋時代の蒸し茶法が紹介されており、以来、この製茶法が日本で広まったと考えられる。中国で明代になると、釜炒り茶が広まった。日本に導入されたのは一六世紀のことである。紅令民という明の陶工が南京釜を持参して、平戸の皿屋谷辺りで釜炒り茶を作り始め、それが嬉野に伝わったという（小川秀樹「茶の歴史」）。

ケンペルは、摘み取った茶葉に熱を加えるのは、「茶の葉に含まれている毒素を取り去り、飲んでも頭へ来ないように、有害な成分を除去する」ためと述べているが、これは誤りである。熱を加えるのは茶葉の酸化発酵の働きを止めるためであり、緑茶の製法には欠かせないものである。

茶の貯蔵

ケンペルは、ヨーロッパで飲む茶は美味しくないという。「得もいわれぬ優雅な香気」や「茶特有の爽やかな風味もなければ、精神を爽快にする成分」もなくなっていると記している。彼はヨーロッパに輸入された茶が美味しくない原因を、貯蔵容器にあると考えた。日本では最高級の茶葉を貯蔵するために「真壺《まつぼ》」が使われていたこと、「真壺」で貯蔵すると茶の成分が高まり、「貯蔵期間が長ければ長いほど茶がますます風味のよい上質なものになると信じられていた」と記している。

ケンペルがいた当時の日本で「真壺」が茶葉の保存容器として珍重されていたのは事実である。「真壺」とは、徳川義宣『茶道《さどう》聚錦《しゅうきん》一〇　茶の道具（二）』（小学館、一九八六年）によると、中国からの輸入品、真物《まもの》（唐物）のことである。「真壺」は、織豊期に高級茶壺として非常な高値で売買されていた。ケンペルは疵のない上物になると、三〇〇〇～四〇〇〇両、五〇〇〇両で取引されていたと記しているが、実際にどれほどであったか詳しくは分からない。ただし、「初花《はつはな》」、「新田《にった》」とともに、天下の三肩衝《さんかたつき》と称された「楢柴《ならしば》」は、武野要子「名器　楢柴」（「福岡商工会議所ニュース」四九号、一九八九年）には、豊臣秀吉の後に徳川家康が所有し、「金一万両以上の価値があるとして秘蔵された」とある。そのことから考えると、ケンペルの記述もそれほど空言ではなかったと言える。茶事の道具について、途方もない値段が飛び交っているのは、今も昔も変わらない。一方、庶民が飲む茶は俵に入れて保存されていた。

ケンペルが見た日本の喫茶法

ケンペルは、江戸参府をしたオランダ人一行が、訪問した先々で抹茶を振舞われたことを記している。特に将軍謁見《えっけん》時に江戸城で出された茶は、給仕の者から「茶碗一杯が一分（一分は金一両の四分の一、金一両＝三二万円。「日銀」情報）につきます」と言われたという。この法外な値段をケンペルがどのように受け止めたのかは記されていない。日本の茶はケンペルを魅了したようで、彼は茶の湯にも大きな関心を寄せた。彼は、日本の喫茶法につい

料金受取人払郵便

博多北局
承認

0647

差出有効期間
2024年11月15
日まで
（切手不要）

郵便はがき

812-8790

158

福岡市博多区
奈良屋町13番4号

海鳥社営業部 行

通信欄

通信用カード

このはがきを，小社への通信または小社刊行書のご注文にご利用下さい。今後，新刊などのご案内をさせていただきます。ご記入いただいた個人情報は，ご注文をいただいた書籍の発送，お支払いの確認などのご連絡及び小社の新刊案内をお送りするために利用し，その目的以外での利用はいたしません。

新刊案内を［希望する　希望しない］

〒　　　　☎　（　　）

ご住所

フリガナ

ご氏名

（　　　歳）

お買い上げの書店名

ケンペルやシーボルトが見た
九州、そしてニッポン

関心をお持ちの分野

歴史，民俗，文学，教育，思想，旅行，自然，その他（　　　）

ご意見，ご感想

購入申込欄

小社出版物は全国の書店，ネット書店で購入できます。トーハン，日販，楽天ブックスネットワーク，地方・小出版流通センターの取扱書ということで最寄りの書店にご注文下さい。なお，本状にて小社宛にご注文いただきますと，郵便振替用紙同封の上直送致します（送料実費）。小社ホームページでもご注文いただけます。http://www.kaichosha-f.co.jp

書名		冊
書名		冊

て、三通りの茶の入れ方を紹介している。

第一の方法は、茶葉に熱湯を注ぐ「出し茶法」で、これは中国からヨーロッパへも伝わっていた。この方法はケンペルが来日していた頃の日本にはなく、一八世紀の半ば頃から普及し、急須を用いて茶を入れるようになった。

第二の方法は、抹茶にして飲む方法である。ケンペルにとって、この飲茶法が日本の文化そのものと映ったのか、抹茶の作り方、点《た》て方、飲み方まで詳しく述べている。そしてその作法を「全く形式的な作法に他ならない」としながらも、「日本では茶の湯の作法を習うことは、ヨーロッパ人が食事のマナーを習い、ダンスを練習するのと同じように、身嗜《みだしな》みの一つとされている」と記している。

第三の方法は、一般庶民の飲む「煮出し法」である。茶葉を釜などで煮出し、その上澄みを汲んで飲む方法で、濃すぎた時は湯または水で薄めて飲んだ。ケンペルは、日本の庶民がどのようにして茶を飲んでいるか、江戸参府の時に注意を払って観察していた。

元禄期、日本より早く伝わっていたヨーロッパの「出し茶法」は、どのようなものだったのだろうか。

ヨーロッパにおける喫茶法

ヨーロッパの中で茶が最も普及した国はイギリスである。イギリスで茶が飲まれるようになる以前は、ミルクやエール、ビールなどが庶民の一般的な飲み物であった。エールはアルコール飲料で、ホップ抜きのビールのようなものである。酔っ払いながら仕事をしていた労働者も多かったという。

茶は健康飲料という触れ込みで、一七世紀半ばイギリス上流社会に広まった。角山栄『茶の世界史』は、イギリスで茶が広まった背景を、茶の持つ薬効の他に、水が茶に適していたこと、茶の持つ東洋文化へのコンプレックスがあったことをあげている。イギリスの医師ジョン・コークレイ・レットサムが一七九九年に書いた『茶の博物誌』（講談社、二〇〇〇年）の中にも、茶を「ファッショナブルな飲み物」として紹介している。温かい飲み物で、

図8　ビール街（イギリス）（作：W・HOGARTH。石子順『カリカチュアの近代――7人のヨーロッパの風刺画家』柏書房，1993年）

カップやポットとして美しい中国製磁器が用いられ、テーブルの上を華やかにした。またイギリスでは、茶に砂糖を入れて飲むのが一般的な喫茶法であった。

上流階級に広まった茶は、イギリス社会にすんなりと受け入れられたわけではないが、一八世紀の終わりには、貧しい労働者の家庭にも茶がもたらされるようになった。下層階級の人々にとって、砂糖を入れた茶とひとかけらのパンが栄養の補給源になったという。イギリスで飲まれていた茶は、緑茶だったのか、それとも紅茶だったのか、気になるところである。

中国で紅茶が作られたのは宋代であった。『茶の世界史』によると、一七二一〜三〇年にイギリスに輸入された緑茶と紅茶の割合は、五五・四%対四五・三%であったのに対して、一七三一〜四〇年は四五・一%対五三・九五%と、しだいに紅茶の方が増えてきているが、緑茶も多く輸入されていた。イギリス人は緑茶に砂糖を入れて飲んでいたのであるが、美味しかったのだろうか。

イギリスに根を張った茶

レットサム『茶の博物誌』は、一八世紀初め、一年に約二三トン輸入されていた茶が、一八世紀の終わり頃には約九〇七二トンになったと記している。一〇〇年間で約四〇〇倍に増大している。茶はイギリスの人々の生活の中に急速に広まっていったのである。当時の書に「パンにすれば約四〇〇万人の国民を養えるだけのお金が、茶と砂糖のために浪費されている」とある。砂糖は、「大英帝国」の植民地であったカリブ海の西インド諸島からもたらされていた。一方の茶は、当初はオランダからイギリスへ、オランダは日本から輸入していたが、やがて中国から輸入するようになる。後にイギリスは直接に中国から輸入するようになり、一八世紀末にはヨーロッパ全体の茶の輸入量の五分の四をイギリスが占めるようになった。なぜイギリスではそれほどに茶が広まったのであろうか。

小林章夫『コーヒー・ハウス』（講談社、二〇〇〇年）によると、イギリスは一七世紀後半から一八世紀にかけて、アラビアのモカ・コーヒーを東インド会社を通じて輸入していた。コーヒーは二日酔いの特効薬という触れ込みで登場した。酒を出さない健全な店としてコーヒー・ハウスが人々の知的社交の場となり、大いにもてはやされた。政治が語られ、文学が生まれた。コーヒー・ハウスは女人禁制の場でもあった。しかし、時を経るに従いコーヒー・ハウスでは酒も置くようになった。徐々に秩序が乱れ、酒乱・賭博《とばく》・喧嘩《けんか》などいろいろな問題が生じるようになり、質が低下していった。女性たちによるコーヒー・ハウス反対運動も起こったという。

当時のイギリスは、コーヒー市場の獲得をめぐってオランダと競争していた。一八世紀初めにオランダはジャワでのコーヒー栽培に成功した。ジャワ・コーヒーはモカよりも安い価格でヨーロッパ市場へもたらされるようになり、オランダがコーヒー市場を独占した。敗れたイギリスは、コーヒーよりも茶の輸入に力を注ぐようになる。イギリス人も、コーヒー・ハウスへ行くよりも家庭でティーパーティーを開くことを選ぶようになった。こうしてイギリスではアフタヌーン・ティーが習慣化し、軽い食事の際の飲み物として茶が主流となり、イギリス社会の全体に浸透していった。

シーボルトと製茶法

ジャワでのコーヒー栽培に成功したオランダは、茶も栽培しようと試みる。高い代金を支払って茶を中国から輸入するより、植民地などで栽培し、安く手に入れた方が利益も大きいからである。バタビアにあったオランダの東インド植民地政府は、自国の経済立て直しの一助に資するために、一八一六年以降、東インドにおける総合的情報収集を開始し、一八二〇年頃から日本茶の移植を考えていた。その方針に沿って日本の総合調査を託されたのがシーボルトであった。彼は、「ジャワで栽培すれば有益と思われる植物および種子を取り寄せる」ことを依頼され、茶を移植させる。

一八世紀の半ば頃、山城《やましろ》の国（現京都府）の永谷宗円によって新しい煎茶の製法が編み出された。従来の蒸し茶製法は、手もみと乾燥を別々に行う方法であったが、新しい方法は、これを同時に行うものであり、蒸して冷ました茶葉を焙炉の上に設けた助炭《じょたん》（揉み台）の上で手もみした。乾燥と手もみを同時に行うことによって、茶は色・香り・味ともに優れ、すぐに各地に広がっていった。シーボルトが来日した頃は、この製法が各地で採用されていた。

シーボルト『日本』の中に「日本における茶の栽培と製法」の章があり、製茶法が記されている。シーボルトの見聞や「日本において集めた報告書」に基づき、釜炒り茶製法と蒸し茶製法が紹介されている。シーボルトは、前者を乾燥法、後者を湿潤法と呼んでいる。彼の釜炒り茶製法に関する記述を見ると、工程の途中から蒸し茶製法が混同して採用されている部分がある。釜炒り茶では、乾燥のために初めから終わりまで釜を用いるが、彼は途中から焙炉に入れるという。シーボルト『日本』の図録には焙炉の図がある。

シーボルトは、製茶法についての情報を高野長英から得ている。シーボルトの門弟であった高野は、オランダ語論文の「日本における茶樹の栽培と茶の製法」を提出していた。その論文は、他の門人たちの論文とともに、ドイツのボフム大学図書館にある。

図9　助炭と焙炉
（「製茶一覧」『教草』国立国会図書館蔵）

図10　製茶器（シーボルト『日本』九州大学附属図書館蔵）
※（赤い破線の囲み）の部分が陪炉

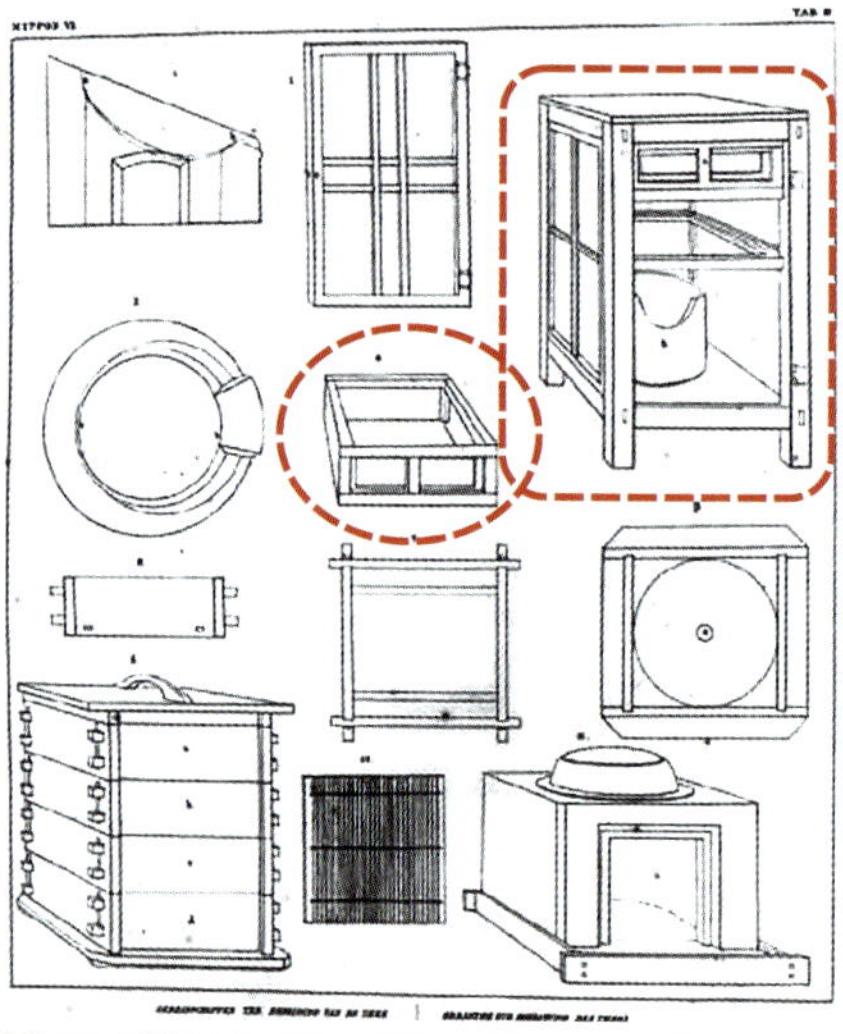

図11　高野長英の論文「日本における茶樹の栽培と茶の製法」（ドイツ，ボフム大学図書館蔵）

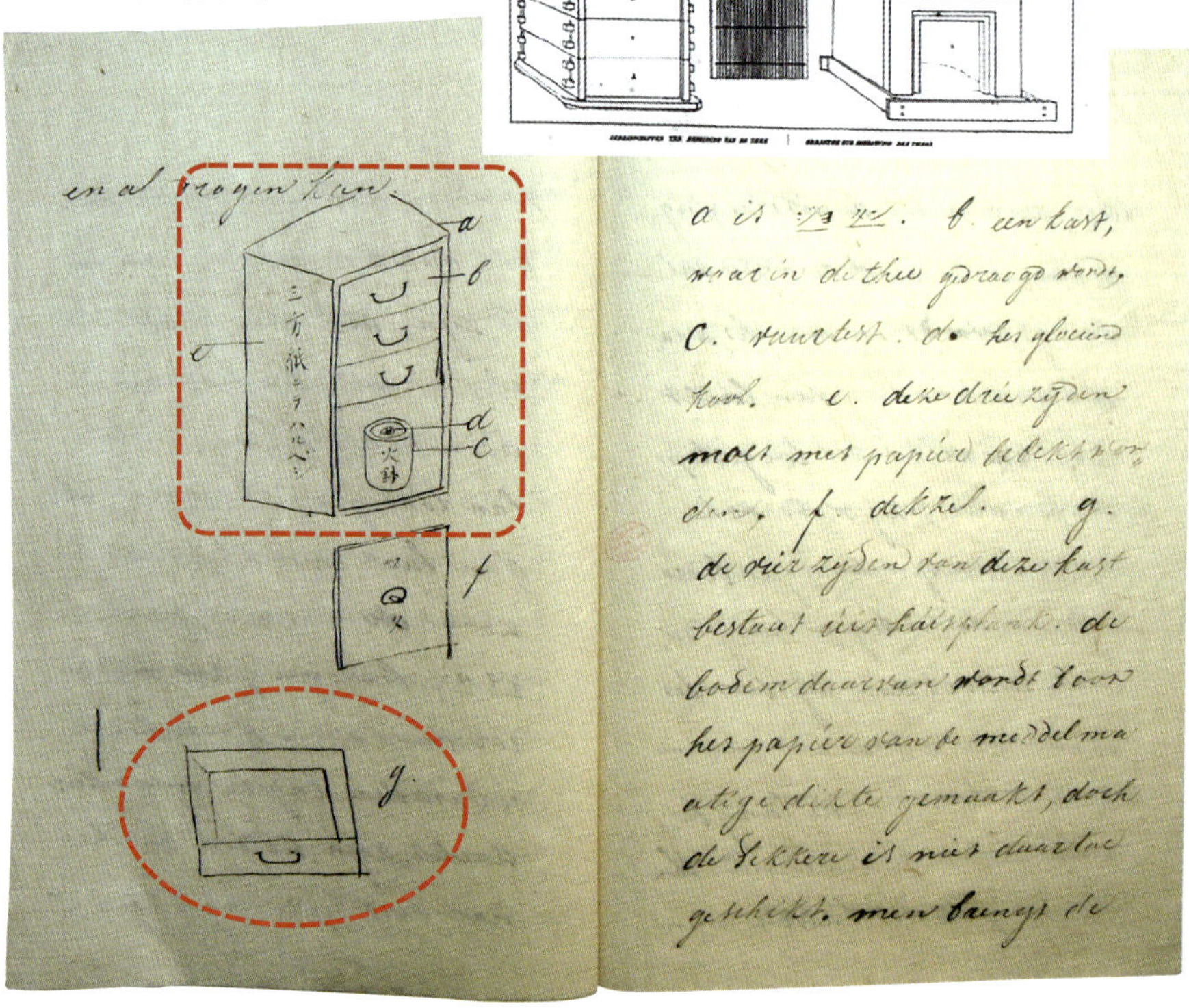

高野論文の中に、釜炒り茶の製法があり、製茶の途中で「葉が巻き込んだとき助炭に入れる」とあるが、図示されているのは「助炭」でなく、焙炉である。高野は「助炭」と焙炉を混同している。高野は、茶の愛好家の友人や嬉野の旅館の主人から聞いた話を基にして書いたとしている。彼の提出した論文は、そのような情報で書かれていたし、それをシーボルトも疑うことなく採用したのである。

茶樹の分類と移植

シーボルトは中国の茶樹を基本としながら、葉の形容をもとに日本茶を次の四種に分類している。(α)強直した茶樹、(β)襞《ひだ》のある茶樹、(γ)広がった茶樹、(σ)大葉のある茶樹。(α)、(β)、(γ)は、茶樹の生育条件によって現れる現象であり、シーボルトは茶の本質を充分見極めず、環境的変異を考慮しないで記載しているという（石山禎一「日本における茶樹の栽培と茶の製法」『シーボルト日本の研究と解説』講談社、一九七七年）。つまり、(α)、(β)、(γ)は同じ種類の茶樹であ

図12　茶樹（シーボルト『日本』東京大学総合図書館蔵）

った。(σ)のみ現在もシーボルトによる分類が有効な茶樹である。その茶は唐茶《とうちゃ》といい、漢名は皐盧《こうろ》茶である。正徳二（一七一二）年刊の江戸時代の百科事典である『和漢三才図会』（東洋文庫、一九八五年）にも、皐盧茶は「湯を注いで飲む」が「味は苦く色は濁って」いて「風味は茶には及ばない」とある。シーボルトも(σ)の茶樹は「タウチャ」と呼ばれているとしている。シーボルトが四種に分類した茶樹は、分類学的には二種であった。

　ケンペルは『廻国奇観』の中で、「茶の木そのものを日本からヨーロッパへ運んで移植することは、〔略〕まず成功しないだろう」と述べていた。茶をヨーロッパへ移植しようとする試みは頻繁になされていたようであるが、すべて失敗に終わっていた。

　シーボルトは一八二四年から茶種や苗木のバタビアへの輸送を始めた。最初に送った種は発芽に成功しなかったが、一八二六年に送った種子は成功した（石山禎一『シーボルト』里文出版、二〇〇〇年）。オランダのバタビア総督府は、種子の発芽が成功すると、翌年にはもっと多くの種を送るよう長崎のオランダ商館長へ手紙を出した。同年一二月、シーボルトは長崎・嬉野・肥後から取り寄せた茶種を大小二四の箱に入れて送り出している。その方法は、粘土が水を通しにくいという性質をうまく利用し、これに包んで輸送するものであった。

　このようにして日本の茶樹はジャワに移植された。しかし、インドのアッサム地方の茶が一八三八年からイギリスに届くようになり、やがてオランダ領東インド政府の茶栽培は、気候の不適応と害虫の被害を受けて失敗した。結局、シーボルトの努力は報われなかったことになる。

東洋の文化は商品へ

　ケンペルが来日した一七世紀末、日本の茶はファッショナブルな飲み物、言い換えれば、東洋の文化としてヨーロッパの上流階級の人々の間に広まっていた。ケンペルは、飲茶や茶の湯を通して日本文化の一面をヨーロッパに紹介したのである。そして、シーボルトが来日した一九世紀になると、茶はヨーロッパの庶民の間にも広く行き渡り、特にイギリスでは生活必需品となっていた。つまり、日本の茶は「文化」から「貿易品」になったのである。シーボルトは茶樹の移植に奔走した。彼は茶道具にも関心を示したようであるが、茶の湯については一言も触れていない。

日本の捕鯨業

森　弘子
Mori Hiroko

日本の捕鯨業の歴史

日本で捕鯨業が始まったのは、戦国末・近世初期とされている。それ以前は「寄鯨《よりくじら》」、「流鯨《ながれくじら》」、「切鯨《きりくじら》」など、弱ったり、傷ついたり、死んだりして、たまたま海岸近くに流れ着いた鯨を獲る消極的な捕鯨が主であった。しかし一六世紀になると、捕鯨を専門に行う人々が現れ、鯨を見つけ出して捕獲するという積極的な捕鯨へと次第に変わっていった。

初期の頃は鯨を見つけると、船で追いかけ、銛《もり》を打って鯨を捕獲する「突取法《つきとりほう》」であったが、銛の突き損じや綱の切断により、鯨に逃げられることが多かったようである。延宝五（一六七七）年、紀州の太地《たいじ》（和歌山県東牟婁《ひがしむろ》郡太地町）で網を使って鯨の動きを鈍らせ、そこに銛を打ち込む「網掛《あみかけ》突取法」が考案されると、捕獲高は飛躍的に増大した。

北部九州に位置する西海《さいかい》地方では、突取法による捕鯨が元和二（一六一六）年頃から寛永元（一六二四）年頃にかけて、紀州の鯨組（捕鯨業を専門にする集団）によってもたらされたことが、享保五（一七二〇）年に書かれた谷村友三「西海鯨鯢記《げいげいき》」（長崎県平戸

図１　西海地方の捕鯨場

市教育委員会蔵）に記されている。それから六十数年後の貞享元（一六八四）年に、大村の深沢《ふかざわ》儀《ぎ》太夫《だゆう》によって紀州の網掛突取法が導入されると、西海地方は捕鯨の一大産業地へと発展していった。

ケンペルが来日した一七世紀の末頃は、西海地方では網掛突取法が導入された初期の段階であった。網を使った捕鯨業を起こすには莫大な資金力（文化五（一八〇八）年の大槻清準《おおつきせいじゅん》「鯨史稿」（人間文化研究機構 国文学研究資料館蔵「祭魚洞文庫」）によると、金五〇〇〇両）が必要であったため、突取法による捕鯨もまだ多く行われていたと考えられる。ケンペルは捕鯨産業地の第一位として熊野灘をあげている。西海地方で捕鯨産業が最も栄えるようになるのは一八世紀以降である。

文政三（一八二〇）年、日本近海の太平洋にマッコウ鯨の大群がいることがアメリカの捕鯨業者に伝わると、アメリカの捕鯨船が日本の近海に押し寄せて来た。福本和夫『日本捕鯨史話』（法政大学出版局、一九六九年）によると、日本近海へやって来たアメリカ捕鯨船の数は、文政三年から慶応元（一八六五）年までの間に、年間平均一〇〇艘、中でも弘化三（一八四六）年は二九二艘も来ていたという。たくさんのアメリカ捕鯨船が日本近海で鯨を捕獲したことにより、日本の捕鯨業は徐々に衰退へと向かっていくのである。

シーボルトが出会った鯨

文政六（一八二三）年に来日したシーボルトは、バタビア（現インドネシア共和国のジャカルタ）から日本へ来る途中の南シナ海で、鯨を二回ほど目撃したことを『日本』の中に記している。最初「何マイルか先」にいる鯨が潮を噴き上げるのを見た。二度目はもっと近くでの目撃で、七月二〇日ベトナムの沖、東へ約四〇〇キロメートルの海上でのことであった。

> われわれの船に大きな海棲動物が一頭接近し、しばらくついてきた。二〇フィート（約六メートル）の長さで、黒灰色であり、大きな背びれから判断すると、セミクジラ（背美鯨）である。頭には気孔――楕円形の二つの孔――がはっきり認められる。合間の時間にひどい鼻息で空気を吸う。しかし吹き出るしぶきは、それほどでもない。

この記述からは鯨の種類を特定することは難しいが、セミクジラではない。セミクジラの体長は一一メートルから一八メートル位あり、背びれはない。また、噴き上げる噴気もV字形に四、五メートルほどあるために、間近で見ればかなりの高さに見えるはずである。「しばらくついてきた」こと、「大きな背びれ」があること、二〇フィート位の体長であったということから推測すると、シャチかとも思われるが、体の色が「黒灰色」というから、イルカの一種かもしれない。シーボルトの記述から推測すると、彼の鯨に関する知識は、当時それほど深いものではなかったように思われる。しかし、『江戸参府紀行』の中では、日本の捕鯨に関してかなり詳しい記述がある。シーボルトはその情報をどのようにして得たのであろうか。

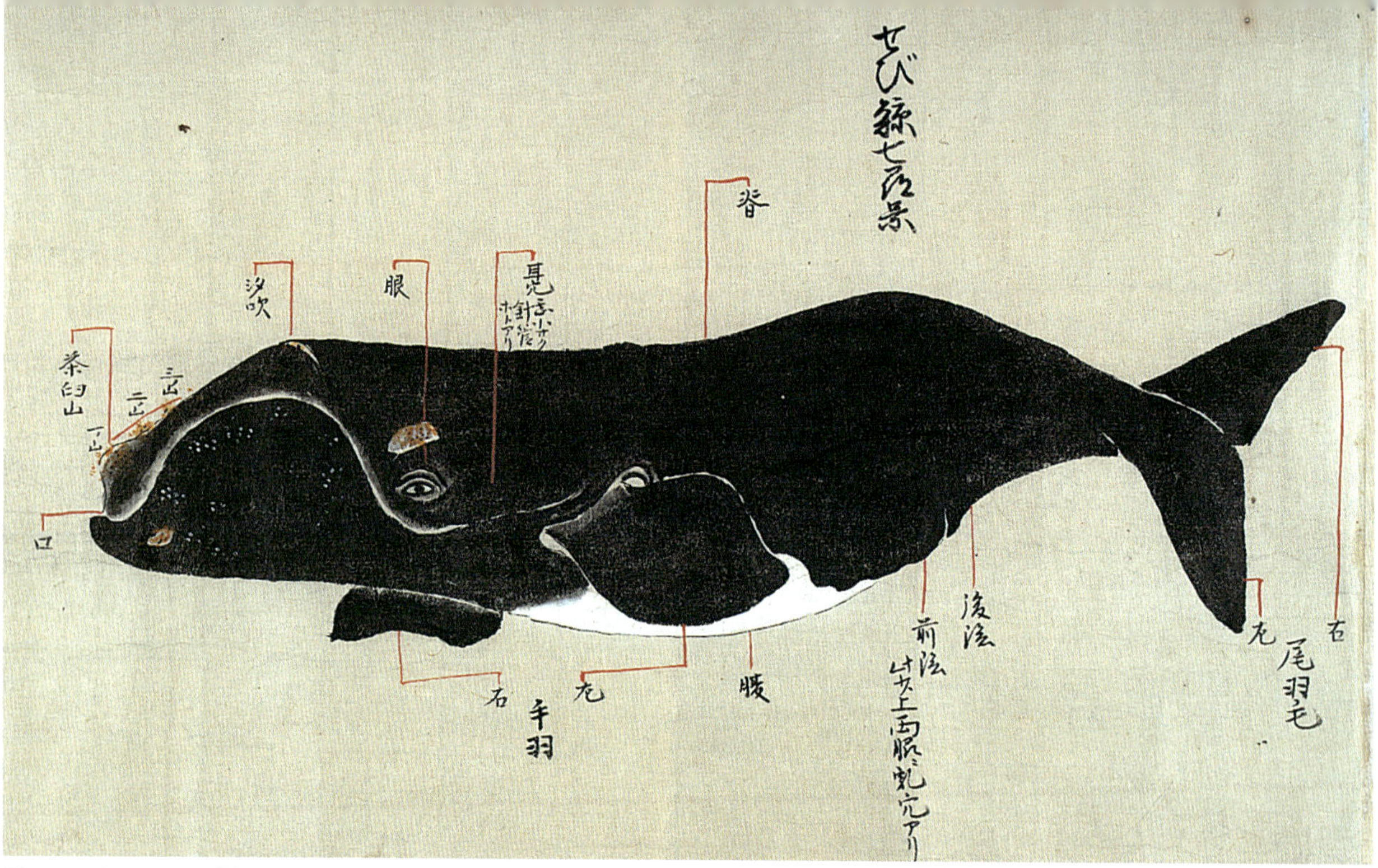

図2　セミクジラ（「鯨絵巻 和田氏図」人間文化研究機構　国文学研究資料館蔵「祭魚洞文庫」）

図3　ザトウクジラ（川原慶賀筆，ライデン国立自然史博物館蔵）　髭鯨の仲間であるが，慶賀は髭を描かなかった。

シーボルトへの捕鯨情報提供者

シーボルトは、『江戸参府紀行』の下関滞在の箇所で西海地方の捕鯨業について、鯨種、捕鯨法、鯨の利用などについて、ヨーロッパと比較しながら詳しく述べている。この情報は、少なくとも四人の人物によってシーボルトにもたらされている。

シーボルトは「学位論文を書き、それを参府旅行の途上で先生（シーボルト自身）に手渡すことという条件の下に」、門人にドクター（博士）の免許を与えた。下関滞在中の二月二六日に門人たちがやって来てオランダ語で書いた論文を提出した。その時、高野長英が「鯨ならびに捕鯨について」という論文を提出したことを記している。そして長英は翌日の夕方、平戸の捕鯨業者を連れて来た。シーボルトはその時のことを次のように書いている。

> そこにはたくさんの患者が待っていた。その中には平戸の捕鯨業者がいて、前述した医師高野長英の捕鯨に関する論文は、この人に負うところがすこぶる

多い。彼の非常に豊富な経験からわれわれに捕鯨に関し若干の詳しい報告をさせる目的で、彼をここに伴って来たのであった。

診察の後、シーボルトはこの捕鯨業者から話を聞くことができたであろう。西海地方の捕鯨業についての詳しい情報の一つは、この捕鯨業者から得たのであろうと推測できる。

昭和九（一九三四）年、ベルリン日本学会所蔵の「シーボルトが日本から持ち帰った文献」三〇六点が、研究のために日本に貸し出された。その中に、門人が書いた論文四〇編が含まれていた（シーボルト文献研究室編『施福多先生献聚影』一九三六年）。岡研介《おかけんかい》「紀州産鯨について」と石井宗謙《そうけん》「鯨の記」もその中にあった。これらの論文を詳細に研究した小川鼎三《ていぞう》氏は、岡論文は享保一〇（一七二五）年に出版された梶取屋次右衛門《かんどりやじえもん》「鯨志」をオランダ語に訳したものであり、石井論文は神田玄泉《げんせん》「日東魚譜」の一部と内容が類似しているという（『シーボルト研究』岩波書店、一九四〇年）。

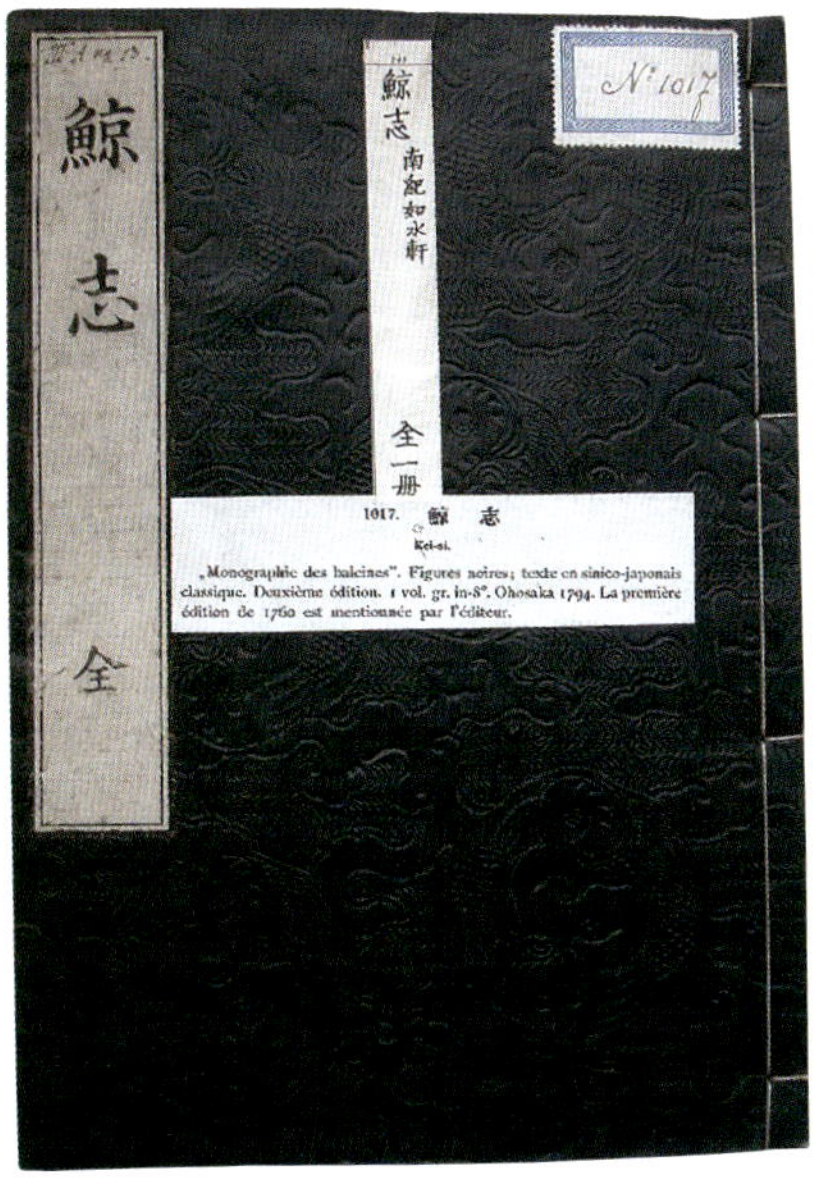

図4　シーボルトが持ち帰った寛政6（1794）年版「鯨志」（梶取屋次右衛門編，ライデン大学図書館蔵）

残念ながら、高野長英「鯨ならびに捕鯨について」は、三〇六点の中には入っていなかったので、どのようなことが書かれていたのかは分からない。岡の「紀州産鯨について」は、『江戸参府紀行』の中に記される鯨の種類や効能についての記述に利用されている。少なくとも、四人の人物によってもたらされた情報を基に、シーボルトは捕鯨に関する記事をまとめたのである。

益冨家と捕鯨業

シーボルトが会った「平戸の捕鯨業者」とは、五代目益冨又左衛門正弘《ますとみまたざえもんまさひろ》である。益冨家は、当時西海地方にあった捕鯨業者の中では最大規模の鯨組の組主（捕鯨業の経営者）であった。平戸の生月《いきつき》島の御崎浦《みさきうら》を本拠地として、壱岐の前目《まえめ》・勝本《かつもと》、五島の板部《いたべ》、大村の江嶋《えのしま》など五カ所の漁場を持ち、当主は代々「又左衛門」を名乗っていた。

益冨家の由緒書によると、同家は武田信玄の家臣山県氏の末裔で、唐津藩主寺沢氏に仕えていた。正保四（一六四七）年の寺沢

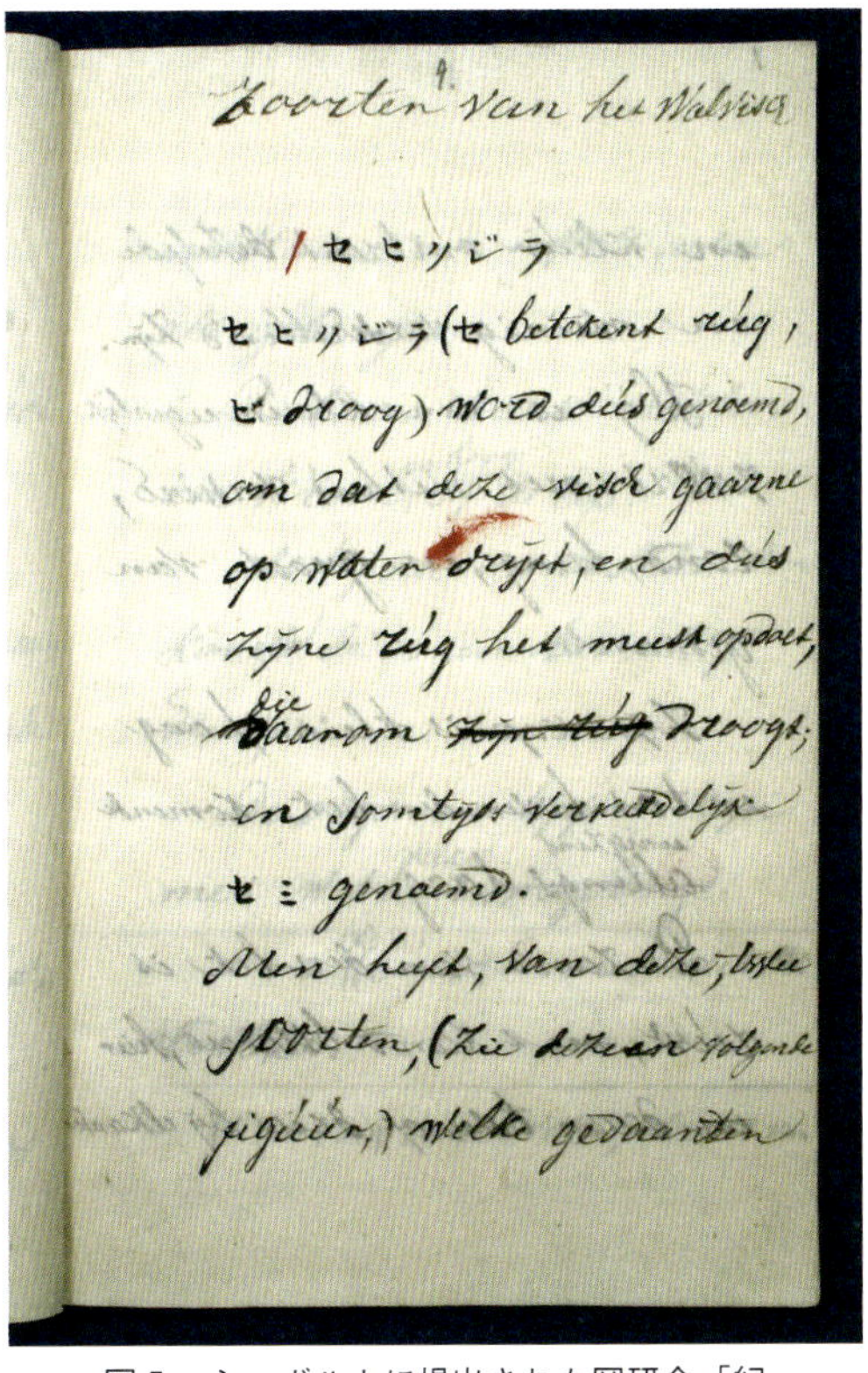

図5　シーボルトに提出された岡研介「紀州産鯨について」（ドイツ，ボフム大学図書館蔵）「鯨志」を基に書かれている。

氏断絶後、平戸で畳屋を営み屋号を畳屋と称した。その後生月島に移った初代益冨又左衛門は、鮑《あわび》や鯣《するめ》など俵物を扱っていたが、享保七（一七二二）年義父の田中長太夫とともに鮪の敷網漁を始めた。これで資金を得て、三年後の享保一〇（一七二五）年から突取法による捕鯨業を創始し、同一八（一七三三）年に網掛突取法による捕鯨を開始した。シーボルト来日の頃、益冨家は日本で最も繁栄した捕鯨業者となっていた。

しかし、弘化四（一八四七）年から万延元（一八六〇）年にかけては捕獲量が激減し、文久元（一八六一）年には捕鯨業の中止に追い込まれた。明治二（一八六九）年に操業を再開したが、捕獲数は減少し、明治七（一八七四）年に廃業する（秀村選三「近世西海捕鯨業における生月島益冨組の創業」〈『久留米大学比較文化研究所紀要』一九号、一九九七年〉）。

益冨組の捕鯨業

益冨組の捕鯨業が最も繁栄した時期は、寛保元（一七四一）年から弘化三（一八四六）年までの一〇六年間とされている。同家の繁栄ぶりを絵と詞《ことば》で表したものに『勇魚取絵詞《いさなとりえことば》』がある。これは天保三（一八三二）年に、平戸藩と畳屋（益冨家）が作った出版物である。木版刷りの折本仕立て、内容は益冨組の捕鯨業を図説で紹介したものである。上下二巻から成り、上巻は捕鯨活動を中心に、下巻は鯨の部位や捕鯨道具を中心に構成されている。

当時日本では、捕鯨が行われるのは冬から春にかけてであった。西海地方は鯨の回遊路にあたり、毎年冬から春にかけてたくさんの鯨が通る。鯨組は、この海で冬組と春組に分かれて捕鯨を行った。『勇魚取絵詞』には益冨組の捕鯨について、冬組は小寒一〇日前から彼岸一〇日前（一二月二五日頃〜三月八日頃）まで下り鯨を捕え、春組は彼岸一〇日前から春土用終わり後二〇日間程（三月八日頃〜五月七日頃）上り鯨を捕える、とある。下り鯨とは出産と子育てのために南下する鯨で、上り鯨は餌を採るために北上する鯨である。しかし、捕鯨の時季は年によってずれることもあり、シーボルトが一二月から四月初めまでとしているのは大筋では正解である。それでは、鯨はどのくらい捕獲できたのであろうか。

図6　『勇魚取絵詞』版木（松浦史料博物館蔵）

前掲の秀村論文によると、寛保元（一七四一）年から弘化三（一八四六）年までの最盛期に、益冨組の年間平均捕獲数は約二〇〇頭であった。金に換算しておよそ三万両の収穫になる。この中から藩に対して運上銀を出すのである。松下志朗「西海捕鯨業における運上銀について」（『創立三五周年記念論文集 人文編』福岡大学、一九六九年）によると、益冨組の運上銀が最も多かった文政三（一八二〇）年、その額は六一八貫目で、金に換算すると約一万六五〇〇両になる。そして、シーボルトと益冨が会う前年、文政八年の運上銀は約七八六〇両であった。

図7　『勇魚取絵詞』の「生月御崎沖背美鯨一銛二銛突印立図」（松浦史料博物館蔵）

シーボルトの『江戸参府紀行』には、「前年においては、冬の捕鯨に対する賃貸料は九万両すなわち約一八万グルデンに達した」と記されている。これは、文政八年の運上銀額よりほぼ一桁多い。九州大学附属図書館医学分館の初版本『日本』を見ると、「Winterfang auf 9000 Tail oder etwafl.18000.」（九万テールすなわち一八万グルデン）とある。「テール」は換算のための貨幣単位で、一両＝六テールに相当し、オランダ通貨の一二グルデンは一両に相当した。したがって、「賃貸料九万両」は「賃貸料九万テール（一万五〇〇〇両）」と訳すべきである。

鯨種

シーボルトは「日本の捕鯨者は、鯨のさまざまの種類を区別するが、彼らはどれも捉えようとする」と記している。西海地方で捕獲の対象になったのは、セミクジラ、ザトウクジラ、コククジラ、ナガスクジラであった。その中でもセミクジラが最も好まれたのは、油がたくさん採れること、肉が当時の人々の味覚に合っていたことによる。『勇魚取絵詞』に、ナガスクジラは「常に海底に沈て浮ふこと稀なり、故に得がたし」とあることから考えると、西海地方での捕獲数は極めて少なかった。ヨーロッパやアメリカでは油を採ることだけが主な狙いであったために、油が多く取れるセミクジラとマッコウクジラが捕獲の対象であった。

また、シーボルトは鯨の種類について、

ザトウクジラ、ナガスクジラ、ノソクジラ（シロナガスクジ

図8　鯨の来た海（生月，御崎浦）

> ラ）は変種にすぎず、（略）年齢の違ったものである。一方セミクジラとコクジラは、太平洋にいるクジラの年を経たものと若いものの違いで（略）

としている。ザトウクジラとナガスクジラはどちらもナガスクジラ科であり、年齢の違いではなく種の違いである。セミクジラとコクジラでは、セミクジラはセミクジラ科であり、コククジラはコククジラ科である。これも全く別の種で、年を経たものと若いものの違いではない。彼は、なぜこのような誤った解釈をしたのであろうか。

シーボルト『日本動物誌』の海獣部は、ライデン国立自然科学博物館の館員である動物学者シュレーゲルによって執筆された。彼は、ザトウクジラ、ナガスクジラ、ノソクジラを同一種と考え、セミクジラとコクジラも同様に考えた。この時、鯨研究の資料として使われたのは、シーボルトが持ち帰った絵、論文、実物そっくりに作らせた模型などである（小川鼎三『シーボルト研究』）。シュレーゲルが日本の鯨の分類に誤った解釈を下したのも、当時の状況からすると止むを得ないことだった。鯨はあまりにも巨大であり、実物をライデンまで運ぶことはできない。シーボルトが鯨種について誤った解釈をしたのはシュレーゲルの解釈を基にしたためであろう。

ヨーロッパの捕鯨

シーボルトは日本とヨーロッパの捕鯨を比較して、その目的と方法の違いを次のように記している。

> 日本の捕鯨は、わが国でやっているのとは全然異なった目的で、しかも違った方法で行われる。わが国では、捕鯨、鯨油の製造その他鯨を利用するための必要なすべてのものを備えて各船ごとに出漁する。

シーボルトが言う「わが国」＝ヨーロッパにおける捕鯨の歴史を辿《たど》ると、スペインとフランスにまたがるバスク地方では、九世紀頃からビスケー湾で捕鯨を行ったといわれている。森田勝昭『鯨と捕鯨の文化史』（名古屋大学出版会、一九九四年）によると、ビスケー湾は鯨の回遊路になっていて、一三、一四世紀には大西洋に乗出し、一六世紀前半にはカナダのニューファンドランド近海まで出かけて捕鯨をしていた。しかし一七世紀になると、イギリス・オランダとの捕鯨競争に敗れ、捕鯨技術のみを提供する立場になった。捕鯨技術はイギリス、オランダそしてアメリカへと引き継がれ、「一七世紀から一九世紀にかけて、全世界の海に展開した帆船式大型遠洋捕鯨の技術的基礎」となった。

それでは、日本とヨーロッパの捕鯨法にはどのような違いがあったのか。ここでは、九州の西海地方の捕鯨とヨーロッパの捕鯨技術を受け継いでいるアメリカの捕鯨を例にとって見てみよう。

日本の捕鯨

日本では、納屋《なや》場（捕鯨基地）を中心にその近海に来る鯨を捕獲していた。海が見渡せる高い場所に山見《やまみ》場（見張り場）を置き、長さが一・八メートル位ある遠眼鏡で鯨を見張る。

鯨を見つけると、山見場に設けている合図用の苫《とま》（筵《むしろ》）を上げたり狼煙《のろし》を焚いたりして、鯨種・鯨の進行方向を約二〇艘の勢子《せこ》船《ぶね》に知らせる。長さ七尋《ひろ》（約一〇メートル）、幅七尺（約二メートル）の勢子船は、一三人乗りで八丁の櫓で漕ぐ。鯨の後方・左右から二尺程の長さの狩棒で船端を叩きながら、鯨を網代へ追い立てる。

網代では、六艘の双海船《そうがいぶね》（網船）が二艘一組になって、約一キロメートルの長さに網を三重に張って鯨を待ち構える。網の幅は一八尋（約二七メートル）であるから、網代《あじろ》の水深も同じくらいの所が選ばれていた。鯨の種類によっては深く潜る鯨もいるために網代に追い込むことは重要である。追い立てられた鯨が網に絡まり動きが鈍くなった時に、勢子船に乗っていた羽指《はさし》（鯨を仕留める専門家）が銛を打つ。銛には一五〇メートル程の縄が付いていて、鯨と船を繋いでいる。鯨が弱る頃合を見て、羽指が鯨の背中に上り、手形を切る。「手形を切る」とは、鯨の鼻に縄を通すための穴を開けることであり、危険な仕事であった。死ぬと海中に沈んでしまう鯨もいたから、絶命寸前に縄をかけて持双船《もっそうぶね》（鯨運び用の船）二艘で挟み、船を浮《うき》にして納屋場まで運ぶのである。

納屋場では、決められた手順によって解体され、油皮は採油場

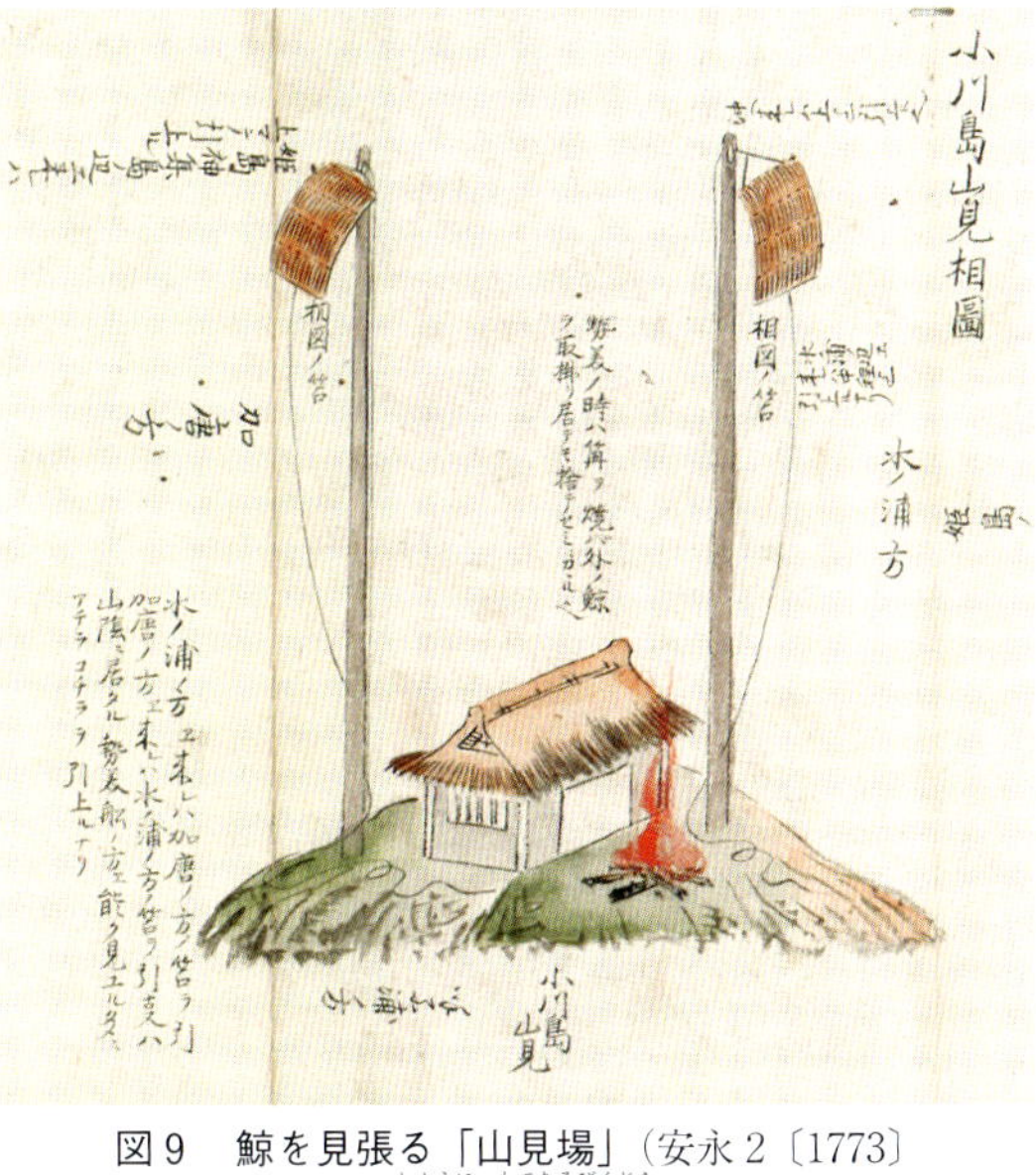

図9　鯨を見張る「山見場」（安永2〔1773〕年に描かれた「小児《しように》の弄鯨《もてあそびくじら》一件の巻」写，『肥前州産物図考』国立公文書館蔵）

図10　手形を切る（「小児の弄鯨一件の巻」写，『肥前州産物図考』国立公文書館蔵）　手形庖丁を頭上に差し上げ手形を切り終えた合図をする羽指。

図11　鯨を捌く納屋場（「小児乃弄鯨一件の巻」『肥前州産物図考』人間文化研究機構 国文学研究資料館蔵「祭魚洞文庫」）大納屋・小納屋が建ち並び，この中で油を採ったり肉を塩漬けにしたりする。

図12　大納屋内部（『勇魚取絵詞』大納屋の図，壱岐郷土館蔵）鯨の脂身から油を採る図。手前＝右：勘定場，左：魚棚／奥＝右：小切り場，左：油釜場

に、赤身と内臓は食料用として塩漬けにする。骨は細かく砕き、水と一緒に煮て油を採る。油を採った後の皮の糟《かす》は食料や肥料に、骨粕は畑の肥料にと、一頭の鯨のほとんどが捨てるところなく利用された。一つの納屋場では、定雇と日雇とを合わせて八〇〇人以上の人々が捕鯨業に従事していた。冬から春先にかけて操業する捕鯨場は、農村の人々にとっても漁村の人々にとっても大事な稼ぎ場であった。

アメリカの捕鯨

アメリカではどのような捕鯨をしていたのか、その捕鯨の様子を捕鯨船「ジョン・ハヲラン号」に見てみよう（川澄哲夫『ジョン万次郎とその時代』廣済堂出版、二〇〇一年）。「ジョン・ハヲラン号」は、ジョン万次郎たちが鳥島で漂着生活をしていた時通りかかり、彼らを救助した捕鯨船である。乗組員は二八名で、四隻の捕鯨ボートを積載し、轆轤《ろくろ》、採油用の竈《かまど》、鯨油の貯蔵倉庫が設置され、捕鯨に必要な道具、航海中の食料と薪水を搭載し、一八三九年マサチューセッツ州ニュー・ベッドフォード港を出港していた。マッコウクジラを追って、南アメリカのホーン岬を迂回し太

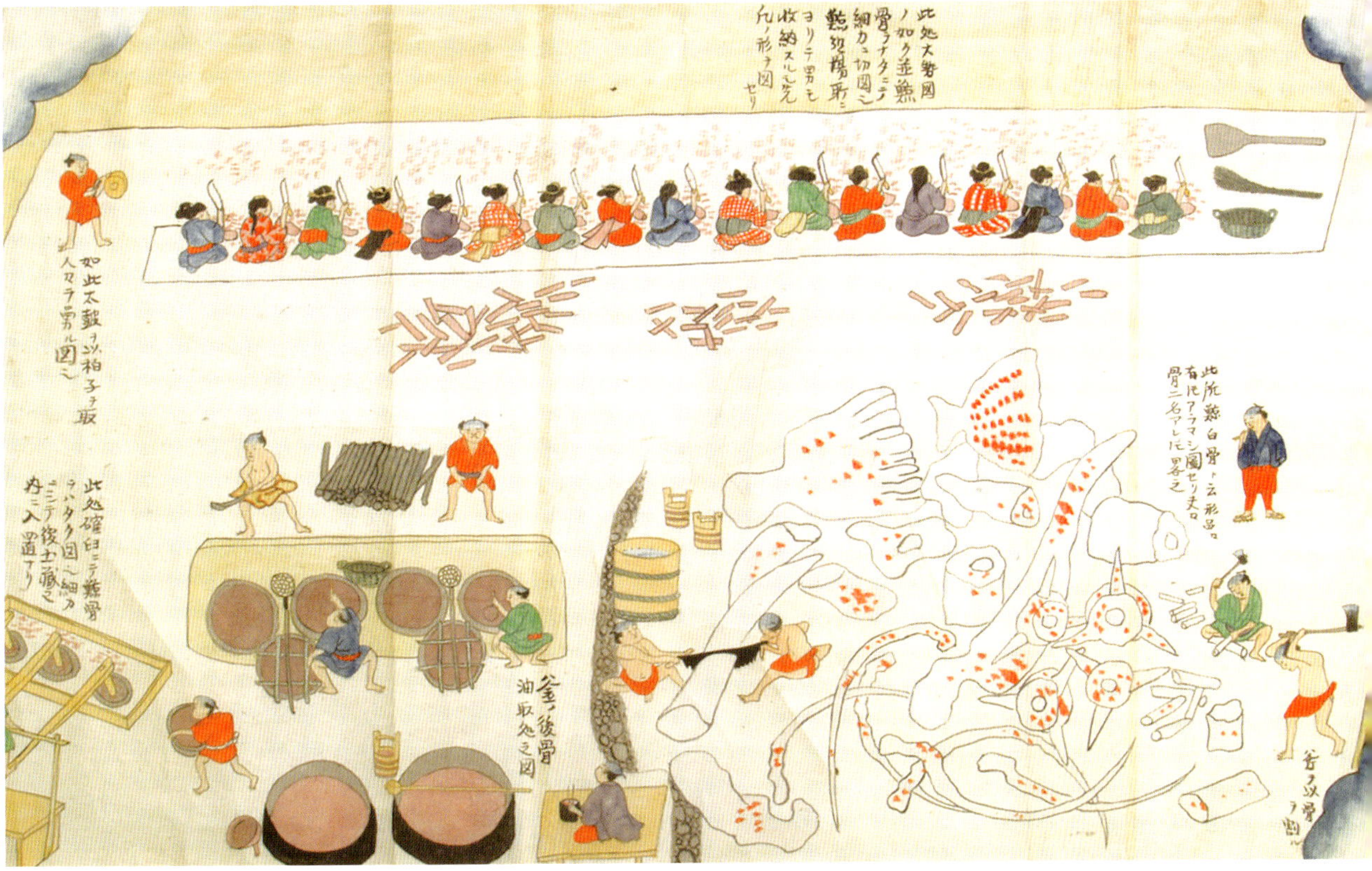

図13　鯨骨から油を採る図（「鯨魚覧笑録」長崎歴史文化博物館蔵）　骨削りには近隣の女性が多く雇われた。歌に合わせて一斉に鉈を振り下ろす。

平洋へ出た「ジョン・ハヲラン号」は、途中の島で食料と薪を補給したり休息を取ったりしながら、ニュージーランドの沖へ出た。赤道を越えてグアムで一息入れると、またマッコウクジラを追って鳥島の近くまで来た。食料用の海亀を求めて、ボートで鳥島に渡った船員たちが漂着していた万次郎たちを見つけたのである。

ニュー・ベッドフォードに帰港したのは、一八四三年五月であった。出航から帰港までの三年半、マッコウクジラを追い続けたのである。松浦静山《まつらせいざん》『甲子夜話《かつしやわ》』巻二五（平凡社、二〇〇三年）には、「伝聞」として、文政五（一八二二）年四月、薪水を求めて浦賀に来たイギリスの捕鯨船も「二年半以前本国イギリスを鯨猟のため出帆」したことが記されている。欧米の捕鯨船は採油工場そのものであった。マッコウクジラを見つけると、四艘の捕鯨ボートを下ろし鯨に近づき銛を打つ。銛には綱が付いていて、鯨が弱るまでボートを引かせる。鯨が弱ると槍で突いて絶命させて本船に持ち帰り、頭と胴体を切り離す。

胴体は、採油できる脂身の部分だけを一定の厚みと幅を持たせて、林檎の皮をむくように滑車で巻き上げながら螺旋状に切り取り、竈にかけた採油釜へ放り込む。残りの赤身や内臓は海中に捨てるのである。頭の部分からは脳油を取り出し、歯は細工の材料にもするが、残りは海中に捨てた。マッコウクジラの油は良質の照明用油に、脳油は不純物がなく良質のろうそくの材料になるために、捕鯨船はマッコウクジラに群がった。『甲子夜話』には次のような記述もある。「房州辺には、ともすれば、鯨の半身ほども肉を切りとりたる鯨流寄ることありと聞く」と。この流れ寄った鯨の半身は、欧米の捕鯨船が必要な脂身だけを採って捨てた残りの部分であろう。こ

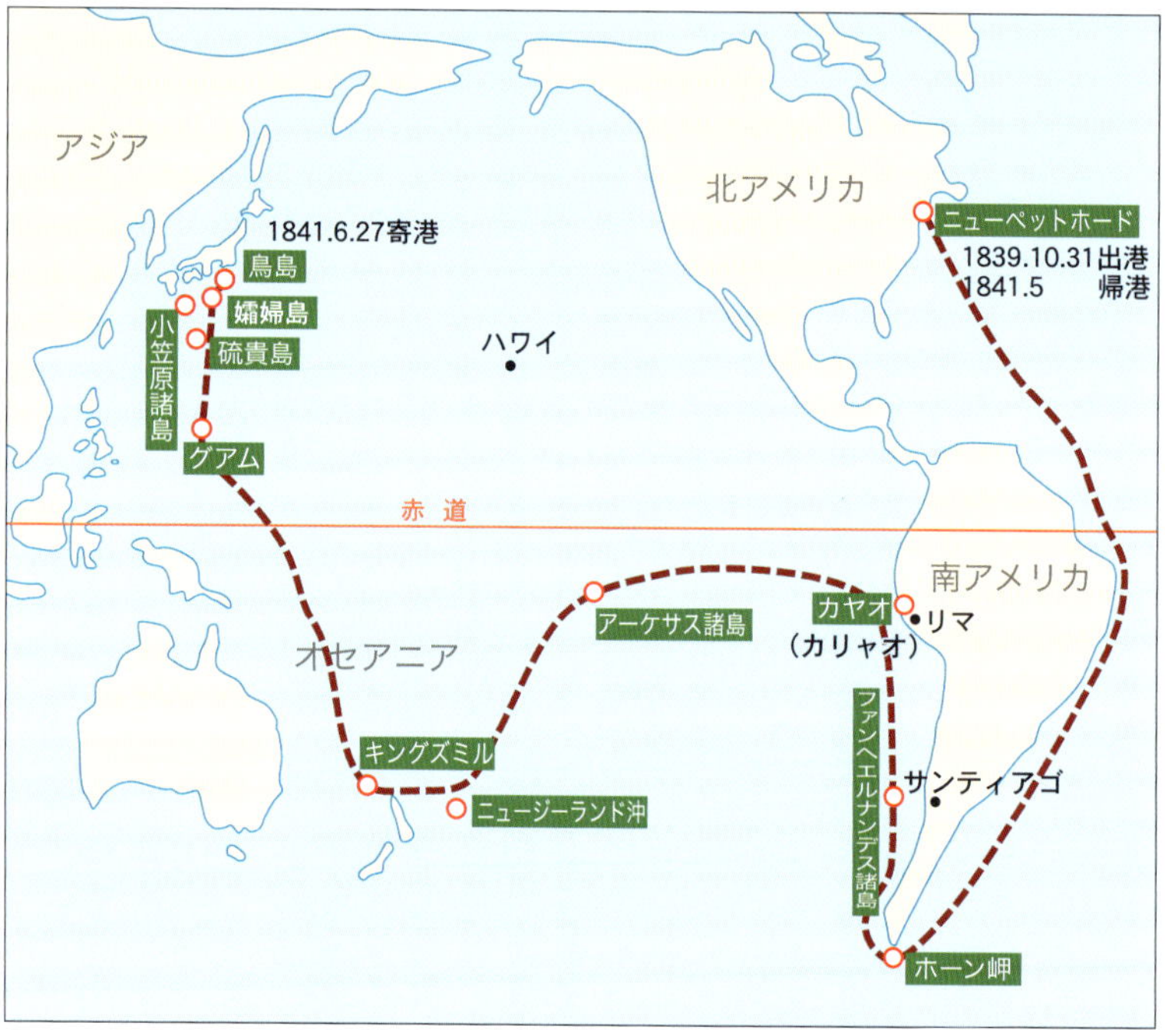

図14　鯨を追った「ジョン・ハヲラン号」の航行の跡

図15　17, 18世紀の北欧捕鯨船団図（宮崎克則蔵）　捕鯨船の横に運んだ鯨から脂皮を切る。

のように、欧米の捕鯨は油を採ることだけを目的とした。彼らには「利」にかなった捕鯨、解体方法であった。

日本における鯨の利用

▽食肉としての利用

『勇魚取絵詞』には「鯨肉調味方」という付録が付いていた。鯨料理のレシピで、七〇種の調理法が記されている。赤身は勿論、脂身、腸、目玉、歯茎、軟骨などを使った料理を紹介している。生肉も利用されたが、その利用は漁場周辺に限られていた。しかし、塩漬けにされた鯨肉は日持ちがよいために、漁場から遠く離れた地域へも運ばれて行った。久留米藩領の東端に位置し、幕領日田に隣接する生葉郡（現福岡県うきは市浮羽町）は、海から遠く離れた山間の地である。天保一四（一八四三）年の河北家の「年中嘉例帳」には、年中行事に伴う献立の一二月の条に、「一、大晦日鰯膾《なます》、鯨汁、今晩大酒無用たるべし、差引之妨ニ相成可申」（「河北（俊）家文書」福岡県地域史研究所蔵）とあり、ハレの日の膳に鯨汁が上っていた。鯨の黒皮は野菜と一緒に煮ると出汁代わりにもなるために、煮物や汁物に重宝され、塩の抜き方を加減すれば調味料も要らなかったという。

シーボルトは鯨を食べた経験を次のように記している。「歯切れのよくない牡の種牛か水牛の肉のような味で、生のまま食べたり塩漬けして食べたりするが、塩漬けのほうがおいしい」と。彼は鯨の刺身よりも塩鯨が好みだったようである。「鯨肉調味方」では、鯨肉を薄切りにして焼く・煮る・揚げるなどしたものを、味噌や醤油あるいは酢などの調味料を使って作るさまざまな調理法が紹介されている。欧米では鯨肉は食べなかったのであろうか。ハーマン・メルヴィル『白鯨』（岩波書店、二〇〇四年）には、鯨肉をステーキにして食する場面が出てくる。『甲子夜話』にもイギリス捕鯨船の食事について、「常食は豕、野牛、鶏肉、或は塩蔵せる牛豕肉、鯨肉等を烹調して食す」とあり、欧米の人々が鯨肉を全く食べなかったわけではない。しかし一般の人々は、当時鯨肉を「極端に嫌悪して」いたという（『白鯨』）。シーボルトにとって、鯨肉を食べるのは勇気の要ることであったろう。

▽鯨の髭・筋の利用

享保五年「西海鯨鯢記」には、「髭《ひげ》ハ鎧《よろい》ニ造リ、半弓ニ作ル」とある。太平の世の中になると、鎧や弓の需要も少なかったであろう。髭鯨の髭は熱を加えると曲げたり伸ばしたりが自由で細工がしやすいために、細工物の材料として高値で取引きされていた。江戸時代の後期の風俗を書いた喜多川守貞「守貞謾稿」（『近世風俗志』岩波書店、一九九七年）によると、磨くと光沢や鼈甲《べっこう》のような風合いが出ることから、鯨鼈甲として簪《かんざし》や笄《こうがい》などの材料に使われたことが記されている。その他、

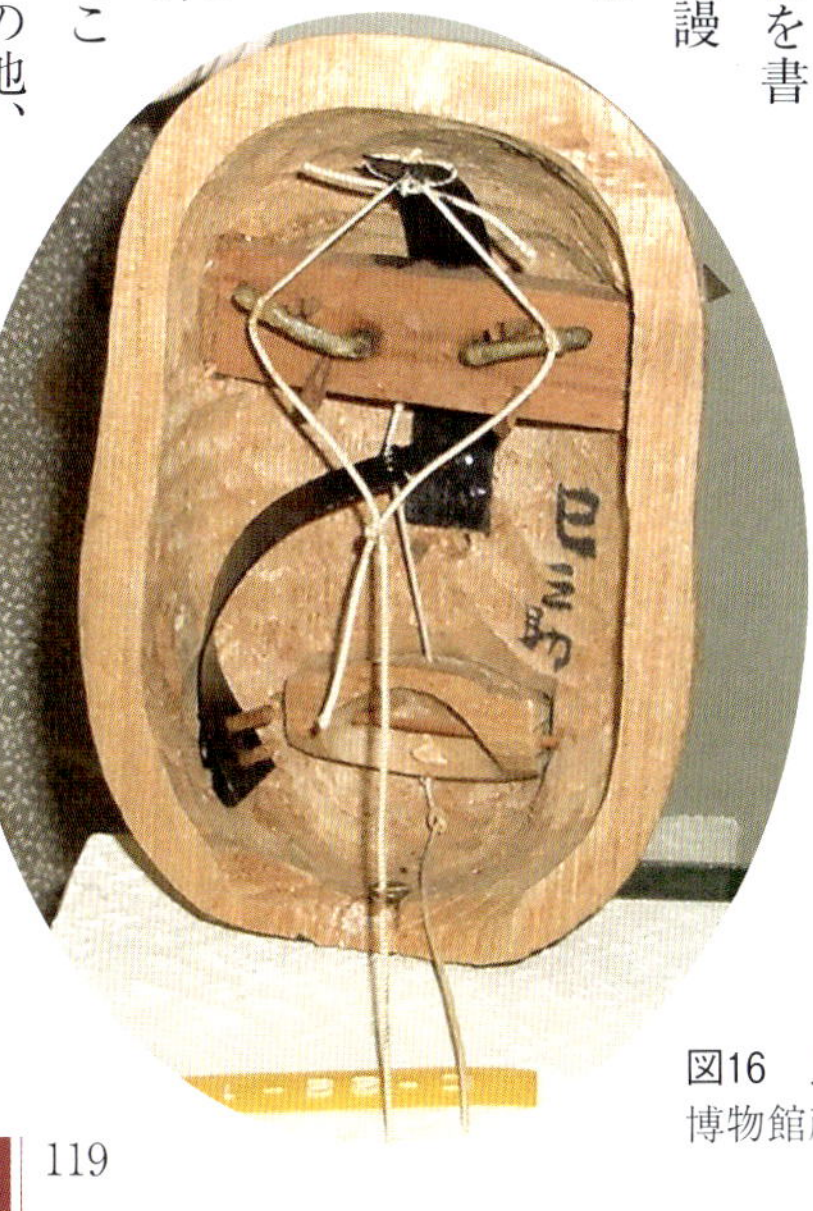

図16　人形面の裏側（和歌山県，太地町立くじらの博物館蔵）　眉・口を動かすために鯨の髭を使う。

足袋や帙の小鉤《こはぜ》などにも鯨の髭が使われたという。また髭は、江戸時代における民衆娯楽の一つであった文楽人形の眉や首を動かす部分の「ばね」としても使われていた。

若い鯨の柔らかい筋は食料にされた。硬いものは綿打ちの唐弓の弦に使われた。唐弓は、収穫した綿の種を取り除く時や、使用して硬くなった綿の繊維を解《ほぐ》し空気を含ませて柔らかくしたりする時に使われる道具である。

▽鯨油の利用

鯨油は灯油として、また除蝗《じょこう》のために使用された。蝗《いなむし》とはウンカのことで、体長約五ミリの小さな羽のある虫である。一株に数百匹も集まって稲の汁を吸う。その結果、稲は腐り不作となる。享保一七（一七三二）年、西日本一帯を襲った大飢饉は、ウンカの大発生によるものであった。この時の飢饉による餓死者及び流行した疫病による死者は、『福岡県史 通史編 福岡藩(二)』（二〇〇二年）によれば、福岡藩で六万人から七万人（人口の二〇%）にも上ったという。ウンカの大発生を抑えるために田に鯨油を入れたが、この時は効果が発揮されなかった。鯨油の注油法が普及していなかったので、油を使用した田と使用しなかった田があったためである。

しかしその後、鯨油の有効性が認められると使用の範囲も広がり、藩内でも鯨油の備蓄がなされ、必要に応じて分配されるようになった（藤本隆士「西海捕鯨と鯨油の流通」（『日本農書全集』三一巻月報、農山漁村文化協会、一九八一年））。そのために、享保一七年以後九州地方ではウンカによる大きな被害はなかった。鯨油が除蝗のためにどのように使われたのかを、文政九（一八二六）年に出版された大蔵永常「除蝗録」に見ていこう。

田に油を入れるのは、日中の日照りが強い時である。排水口を塞き止め、田に水を張り、油を蜆《しじみ》貝で作った匙《さじ》で一坪に一杯の割合で入れてかき回し、水面に油の幕を作る。その後から、竹や竹箒を使って稲を倒し、葉先に逃げる虫を水中に洗い落とすのである。水中に落ちた虫は、呼吸ができなくなり死んでしまう。この方法は蝗の繁殖期に数回行う必要があった。大蔵永常は「蝗を去に用ふべき油ハ鯨油を最良とす」と記している。

図17　鯨油の利用（大蔵永常「除蝗録」九州大学附属図書館蔵）

鯨の供養

日本各地の捕鯨場の近くには、鯨の供養塔が今も残されている。

図18　羽差踊（「小児乃弄鯨一件の巻」『肥前州産物図考』人間文化研究機構 国文学研究資料館蔵「祭魚洞文庫」）「組出」（漁の開始）前や「組上り」（漁の終了）の時に豊漁を祝って踊る。鐘は鯨の供養のため。

捕鯨業に携わっていた人々は、漁期が終わると寺で鯨の供養をしたり捕獲した鯨のために供養塔を建てたりして、懇ろに弔った。鯨に対する感謝と憐れみの心があったからである。

当時、漁人たちは鯨が他の魚とは違うことに気づいていた。鯨に瞼があることや乳を出すこと、そして母鯨は危険が迫ると子を庇うことなどを実際に見て、鯨が人間に近しい魂を持った魚だと感じていた。そのために、鯨が絶命する時、漁人は船上で「南無阿弥陀仏」と三度唱えたという。海の恵みである鯨一頭を、ほとんど捨てるところなく利用したのも、日本人の知恵と鯨への感謝の念があったからである。

シーボルトは、日本の捕鯨とヨーロッパの捕鯨を比較して、目的や方法の違いについて述べているが、日本人の鯨に対する感じ方や考え方などについては触れていない。目的や方法の違いは理解できても、日本人の感性を理解することは難しかったのであろうか。

嘉永六（一八五三）年、浦賀にやって来たペリーが、幕府に渡したアメリカ大統領からの親書は、日本近海で操業しているアメリカ捕鯨船への石炭と食料の供給、そして難破した時の保護を求めるものであった（『ペルリ提督 日本遠征記』岩波書店、一九四八年）。日本を「開国」させたのは、鯨の「油」だけを採るアメリカ捕鯨船であった。

図19－1　鯨鯢供養塔（佐賀県唐津市呼子，龍昌院）　左＝文化10年再建の鯨鯢供養塔，右＝天保２年建立の鯨鯢千本供養塔

図19－2　民家の傍らに残る鯨供養塔（長崎県壱岐勝本町）

ヨーロッパ人の日本人観

八百昭子
Yao Akiko

マルコ・ポーロとイエズス会宣教師

ヨーロッパ人の日本に関する記述で、最初にあげられるのはヴェネチアの商人マルコ・ポーロの『東方見聞録《とうほうけんぶんろく》』であろう。マルコ・ポーロは一二七〇年ヴェニスを発ち、二六年間東方を旅行し、一二九五年イタリアに帰っている。帰国後彼は、一二九八年ヴェニスとジェノアの戦争に従軍し捕虜となった。約一年に及ぶ牢獄生活中、同室の囚人に旅の様子を口述筆記させた「見聞録」が転写され、『東方見聞録』となり、ヨーロッパに広まっていった。

『東方見聞録』の中で、日本は黄金の宮殿を持つ王が支配する、金と真珠、宝石が豊富な豊かな国として紹介されている。日本人については、色白で礼儀正しい優雅な偶像教徒である、としている。偶像とは仏像であり、偶像教徒とは仏教徒のことである。礼儀正しく、優雅な民族としながら、人肉食の習慣があるようにも記している。

マルコ・ポーロは実際には日本に来ていないので、旅行中に聞いたことを記したにすぎないが、彼の『東方見聞録』は次第にヨーロッパに広まり、日本は黄金の豊かな国として知られるようになった。大航海時代、コロンブスにも読まれ、金銀の島を探す原因となった（『東方見聞録』東洋文庫、一九七〇年）。

次に、ヨーロッパ人による日本の記述が見られるのは、布教のために日本に来たイエズス会宣教師の本国への報告書である。一五四三年、種子島にポルトガル人が漂着したことから、日本とポルトガルの貿易が始まった。ヨーロッパではルターやカルヴァンの宗教改革が行われ、プロテスタントとカトリックの対立が激化していた。危機感を抱いたカトリックの一派イエズス会は、一五四〇年ローマ教皇より認可を得、アジアでの布教を強化しようとした。こうして一五四九年、イエズス会士フランシスコ・ザビエルは布教のため日本に上陸した。イエズス会の宣教師は、布教地での活動をローマに報告する義務があり、その報告書の中で日本人は次のように書かれている。

「よく労働する」、「盗みは厳罰に処せられる」、「領主を尊び、礼儀正しく、賭け事をひどく嫌う」、「偶像に対する信心が深い」、

「女性は貞潔かつ清潔好き」
ザビエル自身も「日本人は知識欲旺盛」であり、彼が交際した諸民族のうちで最良の民族だと考えている。日本人は非常に親切で、一般に善良、あらゆることにもまして名誉を重んじ、貴人も平民も貧しいことを恥辱とは考えていない、また、本当にすぐれた道徳心を持っている民族である、と大変好意的に記している。ザビエルの手紙は布教のため、特別にイタリア語やドイツ語に翻訳され、カトリック教会ヨーロッパ内部に回覧された（松田毅一『フロイスの日本覚書』中公新書、一九八三年／ヨーゼフ・クライナー編『ケンペルのみたトクガワ・ジャパン』六興出版、一九九二年）。

他に、日本人について、理解力・記憶力に富み、年長者を尊敬するなどの報告が見られる。こうした好意的な記述は、ローマに布教の可能性を強調し、資金を得るためとの考え方もあるが、正直な感想もあったであろう。

また、一五八二年、ローマ法王に謁見した天正少年使節を書きとめた記録にも、日本人について、才知に富み、庶民も決して粗暴ではなく、思慮分別があって行儀がよい、苦難に対して辛抱強く、外に憤怒《ふんぬ》の形相を現さず、論争を醜いことと考え、互いの応対は鄭重であり、衣服、飲食、屋内のしつらえ、はなはだ清潔、とある（「日本遣欧使者記」〔『木下杢太郎全集』第二一巻、岩波書店、一九八二年〕）。遣欧少年使節は、現在のイタリアやポルトガルなど南ヨーロッパの人々の間で話題になったというから、上記のような日本人観も伝えられたかもしれない。

もちろん否定的な記述もある。一五七〇年に来日したポルトガル宣教師カブラルは、日本人ほど傲慢《ごうまん》、貪欲《どんよく》、不安定で偽装的な国民をこれまで見たことがないと言い、ヴァリニャーノも、日本人は真の勇気と、困難な問題に堪えぬく堅忍不抜《けんにんふばつ》の精神に非常に欠ける、と記している（松田毅一『フロイスの日本覚書』）。イエズス会宣教師の日本人観は、布教者の生い立ち、立場や主観、布教した時代により違いがあったようだ。

キリスト教禁教令が出た後、迫害されながら殉教《じゅんきょう》していく日本人信者たちの様子は、頻繁にローマに報告され、ヨーロッパで日本人の殉教に関する本が出版された。イエズス会士シャルルヴォアは、殉教の様子から、日本人は名誉を重んじ、勇敢・堅固で偉大な精神を持ち、その生命の軽視は英雄的だ、と記した。こうした殉教者の記録と日本人観は、その後もたびたびキリスト教史に引用され、日本人観の一つとしてヨーロッパの人々に思い出された（牧健二『西洋人の見た日本史』清水弘文堂書房、一九六八年）。しかしながら、これらの報告書の中には、イエズス会の倉庫に保管されたままとなり、一般には知られなかったものも多数ある。

ケンペルの日本人観

ヨーロッパで日本についての一般向け解説書が書かれたのは、一五八六年、スイスのレンワークエ

図1　日本二十六聖人殉教碑（長崎市西坂町）

サットがイエズス会士の報告書をもとに書いた『最近発見された日本の島々国々についての真実な報告』という地誌であり、一般のヨーロッパ人はまだ日本人について、詳しく知ることはなかった。一六世紀末には、日本の漆器を所持するチロル地方の領主が確認され、一七世紀にはさらに多くのコレクターが現れ、漆器や陶磁器、着物など、ヨーロッパにもたらされる日本の工芸品を通して、日本はすぐれた技術を持つ民族として認識されはじめた。

一七世紀に入ると、オランダ東インド会社の社員として、日本に滞在する人が出てきた。そうした人々の中には見聞記や旅行記を出す人もいた。平戸に滞在したカール・クリストフ・フェルンベルガーは、一六二五年に出版した『世界一周旅行記』の中で、日本を平和で美術工芸品の技術や食文化が高い国として記した。ベルントルト・ワレーニウスは、日本に来たことはなかったが、一六四九年にアムステルダムで出版された『日本王国記』に、日本では盗人がいないので警察は不要である、と日本人の道徳心の高さを記した。この本は地理学書であったが、ヨーロッパで広く読まれることになった。一六六九年、『東洋旅行記』を書いたユエルゲン・アンデルセンは、日本人は多すぎたお釣りを翌日返しに来た、と日本人の正直さ、道徳心の高さを記した。こうしてヨーロッパの人々に日本人が少しずつ知られるようになっていった（以上、『ケンペルのみたトクガワ・ジャパン』）。

さて、一六九〇年、日本にやって来たケンペルは日本人をどのように見たのであろうか。ケンペルは『日本誌』の中で、日本人はきわめて肝のすわった、気骨のある聡明な人種だと記している。また、親切で如才なく、特に新奇を好む点で世界の他の国民は遠く及ばない、とも記している。日本人の興味は、外国の歴史・制度・芸術・学問に及び、好奇心と学習意欲は格別である。平和な時代でも体と精神を鍛え、先祖の偉業を忘れない。住居や衣服を清潔に保ち、風流で、手先が器用で頭の働きが良いことは、他の民族より優れている。また、道徳的な行為を実践すること、過ちを悔いあらためること、永遠の幸福を願う心などはキリスト教徒以上に熱心である、と記している。一方、日本人の欠点は、中国人に比べ、武を尊び興奮しやすく、名誉欲が強く、極端から極端へはしる傾向がある、と記している。それゆえ、日本人は温和な中国人とは別の民族だ、とケンペルは考えている。

日本人について、欠点もあるが、かなり好ましい民族との印象を持ったことが分かる。日本人を好奇心の強い頭の良い民族と見ている。キリスト教が世界観を作っていたヨーロッパから来たケンペルが、異教徒である日本人の宗教観を評価している。

ケンペルは身内や身近な人を魔女裁判で亡くしている。ケンペルの生まれた当時のドイツは、内乱や宗教戦争、魔女狩りで荒廃しており、他のヨーロッパ諸国も内乱・戦争の連続であった。それに比べ、幕府の下で平和と秩序が保たれた当時の日本は、ケンペルにとって驚きであり、異教徒でもその生活、民族性、宗教観まで評価するに値したのであろう。武を尊ぶ、気骨がある、興奮しやすいなどは、鎌倉以来の武家社会が作り出した日本人の民族性であろうか。

ケンペル『日本誌』は非常に高価な本であったにもかかわらずヨーロッパの富裕層に読まれ、再版され、一八世紀のヨーロッパの日本観を方向づけていった。一八世紀半ばに書かれた世界旅行記の中には、ケンペルの『日本誌』を資料として引用したり、再編集したものもあった。ケンペルの本が読まれ、普及すると同時に、ヨーロッパ人の中にケンペルの抱いた好意的な日本人像も広がっていった。

しかしながら、ヨーロッパが戦争の世紀を終え、啓蒙思想や科学的な思考が広まり、さらに植民地政策や貿易により、経済的にも富を蓄え、軍事力を増し、自信を取り戻すにつれ、日本に対する見方も変わっていった。

ケンペルの『日本誌』をドイツ語訳し編集したドームも同様に、啓蒙思想の立場からケンペルの日本観を批判している。彼は一七七九年、ドーム版『日本誌』のあとがきに、日本は多くの技術を発明したかもしれないが、現時点ではあらゆる分野でヨーロッパに追い越された、と記した。一七九〇年代には、日本がヨーロッパに遅れた理由を鎖国政策にあるとするドイツの大百科事典も出版された。ケンペルの広めた好意的日本観はネガティブなものへ変わりつつあった（『ケンペルのみたトクガワ・ジャパン』）。

図2　ケンペル『日本誌』の口絵（オランダ語版，1729年，九州大学附属図書館医学分館蔵）

ツュンベリーの日本人観

では、ちょうどケンペルの『日本誌』ドイツ語版が出版された頃、日本に来たツュンベリーは、日本人をどのように記しているであろうか。

一七七五年八月、オランダ東インド会社商館付医師として長崎に来航し、翌年一二月まで日本に滞在したスウェーデン人ツュンベリーは、帰国後に『一七七〇年から一七七九年にいたるヨーロッパ、アフリカ、アジア旅行記』を出版している。その中で、日本は独特の国であり、風習や制度はヨーロッパや世界のほとんどの国と全く異なるとし、国民性について述べた後、「百を超すその他の事柄に関し、我々は驚嘆せざるをえない」と書いている（『江戸参府随行記』）。ツュンベリーは来日前にケンペルの著述を読み、日本についての予備知識があったが、実際に見た日本は驚きの国であった。ツュンベリーの日本人観をまとめると、次のようになる。

日本人の良い点は、賢明で思慮深い。幕府と両親に従順で、最も礼儀正しい民族である。好奇心に富み、勤勉さは世界でも群を抜いている。器用で発明心があり、工芸品が美しい。たゆまざる熱意を持って、有益なことを追い求め促進しようとする。清潔好きで、親切で善良。友情に厚く、悪に容赦なく、法は厳しいが正しく履行され、盗み・強盗がない。職務はきちんと遂行する。自由で公正であり、正直で誠実。恐れを知らない勇気がある。節約が重んじられ堅実。生活困窮者や乞食がほとんどいない。奴隷売買を憎悪する。
悪い点は、疑い深く、迷信が深くゆきわたっている。他人の高慢さに耐えられない。学問はまだ発達をみていない。怒れば尊大、大胆、執念深い、無慈悲、冷淡になり、敵に見せかけの友情で接する、などがあげられている。

ツュンベリーは「おおげさにその長所をほめたり、ことさらにその欠点をあげつらったりはしなかった」と書いているが、かなり好意的である。「地球上の三大部分に居住する民族の中で、日本人は第一級の民族に値し、ヨーロッパ人に比肩するものである。しかし、多くの点でヨーロッパ人に遅れをとっていると言わざるを得ない。だが他方では、非常に公正にみてヨーロッパ人のうえをいっているということができよう」とも書いている。

「奴隷売買を嫌悪する」とは、当時、オランダやフランス、イギリスなどでは、主にアフリカから人々を奴隷として買い入れ、本国や植民地で売買したり使役しており、上流階級の人々が召使として使用することもよく見られたので、こうした状況を、日本人がたまたま批判したことを受けて、記録したものと思われる。ツュンベリー自身が奴隷制に対し批判的だったのだろう。ツュンベリーは、この件をさらに「日本には使用人はいても、奴隷はいない」、「日本の使用人には人格がある」と記した。人格のない「奴隷」に怒りを覚えていたのは、日本人というより、ツュンベリー自身だったのかもしれない。日本の雇用者と使用人の関係が、ツュンベリーの思いを強くさせたのかもしれない。

ツュンベリーは、「迷信がゆきわたっている」、「学問はまだ発達をみない」とも記している。ヨーロッパの学問が日本より進歩していると考え、科学的思考法で日本の「遅れ」をとらえていることも分かる。ツュンベリーは、「日本はヨーロッパより遅れている面もある」が、同時に「ヨーロッパ人より優れた面を持っている」と感じた。

ツュンベリーの見た日本は、幕府の法の下で統治され、なおかつ法が正しく行われていた。神道と仏教の「異なる宗教」が争うことなく共存し、飢餓や飢饉もほとんどない。国民が祖先と幕府を敬愛し、他国民に支配されない「自由」がある。多数の国民が平和に過ごしている。一見、現在のわれわれには受け入れやすいこの事実が、当時のヨーロッパ人にとっては信じがたく理解に苦しむことであり、「最大の注目に値する」ことだと書いている。

ツュンベリーが来日した当時、ヨーロッパが世界の中で最も優れているという認識がヨーロッパの中で広まってきていた。科学技術の進歩は著しく、植民地から豊富な物資も入ってきた。しかし同時に、軍事力による植民地と領土の獲得戦争は日常化し、それにより他国民による支配・被支配も当たり前で、イスラム教・キリスト教・ユダヤ教、さらにプロテスタントとカトリックなど宗教対立、宗教戦争は相変わらず行われていた。さらに、人口の増加と都市化により社会階層間の貧富の差が激しくなり、トラブルも大きくなっていた。「争い」が生活の一部だったのである。こうした状況をかんがみて、ツュンベリーは日本のあり方は「ヨーロッパ人が参考にするところがある」と考えたのであろう。

シーボルトの日本人観

図3　オタクサ（アジサイ）（シーボルト『日本植物誌』福岡県立図書館蔵）　ツュンベリーの『日本植物誌』を参考にシーボルトは手彩色の植物誌を出した。

一八世紀後半から一九世紀のヨーロッパでは、アメリカの独立、フランス革命、ナポレオンのヨーロッパ制覇・失脚を経て、次第に人々に国民国家の意識が広まっていった。また、イギリスでは蒸気機関が発明され、産業革命による都市化と近代化が始まった。こうして急激な変化が起きていた。そのようなヨーロッパから一八二三年に来日し、一八二九年まで滞在したシーボルトは、どのような日本人観を持ったのであろうか。シーボルトの『日本』および『江戸参府紀行』の中から見てみたい。

まずシーボルトは、身分の違う人々の様子をどのようにとらえているであろうか。シーボルトは、彼が言うところの「下層階級」の人々について、次のように記している。シーボルトが初めてバタビアから長崎に来る途中、乗っていた船が漂流していた日本人を救って乗せた。三日後、何人かの漁夫が船に近寄ってきて魚を差し出した。その「愛想」と「気前のよさ」にシーボルトは「驚嘆」した。「彼らは極めて親切で、その態度から、救助された同胞やわれわれに魚を贈るのを喜びとしていることがわかった」という。日本人にはきわめて当たり前にも思える状況に、なぜシーボルトはこのように驚嘆したのだろうか。

当時のヨーロッパも日本も身分制社会であることは変わりない。しかし、近代化・工業化の進展にともない、一八三〇年頃にはヨーロッパの都市には多くの「貧民」がいた。その割合は、もともと二割程度であったが、産業化の進展によって人口の半数にも増加したという。何万という人々が、狭くて不潔な貧民街の住居に押し込められるように住んでいた。日光の差さない地区に排水設備もトイレもない、掃除などされたことのない、風通しの悪い住居があり、その中で藁《わら》を敷いて男女が寝ている状況だったという。マッチ売りの少女が寒さで死んでしまうのはお話の中だけのことではなかった（川名隆史他『路上の人びと』日本エディタースクール出版部、一九八七年）。「下層階級」の人々には希望が何もなかった。それゆえ、表情も暗く精神も病んでいたであろう。「愛想よく気前よく」ふるまうことなど考えられないことだったのである。

他にも、参府旅行中の行列の整然とした秩序や宿舎での手厚いもてなし、従僕の良心的な勤めぶり、住民の礼儀正しさに、シーボルトは「心から賛辞を贈った」。畑に雑草が生えていないことから、農民の勤勉さに驚き、掃き清められた道の美しさにも驚いている。シーボルトの考える「下層階級」の人々は働き者で礼儀正しく良心的だった。

また、現在の山口県日比《ひび》の塩田で塩作りを見て、その製法の完成度の高さに言及し、同時に、「ヨーロッパの工業都市の人間的

図4　農民（シーボルト『日本』九州大学附属図書館医学分館蔵）

に悲惨で不品行で心身ともに疲れ果てた国民階層は日本に存在しない」、「しかも日本には、測り知れない富を持ち、半ば飢えた階級の人々の上に金権をふるう工業の支配者は存在しない」、「日本では労働者と工場主はヨーロッパより厳しい格式で隔てられているが、彼らは同胞として相互の尊敬と好意によって固く結ばれている」と観察した。ヨーロッパの労使関係に疑問を持ったのである。さらに、その解決方法として、ヨーロッパのように労働者を一カ所に集めて住まわせると危険で、人間性を喪失してしまうから、日本のように「家族単位で居住」し、「村や町全体でその仕事に従事する」のがよい方法だと記している。日本の産業の形態を参考にして、ヨーロッパにおける工業都市の貧民減少に役立てようと考えたようである。日本の産業・労使関係などヨーロッパでも参考になることがあったのである。

　一方、シーボルトはいわゆる「上流階級」にあたる人々についてはどのように記しているだろうか。シーボルトは旅行中に薩摩藩の藩侯（島津《しまづ》重豪《しげひで》）とその子供や夫人、孫に会っている。その印象を、彼らは「端正」で「礼儀作法を身につけ、上品」である、心底「親切」、「誠実」であり、「誇りの影さえみせぬつつましやかな教養」がある、と絶賛している。これらすべては「教養あるヨーロッパ人の尊敬に値する特性」であるとも記している。ヨーロッパ人であるシーボルトが人物の理想にあげる項目が、日本の大名が身につけるべき徳目と重なるところが興味深い。ヨーロッパでも日本でも、理想とされる人物像は変わらないのであろうか。

　また、日本人は好奇心が強く、知識欲が旺盛なことも記している。彼の長崎の弟子たちはもちろん、幕府の医師桂川甫賢《かつらがわほけん》と大名の侍医大槻玄沢《おおつきげんたく》は「オランダ人の友」であり、「ヨーロッパの学問の偉大な知己《ちき》」であった。後にシーボルトに地図を渡したことで獄死した幕府の天文方高橋景保は、「ヨーロッパの学問のすぐれた庇護者」であった。シーボルトは、ヨーロッパの進んだ学問を日本人に与えながら、同時にこの日本人の好奇心を利用して、弟子にレポートを書かせるなどして、彼の仕事である「日本の情報収集」を行った。

図5　大名の妃（シーボルト『日本』九州大学附属図書館医学分館蔵）

日本人の「先祖崇拝」、「天皇への愛着」についても記しているが、「原始時代の伝説」や「神として崇められた英雄の賛美」に「好意をもって耳をかたむけ」、「彼らの宗教や風俗習慣を尊重すること」で「仕事」がしやすくなる、とちゃっかり書いている。オランダ人はこうした日本人の特性を利用したとしているが、シーボルトも壇ノ浦の合戦の話を聞いたり、その辺りの貝を収集しながら上手に下関海峡の測量をした。

他に工芸品の技巧の入念なこと、日本人が忍耐強いのに雨に濡れることを嫌うこと、自然を愛し、風景をめでて、庭に取り入れることなど日本人の特徴を記している。

ヨーロッパが世界に君臨するとまで考えられるようになったこの時代、日本にやって来たシーボルトは、ヨーロッパの学問を日本に広めながら、日本のさまざまな情報を集め、日本で商品を販売する方法を考えた。一方で日本の国の体制やもろもろの制度、宗教施設に至るまで「ヨーロッパ人はそれを考慮し、評価すべき」だと思った。ヨーロッパにはまだ日本から学ぶものがあると考えていたのである。

シーボルトは帰国後、一八四〇年にイギリスと中国の間にアヘン戦争が始まったことを聞くと、王位にあったウィレム二世に建白書を提出した。それには日本の鎖国政策の緩和を王が将軍に助言すべきと記した。この提言は入れられ、シーボルトの起草による文案はウィレム王の親書として一八四四年、日本に送られた。また一八五二年にはアメリカ艦隊が日本に行くことを聞き、今度は、日本政府がオランダおよび他の国と条約を結ぶ場合の私案を作った。この条約案は東インド総督により長崎奉行に届けられ、幕府はこれに注目した。

シーボルトにとって日本は西欧列強の軍事力から守るべき存在になっていた。一八三〇年代、シーボルトは著書を出版する。その他にも出島のオランダ商館長らによる著書が数冊出版され、一般の人にも読まれるようになった。大学でも日本の研究が始まり、日本は急速にヨーロッパの人々に知られるようになっていった。

幕末、ヨーロッパ人の日本人観

その後、ヨーロッパ人は日本人のことをどう見るようになったか。一八五三年、日本にやって来たアメリカ人ペリーは、日本人を「きわめて勤勉で、器用な人民であり、ある製造業についてみると、いかなる国民もそれを凌駕しえない」とし、一八五六年、アメリカ総領事として下田に上陸したハリスは、「日本を開国して外国の影響を受けさせることが、果たしてこの人々の普遍的な幸福を増進する所以であるかどうか、疑わしくなる」と考えた。一八五九年、日本に着任したイギリス駐日公使オールコックは、「日本人がすべての東洋の国民の最前列に位する」、「ヨーロッパにこんなに幸福で暮らし向きのよい農民はいない」とし、長崎海軍伝習所のオランダ人教官カッテンディーケは、一八五七年に日本を去るにあたり、「まんざら不良でもない日本人観を持」ち、「ああ日本、その国こそは、私がその国民と結んだ交際ならびに日夜眺めた荘厳な自然の光景とともに、長く愉快な記憶に残るであろう」と記した。フランスの新聞「イリュストラシオン」は一八六四年遣欧使節団に会った印象を「日本人はフランス人に大変よく似ている」、「われわれは愛想が良く優雅であるのを誇りにしているが、彼らもそれに劣らない」と書いた。フランスでは一八七〇年代に「ジャポニズム」が起こる（ペリー『日本遠征日記』新異国叢書、一九八五年／ハリス『日本滞在記』上中下、岩波文庫、一九五三、五四年／カッテンディーケ『長崎海軍伝習所の日々』東洋文庫、一九六四年／朝比奈美知子編訳『フランスから見た幕末維新——「イリュストラシオン日本関係記事集」から』東信堂、二〇〇四年）。

日本人の国民性に思う

ヨーロッパ人の日本人観を、イエズス会宣教師、ケンペル、ツュンベリー、シーボルトを通して見てきた。

ある民族から別の民族をみた民族観などは多分に主観的、あるいは相対的なものであろう。当然、彼らが限られた条件から見たの日本人の姿が、すべて正しく、その実態を表しているわけではない。あくまで彼らがどう感じたかなのだ。しかし、出身国、ヨーロッパ社会の変化にともない、多少の変化はあるものの、数百年間変わることのなかった日本人観がある。礼儀正しさ、勤勉さ、まじめさ、高い技術力。ついこの間まで、日本の国際的な評価はこうしたものではなかっただろうか。国民性、あるいは民族性というものは、永続的に引き継がれるのだろうか。考えさせられる。要因はなんだろう。遺伝子か、教育か、はたまた社会環境か。

【雑感】筆者のヨーロッパで生活した個人的な経験においても、日本はつくづく「和」の精神だ、と思ったものである。議論は苦手で、意見をぶつけ合う前に、相手の気持ちを考えてとりつくろってしまう。ヨーロッパ人どうしの議論の応酬に、どうやってこの議論を収めようかと、議論の内容そっちのけで一人おろおろしてしまう。「和をもって尊しとなす」という言葉が浮かんで、かつて自分とは縁のない遠い昔の教科書上の人と思っていた聖徳太子が、急に身近に感じられた。それでも、地球の反対側にあって全く異なる文化でありながら、不思議とヨーロッパ人は理解しやすい、と感じた。あれはなぜだったのだろう。単なる思い込みにすぎなかったのだろうか。

帰国後、子育てをして思ったのだが、民族性とはまず子育ての過程で作られ、継承されてゆくものではないだろうか。万葉時代の子宝の思想は今も生きていて、なかなかヨーロッパ人のように、ルールだからと割り切ってしつけきれない。日本人の「甘え」は幼少時から既に始まっているのである。ケンペルが今の時代に生きていても、やはり、日本の子供のしつけの悪さに眉をしかめたであろう。それでも、日本人社会に育てば、そのうちになんとか、まじめで、勤勉、礼儀正しく育ってくれるだろうと期待している。しかし、社会環境が変われば、民族性も変化するかもしれない。少子化、国際化の現代、日本人の民族性も変わっていくだろうか。

宣教師からシーボルト、わずかに見た幕末のヨーロッパ人までの日本人観が、日本人に対してかなり好意的だったことは、日本にとって幸いだったかもしれない。ヨーロッパ人の地球規模の植民地化が進む中で、日本が植民地化されずにすんだのは、日本人に対するヨーロッパ人の評価の高さが影響していたと考えるのは、考えすぎだろうか。

西洋人が見た日本の宗教

鷺山智英
Sagiyama Tomohide

宣教師時代

一五四九年八月一五日、中国のジャンク船が鹿児島に着いた。上陸したのはフランシスコ・ザビエル一行であった。この年初めて日本にキリスト教が伝えられたのである。

その後、たくさんの宣教師が日本を訪れて布教した。同時に日本人が信仰している宗教を調査・研究している。その一端を『日《にっ》葡《ぽ》辞書』（一六〇三年、長崎で刊行。岩波書店、一九八〇年）に垣間見ることができる。この辞書は宣教師が日本語を学習するために作られたものであり、約三万二〇〇〇語の日本語について、発音とともにポルトガル語による解説がされている。当時の言葉や文化を研究する上で大変貴重なものである。

図1　『日葡辞書』（オックスフォード大学ボドリアン図書館蔵）

その中には仏教や神道の用語も掲げられている。それを見てみると、神道より仏教の用語の方が随分と多い。実際、宣教師たちの報告書には仏教に関するものが多く、神道については少ない。その理由として、宣教師は神道が優勢な地域にはあまり行っておらず、彼らの活動の中心は仏教優勢の地域だったからだ、とする意見がある（ゲオルク・シュールハンマー『イエズス会宣教師が見た日本の神々』青土社、二〇〇七年）。そういうこともあるかもしれないが、宣教師たちには日本人にキリスト教を広めるという目的があったので、日本人が死後の救済を求めた仏教についてより深く研究したのではないかとも考えられる。

日本人の多重信仰

元禄時代（一六八八〜一七〇四年）に来日したケンペルが注目すべき点としてあげているのが、「神道の信奉者になっている神社の氏子のほとんどすべての大衆が、死ぬと仏僧《ぶっそう》に引導《いんどう》を渡してもらい、遺族は南無阿弥陀仏（なまんだ）を称《とな》え、遺骸は仏式で荼《だ》毘《び》に付し、葬式を行うという事実」（『日本誌』「神社、信仰および参拝について」）である。ケンペルが来日した元禄時代には、すでに寺請《てらうけ》制度によりすべての民衆はいずれかの寺院に所属することが義務づけられていた。したがってすべての人（神官も含む）は死亡すれば仏式で葬式を行うこととなったのである。

江戸期以前に来日して、ケンペルのような疑問を持った西洋人は他にもいた。ルイス・フロイスも同じことを指摘している。日本では仏に冥福《めいふく》を祈り、神には福楽《ふくらく》を願うことになっている（藤谷俊雄『「おかげ参り」と「ええじゃないか」』岩波新書、一九六八年）。

日本人が、生きている時には神道に現世利益《げんぜりやく》を求め、死後には仏教に極楽に生まれるという救済を求めるという信仰は、一神教であるキリスト教の信者には理解できないことなのだろう。日本は多重信仰の国である。現在でも、正月には神社に初詣をして、お盆や彼岸には寺院や墓に参り、一二月にはクリスマスを祝うという人が多いようだ。また、赤ちゃんが生まれれば神社に参り、葬式は仏教でという傾向も、長い歴史の慣習を受け継いでいるのだろう。

このような日本人の宗教観は、奈良時代の神仏習合《しんぶつしゅうごう》にその始まりを求めることができる。特に平安時代には、神は仏が人々の前に仮に姿を現したものだとする本地垂迹《ほんじすいじゃく》説が広まったこと、さらに末法《まっぽう》思想が広まる中で来世往生《らいせおうじょう》を願う浄土《じょうど》信仰が深く根付いたことが大きな要因だと考えられる。日本では、平安時代に末法の時代に入るとされた。末法の時代には、釈迦が入滅《にゅうめつ》して二〇〇〇年を過ぎると世の中が乱れ、現世での救済がなくなるのだとい

図2　葬式（シーボルト『日本』九州大学附属図書館医学分館蔵）

図3　仏式による火葬の様子（J. M. シルバー『日本のマナーと習慣のスケッチ』1867年，イギリス，セインズベリー日本芸術研究所蔵）

う。天台宗の開祖最澄《さいちょう》は、永承七（一〇五二）年に末法に入るとしている。この頃の世の中は政治が乱れ、疫病が蔓延《まんえん》し、天災やそれによる飢饉が打ち続いていたため、貴族も庶民もこれを末法の世と受け取り、死後に極楽浄土への往生を願って阿弥陀仏を信仰していく。代表的なものとしては、宇治の平等院鳳凰《ほうおう》堂が藤原頼道《よりみち》によって建立されている。また、浄土信仰は仏教の各宗派へ影響を与えていった。

このようなことが背景となり、死後の救済をまかせるのは仏教となり、「神社の氏子も葬式は仏式」となり、「なまんだぶ」を称えたのである。

ケンペルの神道研究

ケンペルは神道についてよく研究している。『日本誌』によれば、神道の教理内容は貧困であり、死後の霊魂観について非常に曖昧模糊《あいまいもこ》として不完全であり、また霊魂不滅という考え方はほとんどないので、極楽とか地獄というような死後の世界の概念もない、と指摘している。そのため、「神道信奉者」は神道にはもっぱら現世《げんせ》での幸福を祈ることを重視していると捉えている。それでは来世のことはというと、大衆のほとんどは神仏習合した両部《りょうぶ》神道の教理を信じている、と指摘している。これが前述の氏子も仏式で葬式をするという彼なりの解答であろう。

ケンペルは日本の宗教について、神道、仏教、山伏、儒教をあげ、それぞれについて解説している。その中で、仏教、儒教は外来の宗教であり、神道が日本固有の宗教であるとしている。そして「信徒の数からではなくこの国で格付けされている順序から言って、最も高い地位を占めているのは神道である」と述べている（『日本誌』「日本における諸宗教とくに神道について」）。ケンペルがそう指摘し、神道を研究対象とした理由は次の三つにまとめられる。

・神道の土着性を重視した。
・神道に関する資料が他の宗教資料に比べ充実していた。
・欧州ではすでに儒教、仏教の研究が進んでいたが、神道は先駆的となる。

（大島明秀「エンゲルベルト・ケンペルの『神道』研究とその背景」〔『九州史学』一四二号、二〇〇五年〕）

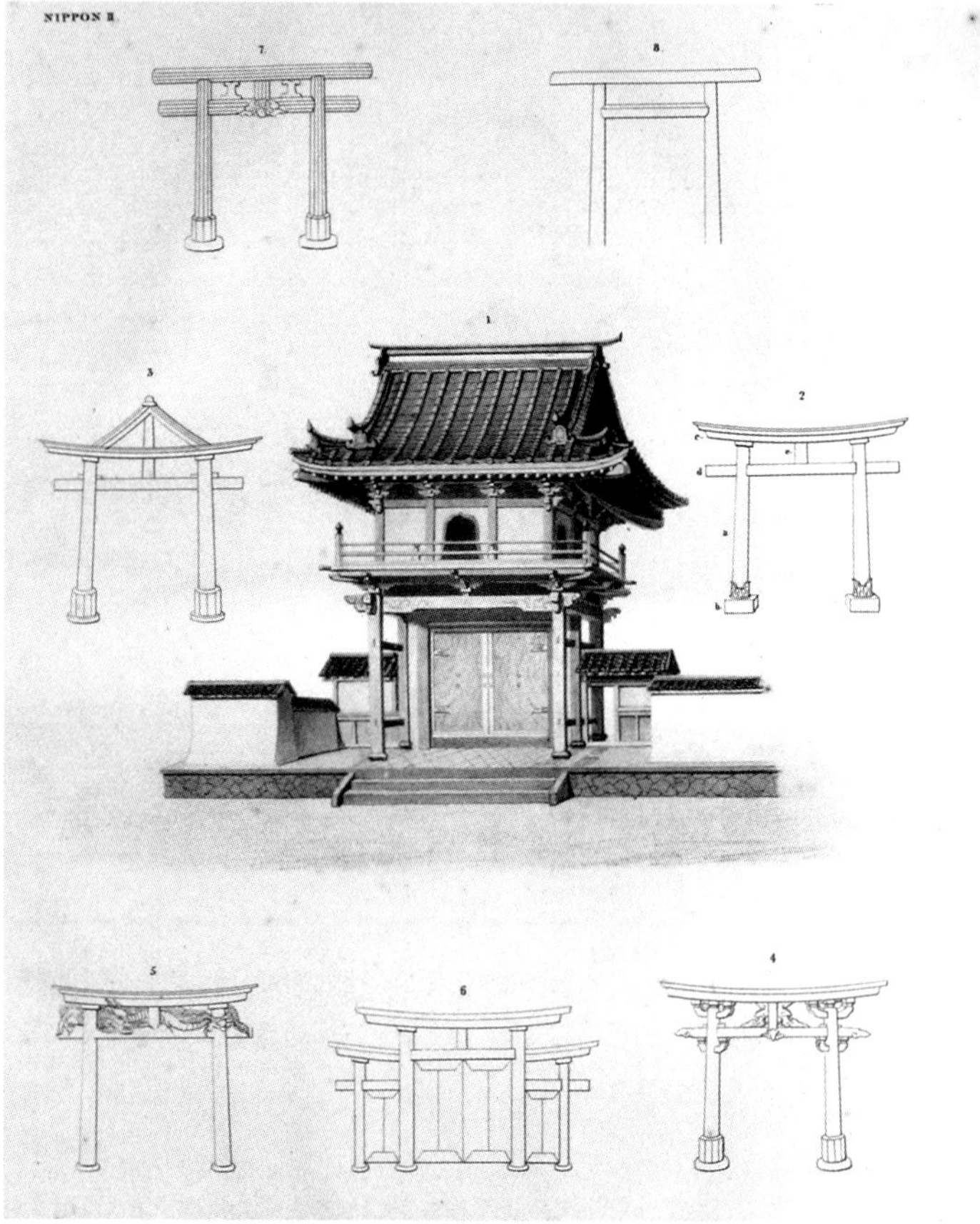

図4　鳥居のいろいろ（シーボルト『日本』九州大学附属図書館医学分館蔵）

神道に関する資料が充実していた理由については言及されていないが、ケンペルが来日した元禄期前後に目を向けてみると、神道が盛んであった時期であることが分かる。この時期の代表的な学問思想であった儒教は、吉田（唯一）神道の影響を受けた。そして仏教に批判的な思想に立った儒教主体の神道が形成された（儒家《じゅか》神道）。この神道を確立した代表的な人物として藤原惺窩《せいか》、林羅山《らざん》、山崎闇斎《あんさい》らの儒学者がいる（『神道事典』弘文堂、一九九九年）。

その影響のもとにいくつかの藩に特徴的な動きが見られる。例えば、水戸藩では水戸光圀《みつくに》が神仏分離を行い、一村一鎮守《いっそんいちちんじゅ》を進めている（寛文六〔一六六六〕年）。岡山藩主池田光政は一時的ではあるが寺請制度をやめ、すべての領民は寺院ではなく神社に所属するという神道請制度にしている（寛文六年）。

このような仏教色を排除する神道の動きが、ケンペルの神道研究の背後にあった。

日本人の起源について

ケンペルが神道を日本固有の宗教として研究する前提として壮大な仮説を持っていたことは注目すべきことである。それは日本人の起源に関する仮説である。

当時のヨーロッパでは、日本人の起源は中国にあるという見方が大勢であった。それは容姿が類似しているとか、同じ文字すなわち漢字を使用しているとか、宗教が仏教や儒教であるとか非常に表面的なところで論じられていたものであった。

彼は日本人の起源は中国ではなく、固有の民族であると主張した。その根拠として、言語面では中国語と日本語の構造的な相違、また宗教面では神道という日本特有のものが広く信仰されていることなどをあげている。

ケンペルは、日本人の起源についてバビロニア説をとっている。日本人はバビロンからやって来た人々であり、日本に辿り着くまでの長い旅路の中で礼拝の伝統や言語を忘れたが、仲間の中で尊敬された英雄や賢者を神として祭り、御霊《みたま》を安らげるための社・宮を建てた。また、日本での最初の居住地は伊勢であり、伊勢参り（神道）が盛んなのはそのことを裏付けるものであるとしている（『日本誌』）。

ケンペルがこのような仮説をたてる大きな機縁となったのは、

一六八一年頃にスウェーデンのウプサラという町でオロフ・ルードベックに出会ったことにある。オロフは世界中の民族の発生地はスウェーデンだったとする研究をしていた。その研究にケンペルは影響されたようである（『江戸参府旅行日記』解説）。

ちなみに、ケンペルのバビロニア説は、大正期の原田敬吾「日本人シュメール起源説」に受け継がれ、その後も原田説を発展させた三島敦雄『天孫人種《てんそんじんしゅ》六千年史の研究』（スメル学会、一九二九年）へと展開していく。また類似のものとして、日本人のルーツをユダヤ人に求めようとした「日ユ同祖《どうそ》論」の研究が行われ、論文「太秦《うずまさ》を論ず」（一九〇八年）を発表した佐伯好郎は、古代豪族の秦《はた》氏（大陸からの渡来人で機織りなどの高い技術を有していた）をユダヤ人景教徒《けいきょうと》（キリスト教のネストリウス派）とする説を打ち出した。この佐伯氏の教え子の中に、「騎馬民族征服王朝説」を唱えた江上波夫氏がいた。騎馬民族征服王朝説とは、古墳時代に大陸から東北アジア系の騎馬民族がやって来て、農耕民族であった弥生人を征服し王朝を作り上げたという説である。

このように見てみると、ケンペルの説がきっかけとなり、現代に至るまで日本人の起源についてのさまざまな研究につながっていることは大変興味深い。

日本人の起源について、一八二三年に来日したシーボルトは、日本の先住民族はアイヌ人だったとしている。彼は日本人とアイヌ民族の風習（太陽が昇る方角に向かって神に祈りを捧げること、食事の前に器を持ち上げて祈ること）が似ていること、また神社の鳥居が樺太《からふと》（サハリン）東岸の民族スメレングルにも見られることから神道とのつながりを指摘している（『日本』）。シーボルトの二男で日本駐在のオーストリア公使館に勤めていたハインリッヒ・フォン・シーボルト（小シーボルトと呼ばれる）は、明治一一（一八七八）年にアイヌ部落を調査し、明治一四年「蝦夷《えぞ》島におけるアイヌの民族学的研究」（『小シーボルト蝦夷見聞記』東洋文庫、一九九六年）という論文をベルリンで発表し、父シーボルトの説を補強している。

現代においても日本人の起源については縄文系のアイヌ民族が日本の先住民だったとされている。もともと日本にいた縄文系の人々は大陸からの渡来民が流入してきたために南北へと追いやられ、北へ移動した人々がアイヌ民族で、南へ移動したのが琉球人であるといわれてきた。

最新の研究では、渡来民は先住民の縄文系の人々と混血を進めて次第に広がっていったとする。北海道や沖縄に住んでいた縄文系の

図5　アイヌとその住居（シーボルト『日本』九州大学附属図書館医学分館蔵）

人々は渡来民とはあまり混血をしなかったため、それぞれ独自の文化を築いていった。それがアイヌ民族であり、琉球人である。

シーボルトの日本宗教観

シーボルト『日本』によると、彼は儒教について、五代将軍徳川綱吉が湯島聖堂を建立し、その横に学校を建てたことに触れ、「国の最も優れたアカデミー」であると記述し、儒教をかなり評価している。彼は儒教を「純粋な道徳哲学」と理解し、身分が高く教養のある日本人に受け入れられたとしている。

次に神道、仏教について、彼は「偶像崇拝」であるか否かを基準に評価している。これはキリスト教が偶像崇拝を否定しているからで、偶像崇拝する宗教はキリスト教より程度の低い宗教である、という認識による。

神道については「いかなる偶像もなく、ただ御幣《ごへい》が神の象徴としておかれているだけである」と述べており、比較的好意的である。また「神道が定めている神聖な日と祭を祝うことは、すべての日本人にとって宗教的に重大な事柄である」と指摘し、日本人の生活・文化は神道信仰が基盤となっていると見ており、神道を純粋に日本民族固有のものとしている。

一方仏教については、「狂信的」であるとか、僧侶は「欺瞞《ぎまん》」に満ちていると言い、無知な一般民衆を幻惑し、迷路に迷わせるものであるとしている。

もともとシーボルトは仏教を、偶像崇拝する程度の低い宗教としており、その見方に拍車をかけていくのは知識人とされた日本人たちが持つ仏教観であった。特にシーボルトが来日した頃は、復古神道の興隆により仏教及び僧侶に対する批判がなされ、排仏的風潮が大勢を占めていた。

シーボルトは仏教を「高等な教義（僧侶の宗教）」と「低俗な教義（民衆の宗教）」に分けている。これは吉雄忠治郎がシーボルトのために書いた論文に「禅宗を除くと、全ての坊主の努力は、民衆、特に農民を無知なままにしておくという点に向けられている」（『日本』第四巻・第八編注）と記されていることと無関係ではないと思われる。吉雄の認識は、江戸時代以前に来日した宣教師たちとも共通している。宣教師は禅宗について「これらの人びとは偉大な瞑想家」であり、「彼等を論破するためには学識をそなえていることが必要」とし、一向宗（浄土真宗）については「これらの人びとは甚だ無知」であり、「彼等を論破することは容易」であるとしている（真宗海外史料研究会『キリシタンが見た真宗』東

図6　神官と僧侶，山伏（シーボルト『日本』九州大学附属図書館医学分館蔵）

図7　神社と狛犬（シーボルト『日本』九州大学附属図書館医学分館蔵）

本願寺、一九九八年）。

低俗な宗教の中で宣教師に最も敵意を持たれていたのは浄土真宗であった。しかしシーボルトは、浄土真宗をある意味評価している。その理由として阿弥陀仏の像以外に偶像崇拝の痕跡が認められないこと、阿弥陀如来一仏の信仰であることをあげている。

吉雄忠次郎はオランダ通詞で、シーボルトと幕府天文方高橋景《かげ》保《やす》との間で通訳をしている。長崎に帰郷した後、シーボルトのもとで日本書物の翻訳などを手伝っていたが、「シーボルト事件」で処罰され、米沢藩（山形県）の上杉佐渡守へお預けとなりそこで没している。蛇足だが、シーボルトは吉雄から源義経はジンギスカンであるという説を聞いたとしているのも興味深い（『日本』）。

シーボルトの仏教に関する記述は、彼の助手であるホフマンの『仏像図彙《ずい》』研究の成果を多く援用しているという（末木文美士「シーボルト／ホフマンと日本宗教」〔『季刊日本思想史』ぺりかん社、一九九九年〕）。『仏像図彙』は通俗的な仏像の解説書で、紀秀信が描き、元禄三（一六九〇）年刊である。東洋の神秘的な仏像を視覚で示したことは、当時のヨーロッパの人々に大きな関心を引き起こしたであろう。

ケンペルの貴重な描写

ケンペルやシーボルトは長崎－江戸間を往復する旅行の中で、当時の人々や文物、風景を観察し記録に残している。その中には宗教に関するものも多い。特にケンペルは、宗教者や巡礼者、宗教的風習などに関心を持ち詳細に記録している。例えば家の入り口にはいろいろな宗派のお札《ふだ》が貼られ、家内安全や疫病除けの祈願としていること、そのお札の中には伊勢参りをした人が持ち帰ったものがあること、道の岐路や路傍にはさまざまな石造りの仏像などがあり、通行人の信仰心を促したり、旅人の安全を守護していることなどを細かく観察し書きとめている。

また、街道には仏画の絵解きをしたり、念仏をとなえたり、鉦《かね》をたたくことで布施《ふせ》を求める僧、あるいは芸事を披露して道行く人たちから物乞いをする者などを簡潔ながら的確に描写している。私たちはケンペルの旅行記によって当時の人々の様子を容易に想像することができるし、大変貴重なことを教えてもらうことができるのである。

熊野比丘尼と山伏

うら若い比丘尼たち、旅行者に近づいて物乞いをし、節のない歌をうたって聞かせ、彼らを楽しませようと務めた。上品できれいな身なりをして歩き、剃った頭を黒い絹の布で覆い、軽い旅行笠をかぶっている。

彼女たちからは貧乏とか厚顔とか軽薄さを思わせるものを、何一つ認めることはできなかった。むしろ礼儀正しく、のびのびした女性で、容姿そのものから言っても、この地方で出会った中でも美しい女性であった。

（『参府旅行日記』）

このようにケンペルから褒めちぎられているのは、熊野比丘尼と呼ばれる若い娘たちである。熊野比丘尼は熊野山伏とともに、中世においては絵巻や曼荼羅《まんだら》を携えて諸国をめぐり、各地で絵解きなどしながら熊野信仰を広め、大勢の参詣者を獲得していた（熊野本願文書研究会『熊野本願所史料』清文堂、二〇〇三年）。

熊野古道を含む「伊勢山地の霊場と参詣道」が、平成一六年七月に世界遺産として登録されたのは記憶に新しい。この霊場とは修験道が盛んだった「熊野三山」、「吉野・大峰」と真言宗の「高野山」を指す。熊野三山（熊野本宮大社、熊野速玉大社〔新宮〕、熊野那智大社）は平安時代中期に成立し、院政期の法王や上皇の尊《そん》崇《すう》を得て、たびたび御幸《みゆき》が行われた。その様子は蟻の行列にたとえられ、「蟻の熊野詣《もうで》」といわれた。また、民衆の参詣者も多く、中世においては最大の霊場として賑わいを見せた。その要因の一

▲熊野比丘尼

図 8　春秋遊楽図屏風（菱川師平画，出光美術館蔵）

図９　石畳の熊野古道（東紀州コミュニティー提供）

図10　上段左より山伏, 巡礼者, 下段左よりやがて尼僧となる童女, 尼僧, 大黒舞という乞食（シーボルト『日本』九州大学附属図書館医学分館蔵）

つは、山岳仏教でありながら女性の参詣を禁止しなかったということである。それゆえに比丘尼の活動がありえたのだろう。

ところが、中世末から熊野参詣は衰退の一途を辿っていく。その理由を大まかにいえば、信仰形態の変化に求めることができる。中世における熊野詣は、浄土往生を願っての純粋な信仰心からの参詣であった。「巡礼参拝には難路悪路を苦労して詣れば詣るほど、功徳が大きいという苦行の論理」（五来重『熊野詣』講談社、二〇〇四年）がはたらいていた。ところが、次第に神社仏閣参詣は、そのような純粋な信仰心からというものではなくなり、物見《ものみ》遊山《ゆさん》（観光旅行）化してきたのである。したがって寺社の立地条件、つまり参詣のしやすさが参詣者の増減を左右するような時代となった。「難路」の熊野詣は敬遠されるようになったのである。

それにともない、熊野比丘尼や山伏も零落《れいらく》してくる。ケンペルが来日した頃はそういう時期であった。絵解きをしていた熊野比丘尼は、江戸時代初期には〝ささら〟（楽器）を摺《す》りながら歌念仏や流行唄《はやり》をうたい「歌比丘尼」ともいわれたが、やがて春をひさぐようになっていく。熊野比丘尼といえばもうすでに尼僧という意味は薄れ、遊女というイメージが強くなっていく。井原西鶴の作品の中に零落した熊野比丘尼が登場するが、ケンペルの記述の中にも、「公の街道で気前の良い旅行者に自分の胸を差し出す」とか、「望まれれば、その旅人の慰みの相手となる」とある。にもかかわらずケンペルが熊野比丘尼を絶賛しているのは、不思議な印象である。

ケンペルは、熊野比丘尼と山伏は家族であると言う。そして「山伏は至る所で比丘尼の群れに混じって、ミツバチの大群のよ

図11　伊勢参宮の様子（歌川広重「伊勢参宮 宮川の渡し」神奈川県立歴史博物館蔵）

うに旅行者のまわりに集まり、一緒に歌をうたい、法螺《ほら》貝を吹き鳴らす、熱弁をふるう」。家族が一団となって布施を求めて活動している様子がよく分かる。最も上手に布施をもらうことができるのは、やはり魅惑的容姿を持った若い比丘尼であった。

伊勢参り（伊勢参宮）

当時、日本人は好んでいろいろな寺社参詣に出かけている。近畿地方を巡る西国三三カ所観音霊場巡りもかなり盛んであったが、伊勢参りは群を抜いていた。江戸時代以前に来日していたルイス・フロイスが、「大神宮に行かざる者は、人間の数に加ふべからずと思へるがごとし」（新城常三『社寺と交通――熊野詣でと伊勢参り』至文堂、一九六〇年）と述べているように、少なくとも一生に一度は参詣すべきものという雰囲気があった。ケンペルも「信仰や宗派の如何を問わず、愛国者ならばだれでも、この国を開いた始祖であり国神である天照大神に対する尊敬と感謝の意を表する伊勢参りをすべきである」とまで言い切っている（『日本誌』）。

これほどまでに伊勢参りが盛んになった理由の一つには、御師《おんし》の存在がある。御師は諸国をめぐり、大麻《たいま》と呼ばれるお札や農事暦を持って伊勢信仰を広めた。また、信者が伊勢参りをする時には自宅を宿坊《しゅくぼう》にして手厚くもてなした。このような関係があったからこそ、信者は安心して伊勢参りをすることができた。さらに、裕福な者でなくても毎月掛け金を出し合い、毎年順送りで代表者を伊勢参りに送り出す「伊勢講」が各地で営まれたのも、御師の働きかけがあったのである。

ケンペルは旅路の途中でたくさんの伊勢参りの巡礼者たちと出会っている。巡礼者はさまざまで、老若男女、貴賤の別もない。戸塚（横浜市）では「病気にかかったたくさんの伊勢参りの人たちに出会った」という。「笠をぬぎ遠慮がちな声で『檀那様、お伊勢参りの者に路銀を一文お恵み下さい』と言葉をかけ」て、旅費や食べ物を物乞いでまかなっている貧しい巡礼者も多い。中には「滑稽なやり方で物乞いをして伊勢参りをしたり、他の人びと

図12　伊勢神宮（天照大神）（ケンペル『日本誌』九州大学附属図書館医学分館蔵）

の眼をひき容易に銭を集めることを得意とする者」もいた。ケンペル自身も物乞いをされたことがあり、それについては「参府旅行をするものにとっては少なからず不愉快である」と述べている。

　ケンペルは二、三人の巡礼者の中にいた奥州から来たという少年を見て、「まことに素朴さを失わぬ全く独特の信仰心である」と感心している。また「伊勢参りしたいばっかりに家出をする子供もたくさんいる」と指摘しているように、子どもたちだけの伊勢参りもそれほど珍しいものでもなかったようだ。彼らは純粋な信仰心から巡礼していたのだろうか。

　十返舎一九の『東海道中膝栗毛』（岩波文庫、一九七三年）に、弥次・喜多が「抜け参り」の一二、三歳程の奥州から来た少年たちにからかわれる場面がある。「抜け参り」とは、親や奉公先の主人に無断で、しかも突然に伊勢参りをすることである。もちろん着の身着のままなので無銭旅行だが、道すがら帯にさした柄杓を出せば、金銭や食料を恵んでもらえた。無事参詣を終えて、お祓《はら》いのお札（大麻）を持ち帰れば、親から叱られることもなければ、店をクビになることもなかったそうである。「かわいい子には旅をさせよ」ということわざがあるが、抜け参りから帰ったわが子を見て、ひと回りもふた回りもたくましくなった姿に喜んだ親も多かったのかもしれない。

　宝永二（一七〇五）年の四月下旬から一カ月間、京都所司代が伊勢神宮への参詣者を調べている。六歳から一六歳までの子どもたちだけでの「抜け参り」が約一万九〇〇〇人あった。これは全体の三分の一以上（総数が五万一五六三人）にあたる（今野信雄『江戸の旅』岩波新書、一九八六年）。

九州の蘭癖大名たち

原 三枝子
Hara Mieko

蘭学の始まり

元禄時代（一六九〇年頃）、参府の商館長に随行したケンペルの『江戸参府旅行日記』によれば、オランダ人と日本人の接触は厳しく規制され、公用の人以外でオランダ人宿舎へやって来たのは、将軍の侍医が一人、ケンペルに医学上の助言を求めて来たのみであった。

享保時代（一七一〇年代）となり、実学に関心を持った将軍徳川吉宗は、洋書の禁を緩め青木昆陽《あおきこんよう》や野呂元丈《のろげんじょう》にオランダ語の学習を命じた。これが蘭学の始まりである。元丈はドドネウス『草木誌』を寛保二（一七四二）年から八年間、毎年参府の随行医師に通詞を介して質問し抄訳した。『草木誌』は万治二（一六五九）年に商館長から将軍に献上されたが、オランダ語が読めずに幕府の文庫に眠っていたもので、日本へもたらされた最初の西洋博物学の書と思われる（上野益三『日本博物学史』平凡社、一九七三年）。

その後の明和八（一七七一）年、前野良沢《まえのりょうたく》は杉田玄白《すぎたげんぱく》たちとオ

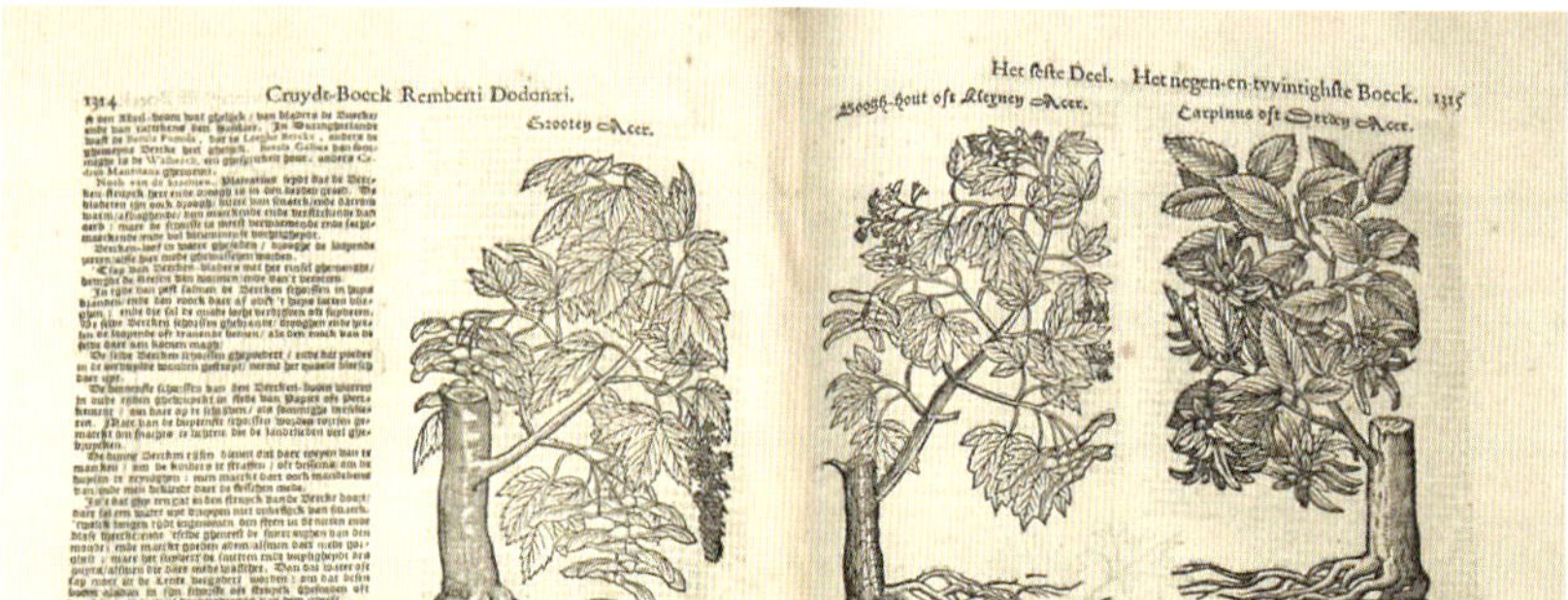
1314 Cruydt-Boeck Remberti Dodonæi.
Het feste Deel. Het negen-en-tvvintighste Boeck. 1315
HET XIX. CAPITEL
Van Acer ende Boogh-hout.
BIJVOEGHSEL.

図1　ドドネウス『草木誌』より Acer（かえで）3種（長崎歴史文化博物館蔵）

ランダの解剖書『ターヘル・アナトミア』の翻訳を始めた。主導的な立場にあった良沢は、前に青木昆陽からオランダ語の辞書を与えられ、また一〇〇日程の長崎遊学中、オランダ通詞にオランダ語二〇〇言余りを学んだ程度であった。作業は困難を極め、彼らはこの研究を新しい学問と位置付けて「蘭学」と呼んだ。そして三年後、『解体新書』の発刊となる。この発刊は医学界に大きな衝撃を与え、これを契機に蘭学は本草学《ほんぞうがく》や天文学などに、さらには海外事情の変化によって世界の地理・歴史に広がり、幕末期には軍事・殖産へと導入されていった。

このような経過の中、オランダの文化や学問に強い関心を持つ蘭癖《らんぺき》大名たちが現れた。以下、彼らの蘭癖振りを窺ってみることにしよう。

珍品の収集家・松浦静山

図2　松浦静山（1760～1841年。内藤業昌筆「三勇像」松浦史料博物館蔵）

平戸九代藩主の松浦清《まつらきよし》は隠居して静山《せいざん》と号した。その著書『甲子夜《かっしや》話《わ》』巻六三（東洋文庫、平凡社、一九七七年）によれば、静山は文政五（一八二二）年に参府したブロンホフの宿舎を訪れている。ブロンホフが「オランダ商館の平戸時代の恩を今も感謝している」と挨拶すると、静山は喜びオランダの武術などについて質問した。

元禄時代のケンペルも「わが国民が以前に侯の父上（鎮信《しげのぶ》）の庇護の下にあった」、また「われわれは被保護者として、平戸の旧藩主に恩義をこうむっていた」と言っている（『江戸参府旅行日記』）。

オランダ商館が平戸にあった鎖国以前の鎮信の時代、オランダ人は日本朱印船《しゅいんせん》と生糸をめぐり台湾などで競合し、寛永五（一六二八）年に台湾事件を引き起こした。そのため幕府はオランダ商館の封鎖を命じ、船を没収した。松浦家は、商館の再開を求めて有力幕閣に働きかけ、ようやく五年後にオランダは貿易を再開することができた（加藤栄一『幕藩制国家の成立と対外関係』思文閣、一九九八年）。ブロンホフらが言う「平戸時代の恩」とはこれなどを指すのであろう。

江戸初期のオランダ商館との親密な関係もあってか、松浦静山はオランダの文化に関心を寄せ、膨大な洋書を収集した。その始まりがケンペル『日本誌』である。同書はオランダ通詞吉雄耕牛の蔵書であったが、静山は「我が国に舶載されたものはわずかに一、二部のみ。今手に入れなければおそらく誰かの奪うところとなろう」と考え、家臣の反対を押し切り、大金を投じて天明二（一七八二）年に購入した。

後年、長崎の蘭学者志筑忠雄《しづきただお》は、享和元（一八〇一）年に『日本誌』を抄訳して『鎖国論』と題した。これが「鎖国」の語源となる。また驚くことに、寛政元（一七八九）年、静山は聖書

図3　『字義的・実践的聖書』（松浦史料博物館蔵）

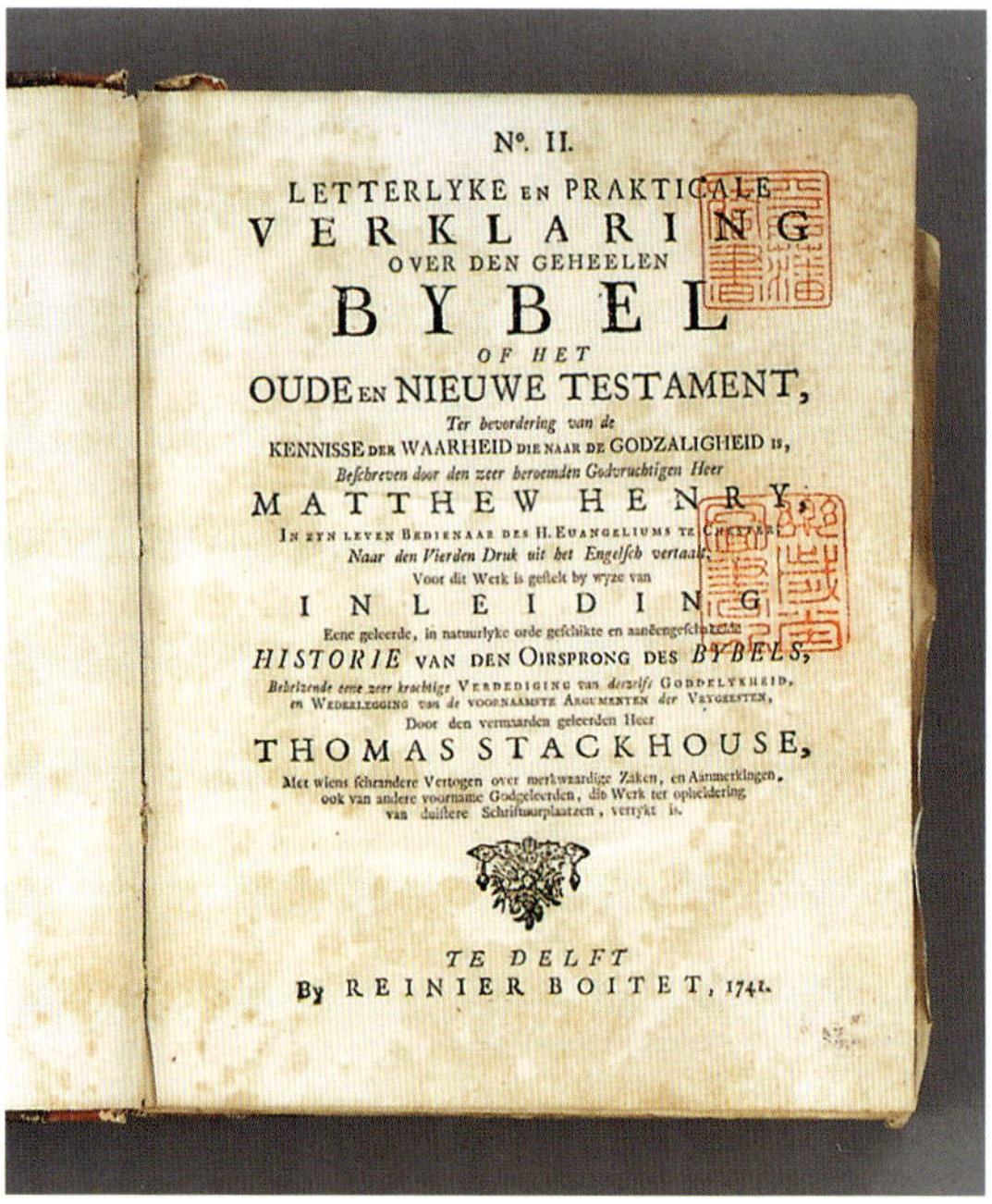

（『BYBEL』）の註訳書一四冊を長崎で入手し、これを志筑忠雄と通詞の石橋助左衛門に訳させた（『字義的・実践的聖書釈義』と訳す。図3）。静山は同書の内容として「天教の書であろう。聖書とは賢人が編んだもので、漢の易経《えききょう》（占いの書。占いの法により倫理道徳を説いている）や詩経（中国最古の詩集で儒教の経典とされた）などのようなものを分かり易く作った書か」と、「書目」に記している（松田清『洋学の書誌的研究』臨川書店、一九九八年）。静山が内容を理解したかどうかはともかく、キリシタン禁制下において聖書を入手しているのである。

　また彼が収集した地図類の中に、幕府天文方の高橋景保《かげやす》が作った「新訂万国全図」がある。後に景保はシーボルトに禁制の日本地図を贈って処罰される。静山は「シーボルト事件」について、「大風雨で蘭船が難渋しなければ、シーボルトは禁制品を持ち出していたであろう。神風であった」という噂を『甲子夜話』続巻二一に記している。今日も、「難破による露見」はシーボルト事件発端とされるが、事実は異なり、間宮林蔵の密告によるものであった（梶輝行「シーボルト事件」〔『新・シーボルト研究』二、八坂書房、二〇〇三年〕）。

本草学を愛した黒田斉清

　生まれた年に福岡藩主となった黒田斉清《なりきよ》は、幼い頃から鳥を愛し草花に関心を寄せた。その主著『本草啓蒙補遺《ほんぞうけいもうほい》』によれば、斉清は鶩（トウガン）やハトなどを飼ってその習性を観察するなど飼育した鳥類は数十種に及んだという。花では特に梅を好み、八〇〇品余りも集めて七種に大別し、それぞれの特色や相違を解説している。また江戸において、博物愛好会である「赭鞭会《しゃべんかい》」会員の富山藩主の前田利保《としやす》や幕臣たちと交流を持った。図4は動物や植物などの研究者たちの相撲番付である。東の大関は致知春館（前田利保）、西の大関は楽善堂《がくぜんどう》（黒田斉清）であり、斉清の活躍ぶりが窺える。

斉清、シーボルトと問答をする

　福岡藩は佐賀藩と隔年の長崎警備を担当し、藩主は当番年に長崎巡視を行った。文政一一（一八二八）年三月の巡視の折、斉清は養子の斉溥《なりひろ》（一七歳）を伴い出島を訪れ、シーボルトと念願の問答をする機会を得た。斉清三三歳、シーボルト三二歳の時である。その問答を記録したのが「下問雑載《かもんざつさい》」（『福岡県史編纂資料』四三、福岡県立図書館蔵）であり、記録者は斉清に付き従った安部《あべ》龍平《りゅうへい》である。農家に生まれた龍平は長崎の志筑忠雄に学び、帰国して福岡藩士の安部家の養子となった。その後、藩主にお目見

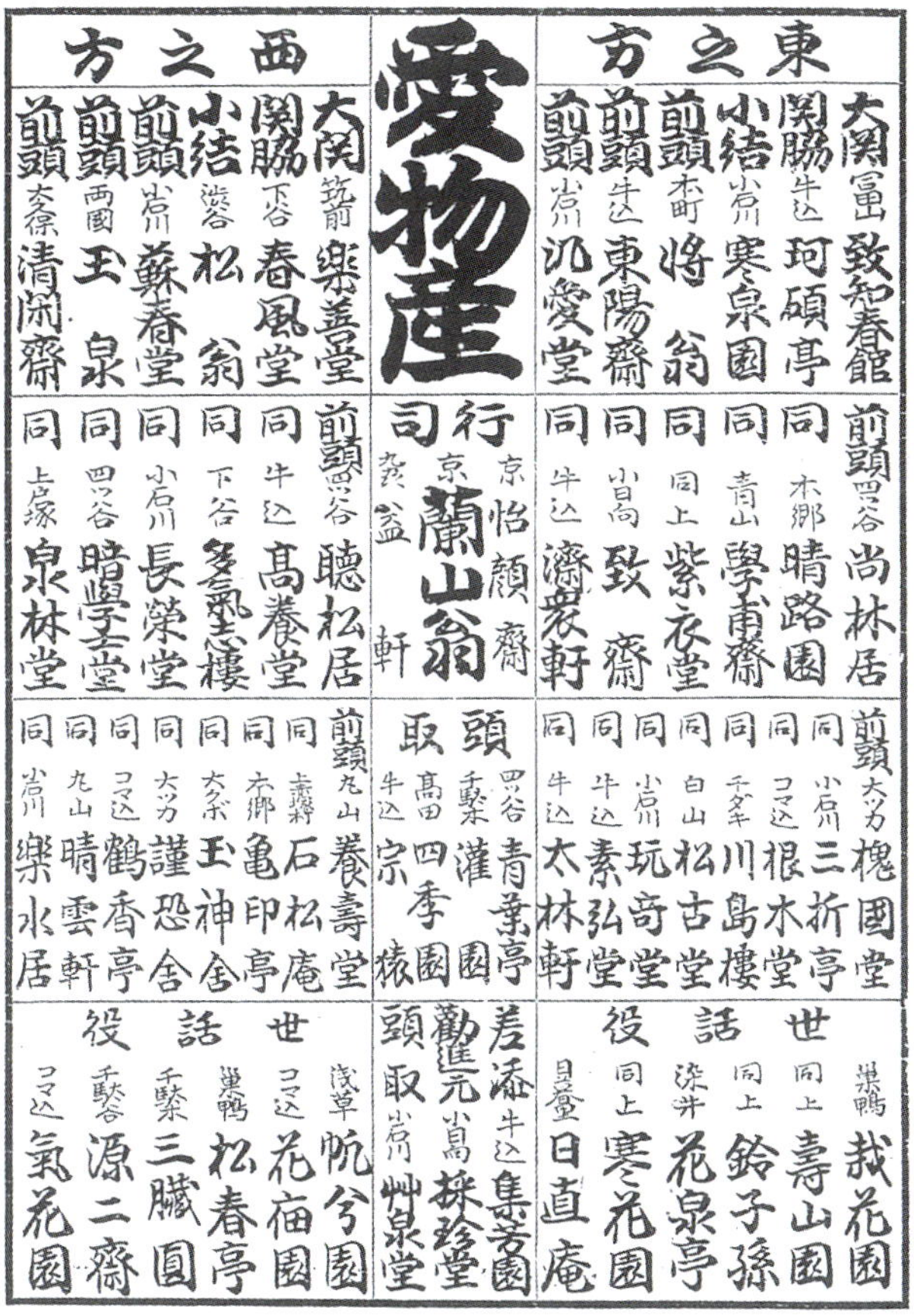

図4　弘化・安政頃の本草物産家番付
（『彩色 江戸博物学集成』平凡社, 1994年）

東の大関　致知春館＊＝前田利保（一八〇〇～五九年。富山藩主）。大著『本草通串』がある。
西の大関　楽善堂＝黒田斉清（一七九五～一八五一年。福岡藩主）。主著は『本草啓蒙補遺』。
東の関脇　珂碩亭＊＝翫珂亭の誤りで武蔵石寿（一七六六～一八六〇年）。著書に貝殻図譜である「目八譜」がある。
頭取　四季園＊＝佐橋兵三郎（幕臣）。
東の前頭　将翁＝安部将翁。八代将軍徳川吉宗の時代、幕府に採用されて東北地方や蝦夷を採薬に歩いた。
西の前頭　多気志樓＝松浦竹四郎（一八一八～八八年）。北方の探検家、一時、幕府の蝦夷地御用掛。蝦夷地に関する多くの著書を刊行。
行司　京の蘭山翁＝小野蘭山（一七二九～一八一〇年）。京都の町学者、晩年に幕府の医官となる。門人から多くの俊才を出した。主著に『本草綱目啓蒙』がある。
行司　九州の益軒＝貝原益軒（一六三〇～一七一四年）。福岡藩の儒者。本草関係に『大和本草』がある。
行司　京の怡顔斎＝松岡玄達。享保六（一七二一）年幕府の招きにより薬品鑑定のため江戸に下る。
頭取　灌園＝岩崎常正（一七八六～一八四二年）。幕府の徒士。傑出した博物学者大著『本草図譜』がある（上野益三『日本博物学史』）。
＊は赭鞭会の会員

図5　黒田斉清像（1795～1851年。福岡市博物館蔵）

えできる直礼《じきれい》城代組に抜擢されて、五年間の長崎詰となり、後に斉清の蘭学顧問となる（『福岡県史 通史編 福岡藩文化㊤』一九九三年）。現存する「下問雑載」は写しであり、動植物や鳥、各地の風土など三六カ条の問答を収録している。現代文に直して紹介しよう。

▽植物——吉那樹《きなじゅ》について（吉那吉那樹。吉那樹の樹皮から製するキニーネはマラリアの特効薬。龍平の注に吉那は「すぐ効く解熱剤」とある。）

斉清は「出島で吉那樹とされる樹は日本のゴマギと同じである。ボイスやオーイツなどの書にある吉那や、江戸の桂川《かつらがわ》甫賢《ほけん》が洋書の吉那を模写して贈ってくれたものとは少し違う。吉那樹はペルーにのみ生ずると聞いているが」と問うた。

シーボルトは、「彼らの書は五〇年余り前のものでございます。吉那樹は南アメリカ諸島に三〇種程ありまして、私は出島のゴマギを強いて吉那樹と言っているのではありません。常々その皮を患者に試したいと思っており、効いたらゴマギは日本の吉那樹でございます」と答えた。

さすが西の大関・斉清である。彼はすでにボイスらの書物を読み、幕府の医官・桂川甫賢からも情報を集めていた。しかしその書物は、シーボルトには古かったようだ。シーボルトも吉那樹に興味を持っており、出島の植物園で吉那樹と思われるものを栽培していた。彼には日本の総合研究が課せられており、日本で吉那樹が見つかればオランダにとって有益となるからである。

▽桜・槭《かえで》について

斉清は「ドドネウス『草木誌』や中国の書によれば、西洋と中国には桜や槭の品種がはなはだ少ない。日本はそれらの多いこと世界一であろう」などと言って、シーボルトに一〇〇種ばかりの槭の押し葉を贈った。現在、槭の押し葉一〇九枚がライデン国立腊葉館に保存されている（大森實「シーボルトとかえで」（杉本勲編『近代西洋文明との出会い』思文閣、一九八九年））。

シーボルトは「槭は日本・シベリヤ・北アメリカに生じ、約四〇種あります。そのうち日本には二〇種あり、いただいた押し葉のうち野生のものは一二種に過ぎません」と言う。後に『日本植物誌』を出すシーボルトである。彼の植物に関する知識は浅くはなかった。

続いてシーボルトは、「ドドネウスの『草木誌』が発刊されたころ植物学はまだ未熟でただ一種類を挙げているに過ぎません」と言う。龍平の注に発刊は二一〇年前とある。西洋ではリンネが一七五三年に『植物の種《しゅ》』を著し、植物に属名と種名を与えて分類してから植物学は大きく発展し、ドドネウス『草木誌』は古典となっていた（上野益三『日本博物学史』）。シーボルトにとっては古典であったが、鎖国下の日本人にとっては貴重な書物であった。

後日、斉清はライデン国立民族学博物館にある「物産説」をシーボルトに送り、「中国に桜がないのは疑わしい。昔リュスラント（ロシア）に漂着した日本人が、そこで大きな山桜を見たという。他国に桜や山桜はないのか」と問うている。

「下問雑載」の中、シーボルトは「桜」については触れなかった。桜はアジアでは朝鮮、台湾、中国にも自生し、ヒマラヤの山桜は見事である。ヨーロッパやアメリカでは古くからサクランボが栽培されている。

▽燕《つばめ》や鷺《さぎ》などの渡り鳥について

斉清は「燕や鷺がどこから日本に渡って来、どこへ帰るのかは知られていない。思うに燕は赤道より北三〇度以内の地から、暑さを避けて春日本に渡ってきて雛を育て、秋に寒さを避けて南方に帰るのであろう。鷺は魚を好む。日本では冬になると小魚が死んだり水底に潜んでしまうから、小魚の多い南方に帰るのであろう」などと述べた。

シーボルトは、「燕は琉球諸島から来るのでしょう。鷺はお説の通り」などと答えた。後日、斉清はシーボルトに日本産の鳥類

図6　黒田斉清がシーボルトに贈った鳥の一覧表（ドイツ，ボフム大学図書館蔵）　シーボルトが説明を加えている。

の一覧表を贈った。図6はシーボルトがそれに加筆したものであり、今日ドイツのボフム大学図書館に保存されている。また斉清は鳥の標本も贈った。これらについてシーボルトは出島からテミング（ライデン国立自然科学博物館館長）へ宛て、「日本で第一級の鳥類学者、筑前侯のお陰で私は現に生息している鳥類の滞在期間、生活の仕方などを知ることができた」と書き送っている（酒井恒他『シーボルトと日本動物誌』学術出版会、一九九〇年）。

▽怪奇なもの――かっぱについて

斉清はシーボルトに三枚のかっぱの写生図を示し、一枚目の手・足とされたものを「西洋から乾物にしてもたらされたトロンヘイタではないか」と問うた。

絵を見たシーボルトは「トロンヘイタは存じませんが、二枚目（次頁図7－①）は猿の類でしょう。三枚目（図7－②）は実在するなら水陸ともに棲む亀のようなものか、しかしこんな獣はいないのではないでしょうか」と懐疑的である。だがシーボルトは「もし乾したものをお持ちならぜひ見せていただきたい。調べて世に公表できれば私の名誉この上ない」と意欲満々である。

かっぱの存在を疑われた斉清は、「写生図は薩摩の老公（重豪《しげひで》）が実物を得て、それを写生した

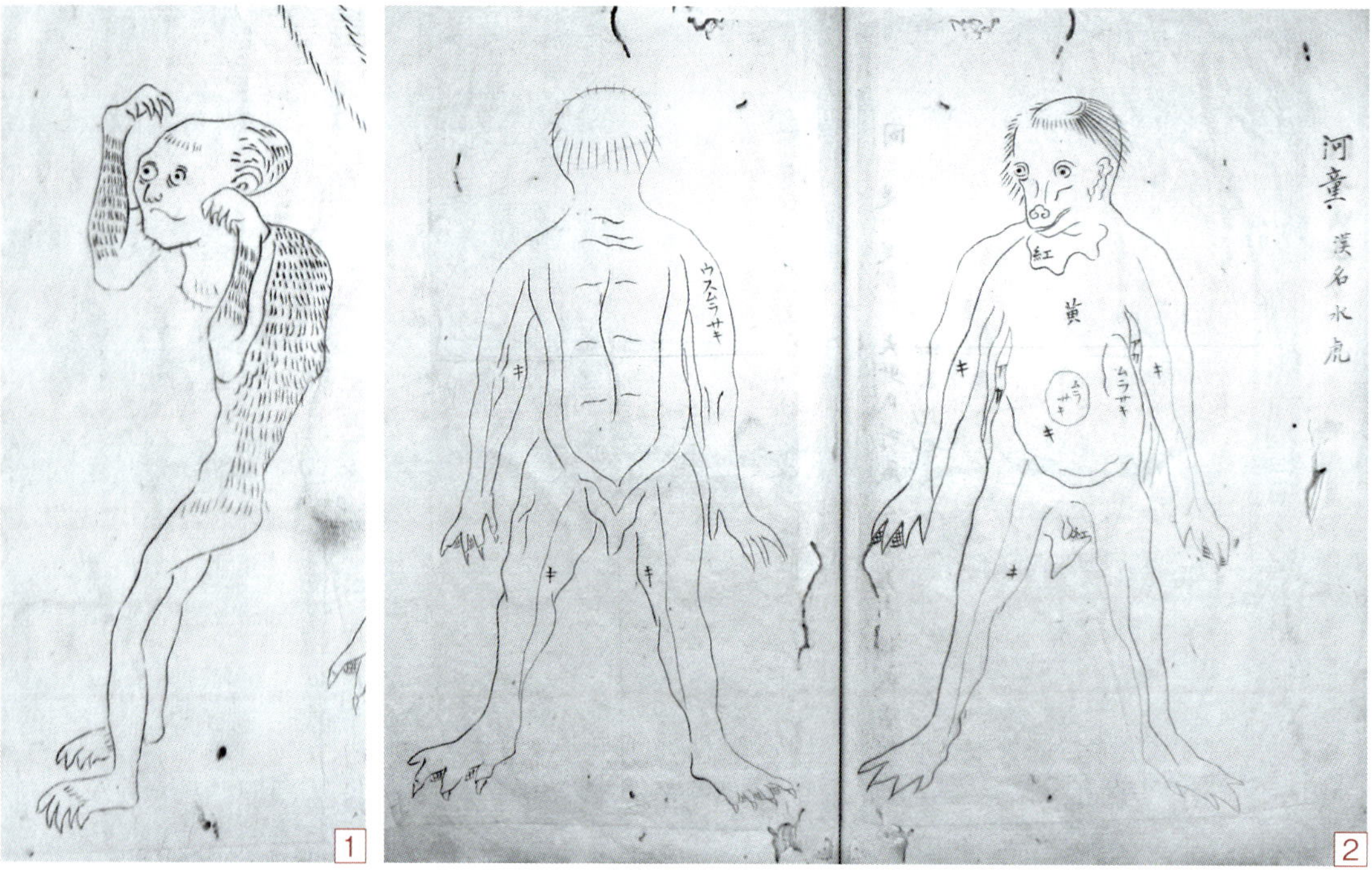

図7　斉清がシーボルトに見せたかっぱの絵（「下問雑載」福岡県立図書館）

ものだから疑いない」と反論し、東西の書物に伝わる怪奇な話を挙げて「広い宇宙に怪奇無しとは言い切れない」とやり返した。

これに対し、シーボルトは諸書の怪奇な話を科学的に説明したが、斉清は「物産説」にかっぱを載せてシーボルトに贈っている。斉清はかっぱの存在を信じていたのだろう。

ところで、下図の「下問雑載」と「物産説」のかっぱはよく似ている。誰によって描かれたのであろうか。それらと同じかっぱが図8のように尾形家の絵手本帳に載っている。尾形家は代々福岡藩の御用絵師を務め、この頃の当主は尾形喜六《おがたきろく》（愛遠）であった（小林法子『筑前御抱え絵師』中央公論美術出版、二〇〇四年）。かっぱの描き手は尾形喜六に違いない。

かっぱの存在を信じていたのは斉清ばかりではなかった。幕府の儒者古賀侗庵《とうあん》の「水虎考略」（文政三〔一八二〇〕年成立、国立国会図書館蔵）にもかっぱたちが描かれ、その一つに「右図は大田大洲先生が正写した図を写したもの。生きたものを見ること二度」と記される。

また島津重豪の子で八戸《はちのへ》藩主となった南部信順《なんぶのぶゆき》は、本草学や蘭学に関心を持ち、多くの標本を収集した。その中の一つ「双頭の人魚のミイラ」をX線撮影で調べると作り物であることが分かった。そんな日本の妖怪は海を渡った。オランダのライデン国立民族学博物館には多くの人魚のミイラが収蔵されており、それらは出島の商館長であったブロンホフが収集したものであった（『江戸のなんでも見てやろう』ＮＨＫ出版、二〇〇七年）。

▽各地の人物・風俗——人の容貌と人種について

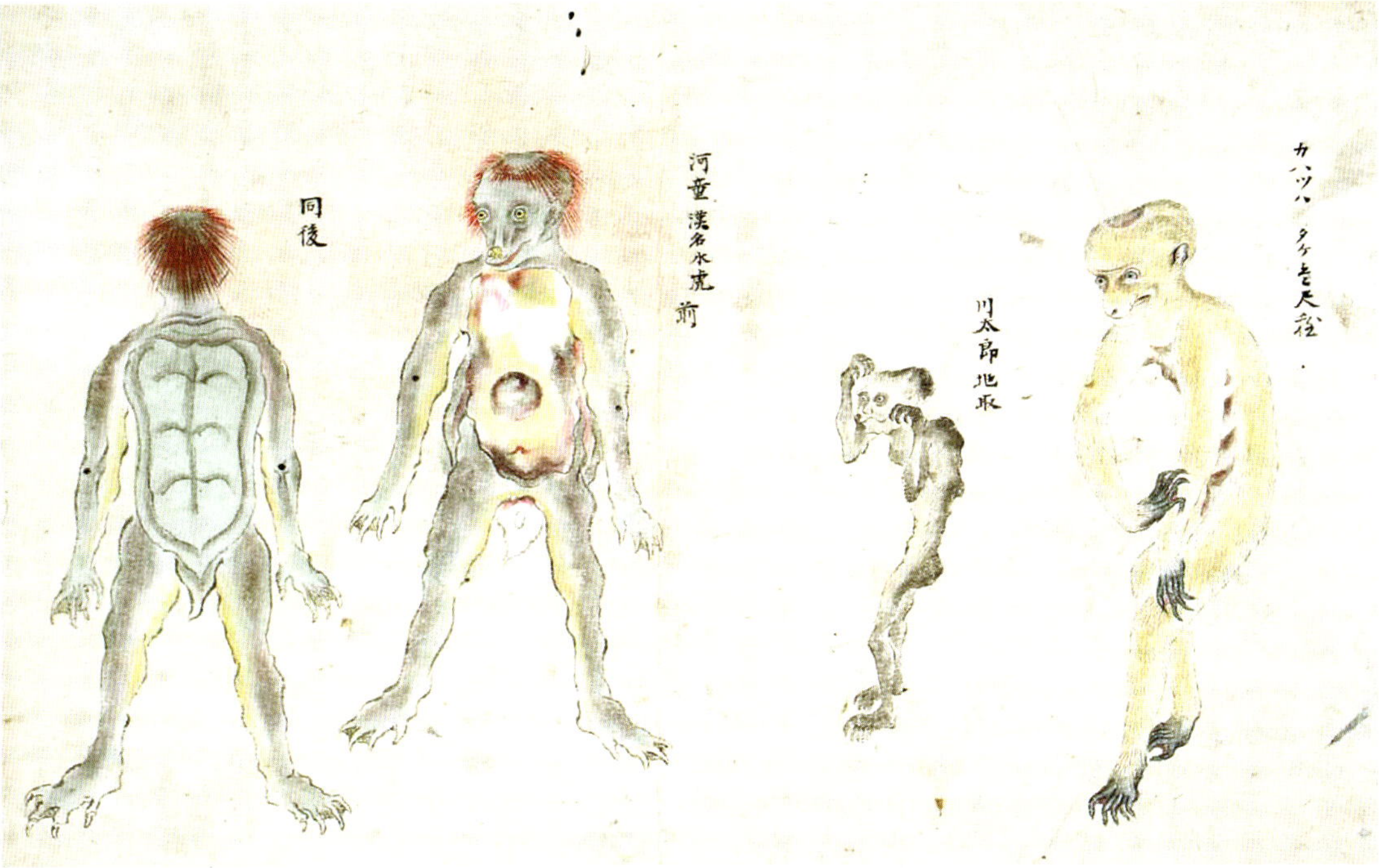

図８　尾形家の絵画手本帳のかっぱ（「魚貝写生帖」「尾形家絵画資料 No.4355」福岡県文化財，福岡県立美術館蔵）

人の容貌と緯度は関係すると思っている斉清は、「日本と同じ緯度にあるポルトガルや地中海北辺の現地人は、日本人に似ているであろう」と問う。シーボルトは「皮膚や毛髪の色が似ていても、彼らは中央ヨーロッパの人種で体の骨格が異なります」と言う。それから話はメキシコに及び、「日本人の風俗、言語、行状、国政などはメキシコに似ており、十干十二支があり、五日をイツカ、六日をムイカ、二十日をハツカといいます。四〜五〇〇〇年前、日本とメキシコはきっと関係があったに違いなく、帰国したら彼の地へ行って調べてみたい」と意欲を示す。

確かに氷河期において、蒙古《もうこ》人種がシベリアからベーリング海峡を越えてアメリカ大陸に移住しており、日本人も蒙古人種に属している。シーボルトは言語学や民族学も研究の対象としており、メキシコについても知識を得ていたことが分かる。

▽ホッテントットについて

斉清は「ホッテントットの風俗はどうか」と問う（龍平の注に、ホッテントットは国名で、海岸に喜望峰があるという。現在の南アフリカ付近である）。シーボルトは、「ホッテントットは一四九三年にポルトガル人が発見しました。その後一六五〇年にオランダ人が入植し、以来インドに向かうオランダ船の補給地となりました。一八〇六年にイギリスが占領し、講和後も返しません。現地人は背丈やや高く、手足細く鼻低く、目は鼻の両辺に寄って中国人に似ています。衣服は羊皮を用い肩で繋ぎ、婦人の服は背に袋を設けて児を入れます。また奴僕として使われ絶滅寸前です」と言う。

しかしシーボルトは、現地人と西洋人の間に起きた抗争につい

図９　ホッテントット人の図（「下問雑載」福岡県立図書館蔵）「新撰地理志ニ載ス」と説明がある。

ては言及しない。これと同じく、日本の南方のマリアナ諸島（グアム、サイパンなど一六島から成る）の質問にも、シーボルトは占領下の抗争や人口激減、強制移住などの島の悲劇には触れなかった。これは、オランダ商館が日蘭貿易を独占維持するために、植民地の政情を日本側に極力隠したことによるものか。これに対し龍平はロシアによるアジア侵出を熟知していた。彼は「下問雑載」の註記で西洋のアジア侵出を何度も警告している。

以上のような問答は夕方まで続き、斉清は日暮れて屋敷に帰った。その後龍平は二人の問答をまとめた。そして「附言」において、「シーボルトは植物に詳しいこと神の域に入る。金石・虫・魚は不明だが、鳥についてはわが侯に及ばないであろう」と評し、末尾に「戊子（文政一一年）十一月」と記している。

斉清の海外事情における認識

天保二（一八三一）年の斉清と龍平の共著「海寇窃策《かいこうせつさく》」（『日本海防史料叢書』第二巻、クレス出版、一九八九年）にはイギリス、ロシア、オランダと日本の通交史が述べられている。その中で斉清はナポレオン戦争について、「文化二（一八〇五）年頃からイギリスがフランスを侵し、オランダは隣国フランスに援兵を出した。こうした戦争は文化一二年に終わった」と述べる。龍平はこれに追加して、隣国ゆえの援兵とは情報操作された「阿蘭陀風説書」によるもの。オランダはフランスの属国となって従ったというのが真実であろうと記す。

「阿蘭陀風説書」とは、オランダ船がもたらす海外情報を通詞たちに和訳させ、商館長から幕府へ上げる極秘文書である（阿蘭陀風説書」本書三一ページ参照）。なぜ斉清は極秘文書を知り得たのか。

文化元（一八〇四）年、商館長ドゥーフは戦争勃発の情報と、ロシア使節の来航予告を入手した。ロシア使節の件は文化元年の風説書に記され、福岡藩は出入りの通詞目付から情報を得た。一方の戦争の件は貿易上不利であると翌二年の風説書まで隠された（松本英治「レザノフ来航予告情報と長崎」（片桐一男編『日蘭交流史その人・物・情報』思文閣、二〇〇二年）。ナポレオン戦争の情報源も同じ通詞目付であったと思われる。

次に斉清は、「戦争のためにオランダ船の来航が途絶えがちとなり、『ロンドン』や『アメリカ』と書かれた船などが入津した。文字は翌朝消され、オランダ人はアメリカから借りた船だと取り繕った。これはオランダ人が日本通商の株を彼らに貸したものである」と言う。なぜなら鎖国下、オランダと中国のみが貿易を許されていたからである。

和平後の状況について斉清は、「イギリスが北アメリカの北部沿岸を領有したそうだ」と述べる。龍平は追加して、文政八（一八二五）年の「阿蘭陀風説書」にイギリスはインド及びアメリカに領地が多く、数艘の船を出したとある、と記す。斉清は続けて、「多くのイギリス船がその地へ往来すると見え、日本近海に出没するのはそんな船であろう。また、オランダ人がアメリカ産の鳥類を持ってくる時は、必ず日本近海に異国船が出没する」と述べる。龍平は追加して、今年もそれに符合すること、文化四（一八〇七）年に来航した船はアメリカのボストンと中国の広東を行き来する船であったことを記す。

「海寇窃策」の末尾で、斉清は海防の必要性を強調する。そして海外侵出を目論むイギリスとロシアは同盟国であり、イギリスに従うオランダがそれに加われば強大な勢力となると述べている。長崎警備を担う福岡藩主の斉清は、「阿蘭陀風説書」によって当時の海外事情の大勢を把握していたことが分かる。

蘭癖の大御所・島津重豪

島津重豪は宝暦五（一七五五）年、一一歳で薩摩藩主となった。その数カ月前、鹿児島から出府したばかりの重豪は、初めてオランダ人の通行を見物した。きっと子供心に大きな刺激を受け、西洋の文物に関心を持つきっかけとなったに違いない。二〇代の頃、江戸の親戚たちへオランダ砂糖漬やびいどろ花生、紅毛鏡など舶来品を贈ったことが史料に残されている（芳即正「薩摩の洋学」『薩摩と西欧文明』鹿児島純心女子大学、二〇〇〇年）。

重豪は二七歳の時、一度だけの約束で江戸からの帰り長崎に立ち寄ることを幕府へ願った。出願の理由は「薩摩の海岸は長崎への航路に近く、よく異国船が漂着し、藩はその取締の任務を負っている。またもし長崎に異国船が来航した時は『後詰』（警備）の義務があるため、あらかじめ長崎の実情を知っておきたい」というものであった。

願は許され、重豪は長崎奉行所を訪問して陣所を視察し、唐寺院、唐通事家、唐人館へ、そしてオランダ通詞家、オランダ商館などを訪れた。オランダ商館では商館長たちと昼食をとり、オランダ船ブルグ号に乗船して船内を視察するなど、彼の長崎滞在は二三日間に及んでいる。このように、二〇代の重豪は並々ならぬ知識欲と好奇心の持ち主であった（芳即正『島津重豪』吉川弘文館、一九八〇年）。

図10　島津重豪像（1745～1833年。鹿児島県歴史資料センター黎明舘蔵）

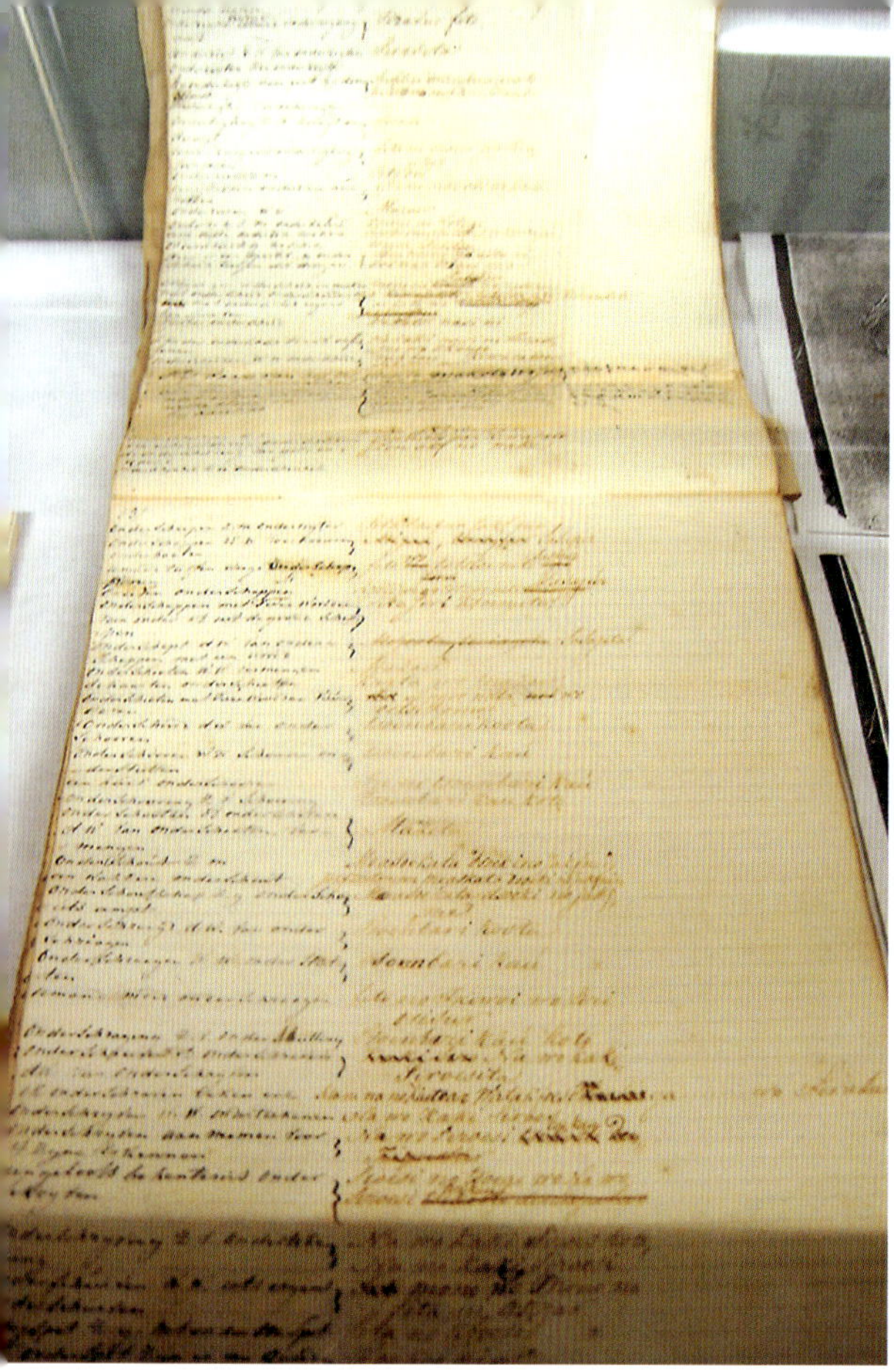

図11　カピタン部屋・大広間（復元，長崎市教育委員会出島蔵）

図12　蘭日辞書「ドゥーフ・ハルマ」（初稿ドゥーフ自筆本。高知県立追手前高等学校蔵）　厚手の高級洋紙に書かれている。この初稿本は幕末，土佐藩士が西洋砲術を学ぶために長崎に留学した時，持ち帰ったと思われる（松田清『洋学の書誌的研究』）。

オランダ商館長との親交

重豪は歴代の商館長と親しい交わりを持った。安永八（一七七九）年から天明四（一七八四）年の間に四年余り商館長を勤めたティチングとは親しく文通し、ティチングは重豪のことを、熱心にオランダ語を研究し、蘭書を読み、手紙の中で他人に秘密にしたいことはオランダ語で書いた、と言っている。

重豪はヘンミー（在職一七九二～九八年）とも親しかった。彼が江戸参府の帰りに遠州掛川で亡くなった際、死因について薩摩藩との密約の発覚による自殺説も出るほど重豪とは親密であった。ヘンミーの死後、彼の荷物の中から小通詞名村恵助の密貿易に関する書状が見つかり、名村は磔に、同類の堀門十郎は捜索されたが行方不明になったという（芳即正『島津重豪』）。

重豪はドゥーフに奉書紙《ほうしょがみ》を贈った。ドゥーフの日本滞在は一九年間（一七九九～一八一七年）に及び、その間ドゥーフは通詞一一名の協力で蘭日辞書を作った。「ドゥーフ・ハルマ」と言われている。清書用紙は重豪が贈った奉書紙であり、将軍の命令を書くなどに用いる貴重な紙であった。ドゥーフは離日に際し、奉書紙に清書した正本を長崎に置き、自分は国禁であるため密かに作った写本を持ち出したが、海難に遭って写本は海に沈んでしまった。このドゥーフによる編纂は未完であったが、その後幕命により通詞たちが増補・訂正し、辞書は天保四（一八三三）年に完成した（古賀十二郎『長崎洋学史』上巻、長崎文献社、一九六六年）。

後日、ドゥーフの蘭日辞書について、シーボルトとの間に論争

図13　奥平昌高像（1781～1855年。河北一直氏蔵）

が起きた。シーボルトが来日して二年目に、「私はラテン語で論文（日本語対ラテン語の辞書）を書き、代理荷倉役のフィッセルはハルマ辞書に従い第一三文字まで蘭日辞書を作った」と東インド総督に報告した。これに対し、ドゥーフは「日本滞在の短い者が論文を書くには何かを参考にしなければ。またフィッセルが作ったという辞書は私の辞書だ」と反論した。そして長崎に置いた正本の序文の写しと、通詞たちの署名・捺印を送ってもらい証明とした。後にシーボルトはドゥーフへの手紙で「私の論文とフィッセルの辞書は日本の学者の多大な協力で成ったもの」と成果を強調したが、さらに後には「『フィッセルの辞書はドゥーフの辞書を基にしたもの』と役所へ報告している」と弁解した（「ドゥーフ日本回想録」〔『新異国叢書』第三輯、雄松堂出版、二〇〇三年〕）。

オランダ語の辞書を作った奥平昌高

奥平昌高《おくだいらまさたか》は島津重豪の二男として生まれ、天明六（一七八六）年、六歳で中津藩五代藩主となった。実父重豪の気質を継ついだ昌高は、オランダ渡りの珍しい品々を集め、江戸の屋敷にはオランダ室を造り、障子にはガラスを入れて、居ながらにして江戸湾の風景を楽しんだという。また昌高は、ドゥーフからフレデリック・ヘンドリックというオランダ名をもらった（福井久蔵『諸大名の学芸と文芸の研究』原書房、一九七六年）。

昌高は蘭語を学ぶ者のために二つの辞書を作った。一つは神谷源内に命じて文化七（一八一〇）年に刊行した『蘭語訳撰』であり、日本語をオランダ語に訳した日本初の辞書である。もう一つは大江春塘《おおえしゅんとう》に命じて文政五（一八二二）年に刊行した『中津バスタード辞典』。これには昌高自身がオランダ語で序文を書いて

図14　『中津バスタード辞典』（文政５〔1822〕年，中津市教育委員会蔵）

いる。

島津重豪と奥平昌高、シーボルトを訪問する

江戸に参府するシーボルトが日本橋本石町の長崎屋に着いたのは、文政九（一八二六）年三月四日（西暦四月一〇日）である。一日千秋の思いで待った重豪と昌高の訪問はどのようであったか、『江戸参府紀行』に窺ってみることにしよう。

重豪とひ孫の斉彬《なりあきら》（一六歳）そして昌高は、その日、江戸の手前の大森で一行を出迎えた。彼らの歓迎を受けたシーボルトは、重豪の印象を「お話し好きな八四歳の薩摩公は目も耳も衰えをみせず、六五歳ほどにしかみえない」と記している。重豪は商館長スチュルレルとの話が終わるとシーボルトに向き直り、「私は動物や天産物の大の愛好者である。獣や鳥の剝製法や虫の保存法を習いたい」と言い、シーボルトは喜んで助力を申し出た。次は昌高である。「ドクトル・ジーボルト！　私の方へ来たまえ。手紙と贈物をありがとう」と手を取りはっきりとオランダ語で言った。そして通詞を介して長い会話を始め、シーボルトの懐中クロノメーターについて尋ねた。その間、砂糖菓子などが出され、重豪たちはまた訪ねることを約束して帰った。

クロノメーターは精度の高い時計である。シーボルトは参府の途中、要所で緯度を測りクロノメーターで経度を測った。具体的には、人工水準器と六分儀を使い、正午近く、または朝に太陽の高度を測って緯度を算出し、クロノメーターにより経度を測っている。緯度の観測は古くから行われ、古代ギリシャのヒッパルコスは観測地点において、太陽が最も高くなる南中高度を観測し、これを長年観測して作った太陽表と照合することにより、緯度を算出した。太陽の南中時は正午に近く、季節により少し変化する。シーボルトは南中時と、朝にも緯度を測っていることからそれらの太陽表を用意していたことになる。

経度の測定は、太陽が観測地点の子午線《しごせん》（観測地点と地球の両極を結ぶ大円）を横切る正確な時刻を測り、それが本初（グリニッジの）子午線を横切る時刻との差を求めて決定する。つまり時刻差に、太陽が一時間に進む一五度を掛ければ経度が出る（山崎昭他『暦の科学』講談社、一九八五年）。シーボルトはどのようにしてグリニッジ時を知ったのであろう。彼は出島の経度を知っており（『江戸参府紀行』）、それから逆算すれば出島とグリニッジの時間差が分かる。もう一つのクロノメーターをグリニッジ時に合わせておけば経度の測定が可能となる。

図15　クロノメーター

三月五日（西暦四月一一日）、昌高が内々にシーボルトを訪問するという連絡があった。宿舎は昌高を迎えるために万事ヨーロッパ流に準備された。昌高はオランダ人と会うために前年に隠居していた。シーボルトは「そうしなければ大名はわれわれと親しくなれない」と言う。その夜、昌高のお供は神谷源内（前述の『蘭

語訳撰』に携わった人）などの三人であり、いずれもオランダ名を持つ蘭癖《らんぺき》であった。彼らはオランダ風なものに身も心も打ち込み、愛想よく緊張気味に、破格なオランダ語でうまく各人の役を演じた。シーボルトはこらえきれず「今まで見たことのない独創的な喜劇だ」と商館長にフランス語で耳打ちした。そんな雰囲気に昌高の打ち解けた気持ちと真面目さが溶け合い、シーボルトたちもまた一〇〇年前に流行した、「間の抜けた」服装で傍に腰掛けていた。

次にヨーロッパの機械類や書籍が陳列された部屋に移った。昌高は顕微鏡などの器具をすでに知っており、特に小型ピアノが気に入った。それは持ち運べる小さなものであったのであろう。また昌高が持参した各種の時計を出して見せると、文字板が十進法で書いてあり調節装置がついているのがシーボルトたちを喜ばせた。昌高は出された食べ物をおいしそうに食べ、夜更けてやっと帰途についた。

三月九日（西暦四月一五日）晩、重豪と昌高は「正式の訪問」をし、立派な贈物をした。重豪が持ってきた鳥をシーボルトがその場で剝製にして見せると、重豪はたいへん満足の様子であった。この日、将軍の御台所《みだいどころ》（重豪の三女重姫）の母や重豪の側室たちも同伴しており、シーボルトは彼女たちにヨーロッパの装身具を進呈した。

このように、隠居の重豪や昌高はシーボルトたちとゆっくり夜を楽しむことができたが、シーボルトが言っているように、なぜ現役の大名はそうできないのであろうか。

シーボルト『日本』に、宿舎の訪問には公式訪問と私的訪問があり、前者は面倒な正規の手続きが必要で、後者は付き添い役人の許可と通詞の案内があり、彼らに贈物さえすれば自由に訪問できたとある。後者について、「フィッセル参府紀行」（『異国叢書』雄松堂書店、一九六六年）には、「高貴の者は秘密または内分に大抵夜に訪問し、彼らは決して自国の政治について漏らさない」とか、「内密にすべきは規定より親密な交友である」などとある。

また嘉永三（一八五〇）年「斉彬公史料」（『鹿児島県史料』斉彬公史料第一巻、一九八一年）に伝聞として、「宿舎の訪問以来シーボルトと親しくなった重豪公は、帰国の途中長崎に立ち寄り、シーボルトと親しく談話した。一説に、琉球における密貿易について話し合ったという。当時は西洋人と接する諸侯は稀であり、大いに幕府の嫌疑を受けたが、広大院（将軍家斉の御台所＝重姫）の実父であるため発《あば》かれずに済んだ」とある。これらのことから、現役の大名がオランダ人と親しくできなかった理由は、幕府が国内情報の流出と密貿易を警戒したためではないかと考えられる。シーボルト『江戸参府紀行』には現役の大名がシーボルトたちの宿舎を訪問した記録はない。

幕末期、佐賀藩主の鍋島直正（一八一四〜七一年）は、日本最初の反射炉を築き鉄製の大砲鋳造に成功した。そしてその後も軍備増強と殖産に力を注いでいる。大名の蘭学は「異国趣味」の世界から「軍事技術」の世界へと大きく転換した。

【参考文献】

川嶌眞人『中津藩蘭学の光芒』西日本臨床医学研究所、二〇〇一年

遊女とその子どもたち

宇野道子
Uno Michiko

苛酷なキリシタン弾圧

キリシタン弾圧は秀吉に始まり、徳川三代将軍家光《いえみつ》の代がその極みであった。

島原半島の雲仙岳の裾に「耳採《みみとり》」という地名が、バス停の名前として残っている。信者を雲仙の地獄責めに送る途中、逃亡防止のため耳をそぎ落とした場所という。また煮えたぎる熱泉源の中に投げ込んだり、背割り（背を割り、熱湯を流し込む）をするなど弾圧は苛酷を極めた。現在、湯壺の傍らには十字の石碑が立つ。

幕府は寛永一三（一六三六）年一二月二二日、長崎に住むイギリス人、オランダ人、ポルトガル人、スペイン人およびその日本人妻や混血児たち、男女二八七人をマカオに追放した。寛永一六年六月には第二次の追放者が決まり、一一名（三三名説あり）が平戸からジャワ島のバタビア（現ジャカルタ）に移住した。この中に〝ジャガタラお春〟もいたのである。

▽ジャガタラお春

お春は、イタリア国籍を持つ父と長崎に住む日本人女性の間に生まれた混血児であり、一四歳の時、長崎の大波止《おおはと》の浜からジャワ島のバタビアに流され、七三歳で没したとされる。

バタビアはジャガタラとも呼ばれ、東インド総領事が統治していた。この地に追放された人々が、故郷を想い綴った便りを「ジャガタラ文」という。

お春の名が初めて見られるのは、享保四（一七一九）年、西川如見《じょけん》の「長崎夜話草《やわそう》」（江戸時代中期に長崎や異国に関する諸事を記した書。享保五〔一七二〇〕年刊。『長崎叢書』一に収録）で、お春が長崎の友達「たつ」に宛てて書いた手紙が紹介されている。それには「あら日本、恋しやゆかしさや、見たや見たや」と望郷の思いが綴られている。これは西川如見の創作とする説もあるが、お春の手紙は大槻玄沢《おおつきげんたく》の随筆集にも引用されており、長崎県立図書館には写しが残る。当時、遠い異国からの手紙は多くの人々の関心を引いたのだろう、長崎市玉園町の聖福寺にはお春を偲《しの》ぶ碑が建立されている。

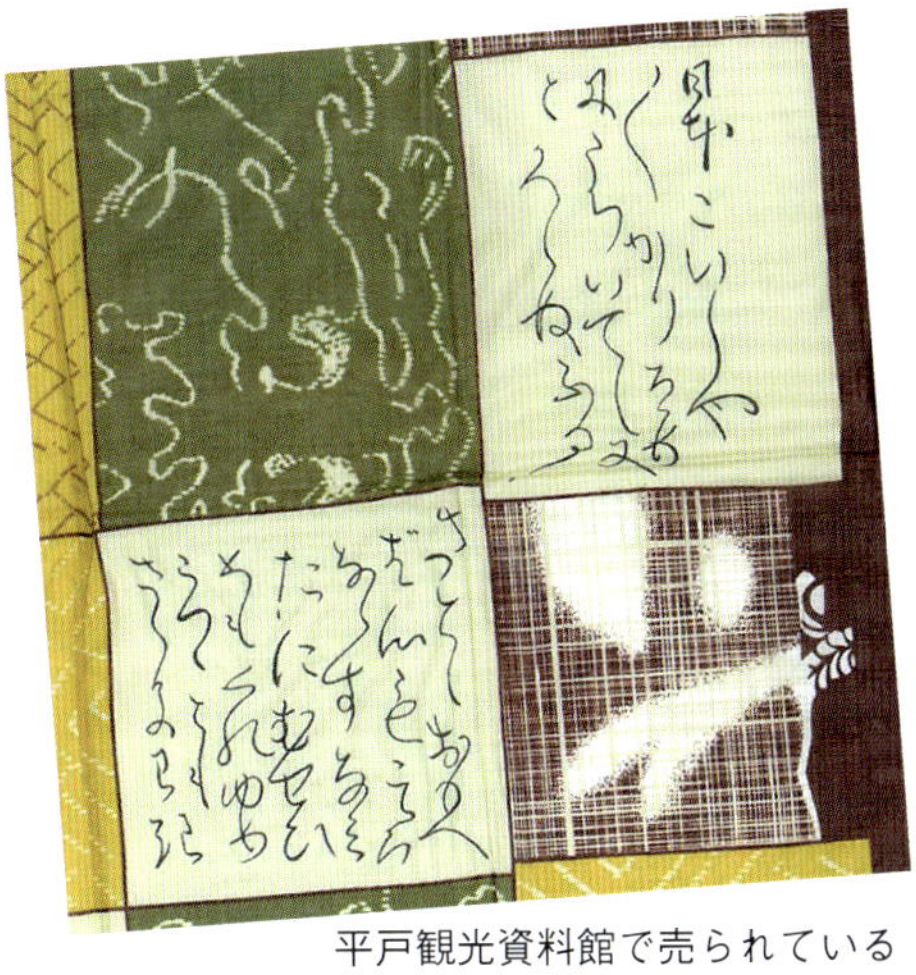

平戸観光資料館で売られている「ジャガタラ文」のハンカチ

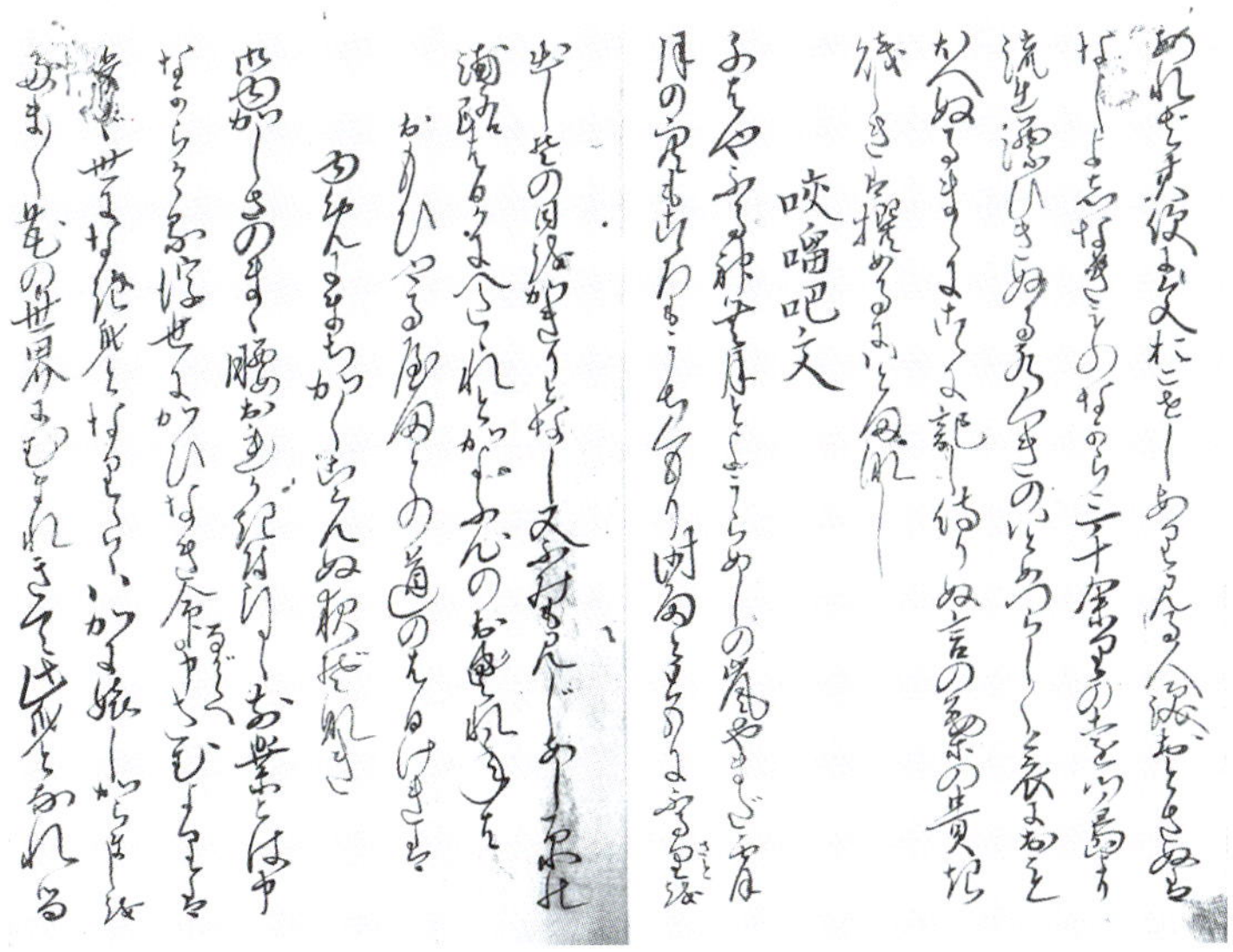

図1　「ジャガタラ文」を紹介する「長崎夜話草」
（寛政8〔1796〕年写，九州大学附属図書館蔵）

また、平戸観光資料館にはジャガタラ文の三通が展示されている。最も有名な「こしょろの文」（木田家蔵）は、ジャワの更紗《さらさ》で作られた袱《ふく》紗《さ》（茶道で用いる絹布）の裏に隠すように書かれたもの。誰が書いたものか、全く分かっていない。切々たる思いが美しい文字で綴られ、胸を打つ。

オランダ人の〝牢屋〟出島

▽出島橋の制札

出島は、長崎奉行所が許可する者でなければ一切出入りできなかった。長崎奉行の巡見、諸大名の訪問の他、奉行所の役人や町年寄、オランダ通詞、出島乙名《おとな》、出島組頭などは公用に限って出入りが許された。

出島と長崎江戸町をつなぐ出島橋の畔《たもと》には、五カ条からなる二枚の札が立っていた。

禁　制

一、傾城《けいせい》之外女入事（遊女以外の女性は入ってはいけない）

一、高野聖《こうやひじり》之外出家山伏入事（高野聖以外の出家山伏は入ってはいけない）

一、諸勧進《かんじん》之もの並乞食《こじき》入事（寄付をつのる者や乞食は入ってはいけない）

一、出島廻り榜示《ぼうじ》木柱の内船乗廻る事

附　橋の下船乗廻る事（出島のまわりの杭の中、橋の下に船を乗り回してはいけない）

一、断《ことわり》なくしてオランダ人、出島より外へ出る事（許可なくオランダ人は出島から出てはいけない）

堅く相ひ守るべき者なり

寛永十八年巳十月

（『通航一覧』巻之二四四）

女性として唯一出入りを許された遊女は、「傾城」とも呼ばれた。その音から、ポルトガル人は「qeixei」、オランダ人は「Keesje」と綴った。

▽妻子同伴来航の禁止

オランダ商館員らの妻子は、来航しても上陸は認められず、バ

図２　ブロンホフ家族図（川原慶賀筆，東京大学総合図書館蔵）

タビアへ戻らなければならなかった。しかし寛永の鎖国令に「夫人同伴入国禁止」の項目は見られず、あくまで慣習だった。

文化一四（一八一七）年八月、商館長ブロンホフは、新婚間もない妻ティッツィアと一歳五カ月の長男ヨハンネス、乳母や召使いも一緒に連れて来日したが、入国は許されず、その秋にバタビアへ帰る船で送り返した。それが新妻との永遠の別れとなった。

色が白く碧眼の美しい西洋の女性を初めて見た当時の日本人絵師たちは、彼女を題材にした絵を多く残している。

貿易の繁栄とともに栄えた丸山遊廓

江戸の吉原、京の島原、大坂の新町につぐ江戸時代の代表的な遊廓である長崎の丸山は、丸山町・寄合《よりあい》町の両町を合わせた花街の総称である。寛永一九（一六四二）年、幕府の命により長崎奉行所が市内に点在する遊女屋を一カ所に集め、公認の遊廓をつくったことに始まる。

長崎の遊女の発端には各説あり、博多地誌『石城志《せきじょうし》』（津田元顧・元貫共編、明和二（一七六五）年）には「長崎丸山の遊女も其はじめは柳町夷《えびす》屋よりの出店なりしとかや」とある。戦国末期、博多の町の度重なる戦乱を逃れ長崎に住み着き、その時に遊女を連れて来たという。

遊女屋の軒数・遊女の人数などに定数はなく、その時節に応じて増減がある。古賀十二郎『丸山遊女と唐紅毛人』（前後編、長崎文献社、一九九五年）によると、元禄五（一六九二）年の全盛時、入津船数七七隻、遊女数一四四三人とある。寛政年中の入津船数一一隻、遊女数四一六人に比べると、約一〇〇年の間に遊女の数は三分の一以下になったことになる。

各遊女屋では、三人から一二人の禿《かむろ》を抱えていた。禿の年齢は九歳から一七歳までで、遊女の身の回りの世話をした。遊女は二〇歳前後が多く、最高年齢は四一歳、最年少は一四歳であった。ほかには遣手《やりて》（遊女屋で遊女を取り締まり、万事を切り回す女）と下女が働いていた。

明治五（一八七二）年、明治政府により「人身売買禁止令」が達せられ、芸娼妓の無条件解放が命ぜられたが、その後も昭和三三年の「売春防止法」が施行されるまで遊女屋は存続した。

丸山遊女

丸山の全盛時代は元禄時代、浮世草子《ぞうし》の作者・井原西鶴《いはらさいかく》の『好色一代男』巻八（「長崎丸山の事の条」天和二（一六八二）年刊）に、

図３　遊女と禿図（シーボルト『日本』九州大学附属図書館医学分館蔵）

「長崎に丸山という所なくば上方の金銀無事に帰宅すべし」とあり、昼夜を分けず賑わい、人が酔いしれた当時の丸山の隆盛と華やかさが伝わってくる。

丸山町には、背後に〝あかずの門〟があり、入口は二重門になっていて、周囲は全て塀に囲まれていた。二重門を出て、思切《おもいきり》橋、本石灰町《ほんせっかいまち》を通り抜ければ、思案《しあん》橋に至る。市中から思案橋まで来ると、行こうか行くまいかと思案し、思切橋で花街へ繰り出す決心をするか、あるいは思いを断ち切って帰る。現在もこの付近は、ネオンがまたたく賑やかな繁華街である。

丸山遊女の衣装は天下一と謳《うた》われた。華美に着飾り、他所の遊女の衣類とは比較にならぬほど見事だった。毎年正月三日、町年寄の家で「踏み絵」が実施される。翌日から町ごとに行われ、最後の八日には丸山町の遊女たちが踏み絵を踏んだ。その衣裳は華美を極め、「絵踏衣裳」と称されるほどであった。遊女の踏み絵日は、見物客も多く、祭りの日を思わせた。足袋《たび》を履いていない白い足は艶《つや》やかだったろう。

遊女の衣裳は、長崎の富豪や上方《かみがた》、江戸の豪商からの贈りもの、また中国人やオランダ人などが贈ったものだ。オランダ人や中国人がもたらす品々は珍重され、金入緞子《きんいりどんす》、惣鹿《そうか》の子《こ》、舶来の織物など、当時の流行の最先端であった。

寛永一一（一六三四）年九月の諏訪《すわ》神社の祭事に、丸山遊女の「高尾《たかお》」が小舞を奉納した。これが現代まで続く「長崎くんち」の始まりである、と「花街の跡碑」に書かれている。江戸中期、小舞の遊女の数は一〇人程になり、神輿《みこし》行列などに美しく着飾った丸山遊女がお供をし、とても賑やかであった。

出島での生活

丸山の遊女と遊ぶのは、町民や上方商人の他、中国人とオランダ人であった。遊女たちは郭《くるわ》を出てこれら異人のもとを訪れるこ

図４　踏み絵（シーボルト『日本』九州大学附属図書館医学分館蔵）

図5　花街の跡碑　後ろの建物は料亭「杉本家」跡（現料亭「青柳」）。ここは丸山遊廓の東端に位置し，背後の石垣は，遊廓が塀や石垣で囲まれていたことを物語る。

とが認められ、これを「唐人行き」、「オランダ行き」と言い、「日本行き」（日本人相手）とは区別された。第一位は日本行き、第二位は唐人行き、第三位がオランダ行きという順序であった。

オランダのハーグにある国立公文書館で発見された商館長ブロンホフの関連書類の中に、一月の遊女袖銀（揚代《あげだい》）の請求書がある（袖銀は年に一度、長崎会所にて砂糖で支払われた）。商館員の中には一カ月三〇日間、遊女を呼んだという書きつけもある（古賀十二郎『丸山遊女と唐紅毛人』）。ほとんど毎日、遊女が出島に出入りしていたことが分かる。

「かぴたん部屋建替絵図」（『出島図――その景観と変遷』長崎市出島史跡整備審議会編、長崎市、一九八七年）を見ると湯殿・台所付きの「遊女部屋」があったことが分かる。ツュンベリー『江戸参府随行記』に、「カブロ（禿）は、毎日女主人のあらゆる食物飲料を町中より調《ととの》え届け、食物を料理したり、茶を沸かしたり、其外色々の事をする。何でも清浄にきちんと取片づけ、色々使走りなどをする」とあることから、「遊女部屋」の台所では禿がかいがいしく働いていた。出島に出入りしていた遊女たちがどれほど台所で働いていたのか、この記述からは不明であるが、一般の遊女は家庭で重宝がられていたということを別のオランダ人が書いている。

図6　司馬江漢が描いたカピタン部屋（『画図西遊譚』3巻，寛政6〔1794〕年，九州大学附属図書館蔵「桑木文庫」）　日本初の腐食銅版画（エッチング）を手がけた司馬江漢は，天明8（1788）年に江戸から長崎へ旅行し，出島の内部も見学していることがこの絵から分かる。彼はどのようにして出島に入り込んだのだろう。

安政三（一八五六）年頃、オランダ海軍のカッテンディーケは、長崎の遊女について次のように記している。「身請けした家政婦たる彼女たちは、たいそう役に立つので、大切に扱われ、内外人を問わず、主人からあつい信用を受けるのである。中には、外の朋輩たちよりも勝れた教養を積んでいるために、めでたく正妻になる者もある」（『長崎海軍伝習所の日々――日本滞在記抄』水田信利

訳、東洋文庫、一九七四年〕

遊女たちは異国人を歓迎していたのだろうか。

図7　オランダ人と中国人（「世界人物図巻」九州大学文系合同図書室蔵）　世界40カ国の人物を描く「世界人物図巻」は，鎖国時代の「長崎土産」か。当時の人々はこのような絵巻を見て世界を想像したのだろう。作者の城義隣《じょうぎりん》は，江戸時代後半の長崎町絵師。

「誠に鬼の人くはぬばかりのおそろしき異国人の言葉かよはねば、文字も通せず、同じ食せざれば、酒のさし引もあじなく、同じ調子ならねば、琴三味線のつれ引ならす、彼六人の山伏の大江山一座の心地して、明暮《あけくれ》何の慰に心はるる事あらん、や。〔略〕何程いやなる日本人にても、彼鬼よりはまさりたらんとおもはれん」〔『長崎土産』巻五、著者未詳。延宝九〔一七八一〕年刊。『長崎文献叢書』二集四に収録。丸山・寄合両町成立の経緯、遊女や出入りの中国人・オランダ人について記す。〕

オランダ人となら一緒に音楽を聴いても楽しくない、大江山の鬼・酒呑童子《しゅてんどうじ》のようだとは、いかにも恐ろしいものと思われていたようだ。遊女には太夫《たゆう》・みせ女郎《じょろう》・並女郎の区分があり、みせ女郎以上の格式ある太夫は決して出島に入らなかった。

太夫格の遊女で初めて出島に入ったのは、天明二〔一七八二〕年、商館長ティチングの呼び入れに応じた遊女「浮音《うきね》」〔寄合町筑後屋〕だった〔古賀十二郎『丸山遊女と唐紅毛人』〕。出島に出入りする遊女たちは黒人や東南アジア系の従僕やオランダ人との対話のため、マレー語やオランダ語を日本語と混合して使っていた。

遊女証文

遊女には貧しい家の娘が多く、親兄弟を助けるための年季奉公であるという同情もあり、彼女らに罪はないと思われていた。

遊女屋は、売られてきた子どもの衣食を満たし、読み書きや歌、三味線、家事や道徳などもたたきこんだ。少なくとも一五歳までの遊女たちは、農家などにおける娘の処遇より恵まれていたようである。しかし、今に残る「遊女証文」に見える契約内容は非常に厳しい。

安政二（一八五五）年、長崎桶屋町の一〇歳になる娘「しま」が、一〇年季、代金三歩（約米二俵）で売られた証文が残っている（「遊女奉公人請状之事」〔「松崎文書」福岡県宗像市・松崎不二子氏蔵〕）。それによると、父親の亀次郎が藩への上納銀を支払うため、「しま」の遊女奉公を茂平に頼む。年季中は茂平の養女となる、とある。一五歳までは「捨てり」となるため、この期間は年季に含まれず、実際は一五年間の拘束となる。養父や請け人がすべての責任を負い、逃亡した時は三年の年季増しとなり、遊女屋の都合次第でどこへでも売り渡す、とある。

その他、死亡は病死に限らず、変死・横死しても異議は唱えない。その時は親に知らせるに及ばず、請け人の立ち会いの上で寺に取り納めること。長患いの時は年季終了後、相応のお礼奉公をすること。客による身請けの場合、親に知らせるに及ばず、樽料（祝宴の費用）の請求はしない、など。証文には小さな爪印《つめいん》がある。

しまのその後は分からない。華やかな舞台の裏にはこのような過酷な運命がいくつもあったのである（横田武子「柳町遊女証文と下女奉公証文に関する一考察」〔『福岡県女性史・女性学ノート』第四号、一九九七年〕）。

シーボルトとお滝さん

シーボルトが寄合町引田屋の遊女「其扇《そのぎ》」（楠本滝）を出島に呼び入れたのは、文政六（一八二三）年九月のことだった（シーボルトは七月来日）。それから四年後、文政一〇年五月六日に、娘イネを実家で出産した。滝二一歳、シーボルト三一歳の時であった。

図8　オルソン（シーボルト『日本』九州大学附属図書館医学分館蔵）

イネの誕生後、滝はイネとともに出島に入ることになった。イネには禿や乳母の他に、黒人の少年が子守りとして付き添っていた。名をオルソンといい、三年間イネの遊び相手となった。

イネは、父と同じく医学を志し、シーボルトの門人であった石井宗謙《そうけん》や二宮敬作《にのみやけいさく》のもとで医業の勉強を積む。その容貌は父に似て色が白く、背丈も高かった。イネは、明治三（一八七〇）年、四三歳の時に東京築地で診療所を開設。明治六（一八七三）年に葉室《はむろ》光子が明治天皇の子どもを出産する時には、宮内省より御用係を命じられており、その技術は高く評価されていた。明治一〇（一八七七）年に長崎へ戻り、銅座町で診療所を開業。明治三六（一九〇三）年、七六歳で亡くなった。

当時、オランダ人などとの間に生まれた混血児は、幼少で亡くなることが多く、その記録はほとんど残っていない。しかし、イネは長命で、日本人初の女医として今にその名を残している。

【第四章】

地図をめぐって

日本辺界略図（文化6〔1809〕年，ライデン大学図書館蔵）
シーボルトが高橋景保からもらった日本周辺図。地名にはシーボルトも読むことのできたカタカナで読み方が書かれている。

ケンペルの「世界図」とヨーロッパの地理学

古賀慎也
Koga Shinya

ケンペルのコレクション

ドイツ人医師エンゲルベルト・ケンペルが日本滞在中（元禄三〔一六九〇〕～五〔一六九二〕年）に収集した書籍類および手稿類は、彼の死後、収集家として有名なイギリス人、ハンス・スローン卿の手に渡り、後にこれらの資料を基に大英博物館が設立された。ケンペルの手稿の一部はカスパル・ショイヒツァーによってドイツ語から英語に翻訳され、一七二七年に『日本誌』の名で出版された。二八年には英語版の再版、そして二九年には英語版からフランス語、オランダ語へ翻訳された。これらの版には、ショイヒツァーによる序文がある。この序文にはケンペル旧蔵書籍のリストが挙げられており、地誌関係のものを抜き出すと表1のようになる。

ここには、1道中記、2江戸・大坂・京都・長崎などの都市図、3日本全図、4世界図、5中国図が見られる。1～3の地図に関しては『日本誌』の中に図版として利用されているが、4、5の図版は利用されていない。4に関しては、ケンペル旧蔵のものと思われる「万国総界図《ばんこくそうかいず》」（貞享五〔一六八八〕年、石川流宣《とものぶ》）が大英図書館マップルームに所蔵されている（図1）。5の地図は所在不明である。前者の「万国総界図」は一八世紀半ば頃から「ケンペルが持ち帰った日本製の世界図」としてヨーロッパに紹介される。ケンペルはなぜ、この日本製の世界図を持ち帰ったのだろうか。

ケンペルの北太平洋研究

ケンペルの日本における資料収集の目的の一つとして、「アジアとアメリカの間にある海域の状態を明らかにする」ということがあったようだ。ケンペルは現在の北海道本島を「エゾガシマ」と呼び、その北にあたるアジア北東部を「奥エゾ」と呼んでいる。この奥エゾがアメリカとつながっているのか、あるいはアジア－アメリカ両大陸間は海峡となっているのか、この問題に対して一八世紀以前のヨーロッパの地理学者たちは結論を出しかねていた。ケンペル自身もこの問題を解決すべく、モスクワやペルシアそ

表1　ケンペルが持ち帰った地誌・地図類

分類	ショイヒツァーリスト	抄　訳	比定書目
1	Dodsutski. Several Road-books for the use of Travellers, giving an account of places, the prices of Victuals, and Carriage, and the like, with many figures of the Buildings, and other remarkable things to be seen on the Road.	道中記	「江戸道中記」 「今極道中付」 「今極道中鑑」
1	A particular Map of the Road from Nagasaki to Osacca, with the representations of the Rivers, Bridges, Towns, Castles, Temples, & c. in a Roll, twenty Feet long, and eleven Inches broad.	長崎－大坂道中の地図	「諸国海陸安見絵図」
1	Another Map of the Road from Osacca to Jedo after the same manner, and of the same length and breadth.	大坂－江戸道中の地図	（同上）
2	A ground-plot of Jedo, the Capital City and Residence of the secular Emperor, of four Feet and a half in length, and as many in breadth, contracted in Tab. X X X of this History.	江戸大絵図	「江戸御大絵図」
2	A ground-plot of Miaco, theResidence of the Ecclesiastical Heredutary Monarch, five Feet and a half long, and four Feet broad, contracted in Tab. X X Ⅶ of this History.	京大絵図	「新選増補京大絵図」
2	A Map of the Town of Nagasaki, and the neighbouring Country, four Feet eleven Inches long, and two Feet two Inches broad, contracted in Tab. X Ⅸ .	長崎の街絵図	「長崎絵図」
2	A Ground-plot of the Town of Osacca, of three Feet in length, and two Feet eight Inches in breadth.	大坂大絵図	「増補大坂図」
3	Several Maps of the Empire of Japan, of two Feet, three Inches in breadths, and six Feet and a half on length.	日本帝国の地図	「本朝図鑑綱目」 「新選大日本図鑑」 「日本国大絵図」 「新版日本国大絵図」
4	A map of the whole world, according to the Japanese. It is two Feet broad, and four Feet three Inches long.	日本人による世界図	「万国総界図」
5	A Map of the Empire of China, divided into its several Provinces of four feet in length and as many in breadth.	中国帝国の地図	（不明）

分類1＝道中記，２＝都市図，３＝日本全図，４＝世界図，５＝中国図　　（英語版『日本誌』より古賀作成）

して日本での滞在中に調査を行ったが、どの情報も不適切であったと述べている（大英図書館蔵『日本誌』原稿、一巻四章。以下、引用に際しては原稿及び英語・フランス語・オランダ語版『日本誌』を参照している）。しかしながら、彼は旅先で得た情報に関しては積極的に記述している。

ケンペルはモスクワやアストラカン（カスピ海の北にある都市）において、「シベリアとカタヤ（モンゴル西部）から中国まで旅をした流刑囚」から北太平洋地域の状態を示す証言を得ている。それによると、アジア－アメリカ大陸は陸続きになっているという。一方、日本人から得た証言によると、両大陸間はどうも海峡になっているようであるという。そして、この日本人の証言を裏付けるものとして、日本において見た世界図を紹介している。

これら［ケンペルが日本で見た世界図］は全て大タタールから突き出た巨大な大陸を表現しており、［この大陸は］エゾガシマの後方まで伸び、日本の沿岸よりはるか東の、経度一五度の所まで到達している。そこと、隣接するアメリカの間には大きな空間があいている。

（『日本誌』一巻四章。［ ］内は引用者注）

ケンペルによると、この地図には「カベルサリ Kabersari」、「オランカイ Orankai」、「シツイ Sitsi」「ヘロサン Ferosan」、「アマリシ Amarisi」などの地名がカナで書かれているというから、彼が日本で見た世界図というのは正保期前後に成立した「万国総図」系統の地図と考えられる。

「万国総図」と「万国総界図」

ケンペルが日本で見た地図というのは「万国総図」（図2）である。一方、ケンペルがヨーロッパに持ち帰ったという地図は「万国総界図」（図1）である。ここで両者について確認しておこう。

「万国総図」と「万国総界図」は、いわゆるリッチ系世界図である。リッチ系世界図とは、イエズス会宣教師マテオ・リッチが作成した「坤輿万国《こんよばんこく》全図」（一六〇二年刊）をもとに作成された地図を指す。「坤輿万国全図」は、大西洋を紙面の中心に据えた構図を基本とするヨーロッパ地図を、太平洋中心に描き直し、さらに地名を漢字表記にした地図である。漢字表記であることから、この地図は日本や朝鮮において広く受容された。「万国総図」や「万国総界図」は、この「坤輿万国全図」を縮小して印刷したものである。

「万国総界図」は貞享五（一六八八）年、浮世絵師である石川流宣によって作成された。流宣自身がこの地図の隅に「万国総海《ママ》の図は以前から沢山あったが、どれも地形が明瞭でない」と記しているように、以前にあった世界図をもとに作成されたものである。この以前にあった世界図というのは「万国総図」と「万国総界図」を指している。

図1と図2によって「万国総図」と「万国総界図」を見比べてみよう。後者は前者に比べて河川や各地域の境目が強調されているため、ヨーロッパやアフリカなどは島の集合体のようになっている。日本の配置を見てみると、「万国総界図」の方は、「万国総図」と比べて紙面中央に寄せられ、より大きく描かれている。さらに、「万国総図」では現在の北海道あたりに「エゾ」が配置され、その上に「エゾ」を覆うように半島「おらんかい」が突き出ている。「万国総界図」では同じ位置に「夷狄《いてき》」が配置され、その上には「阿蘭界《おらんかい》」が配置されているが、この半島は「夷狄」の手前までしか延びていない。「万国総界図」にはさらに、日本の東方に「蝦夷島《えぞがしま》」が配置されている。つまり、「万国総界図」では本州の北と東に、二つの「エゾ」が描かれているのである。

ヨーロッパやアフリカ大陸が島の集合体のように描かれ、また二つの「エゾ」が描かれるなど、「万国総界図」は地図に正確性を求める我々の目からすると、かなり「いい加減」な地図である

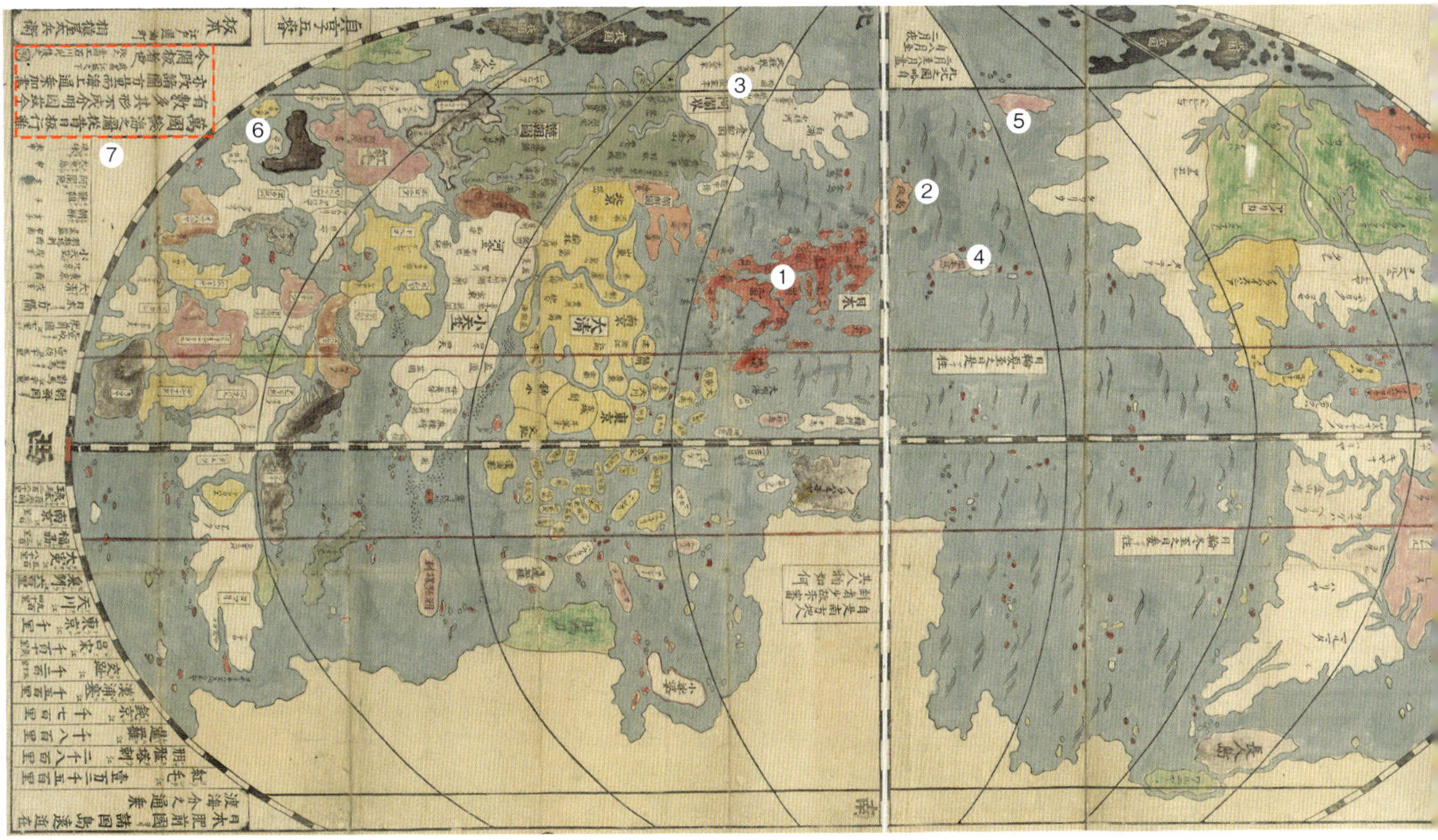

図１　石川流宣「万国総界図」（貞享５〔1688〕年，大英図書館マップルーム蔵，縦128.0×横57.5cm）

①日本，②夷狄，③阿蘭界，④蝦夷島，⑤アメリカ北西部の小島，⑥アイルランド，⑦石川流宣による識語

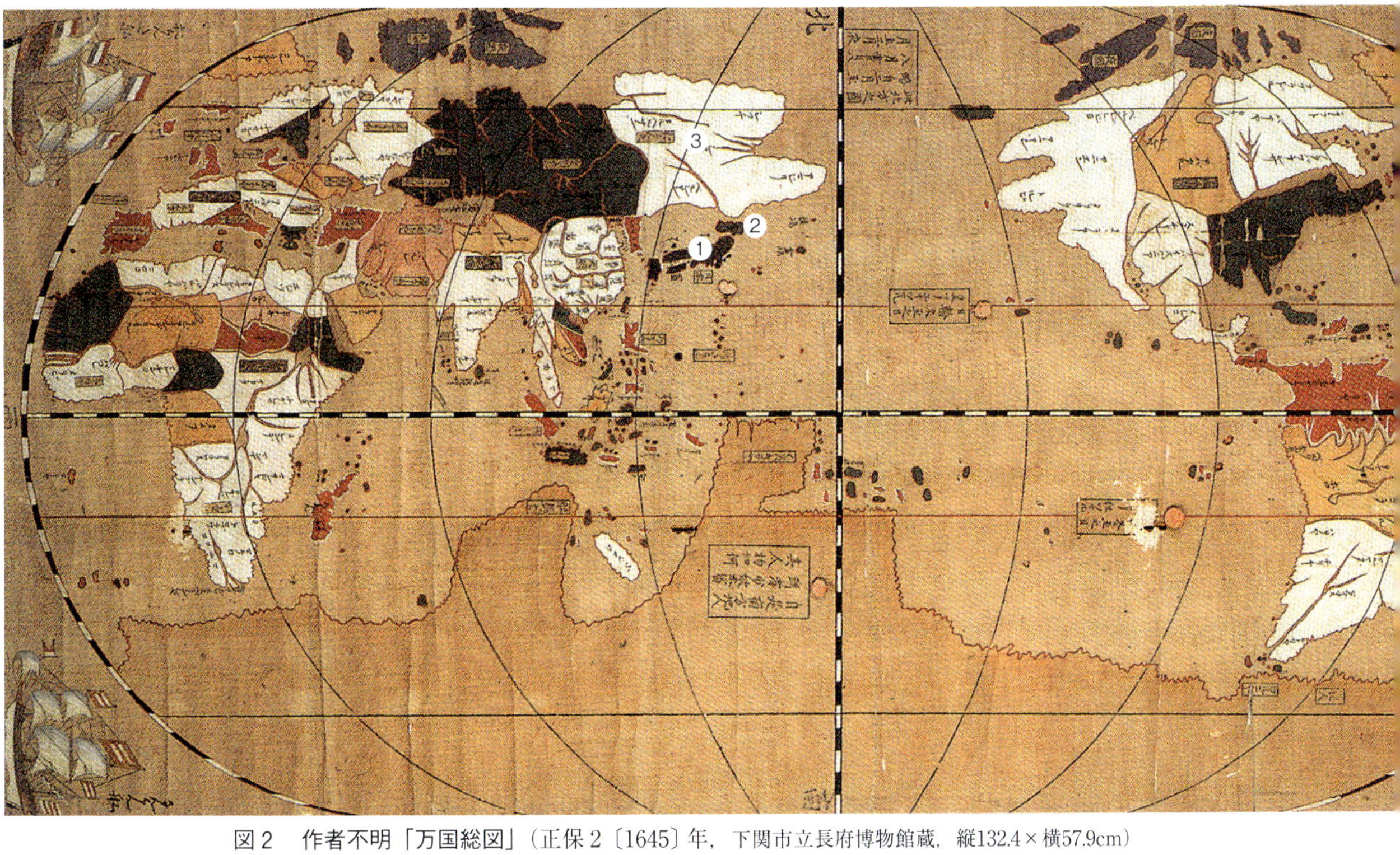

図２　作者不明「万国総図」（正保２〔1645〕年，下関市立長府博物館蔵，縦132.4×横57.9cm）

①日本，②エゾ，③おらんかい

ように思われる。そもそも、「万国総界図」は、江戸の書店で販売されていたお土産品のようなもので、見た目が美しく、また日本人の好奇心を満たす点に主眼が置かれていた。

このように、ケンペルが持ち帰った「万国総界図」は、正確性というよりも芸術性に訴えた「お土産品」であった。しかしながら、この地図はヨーロッパにおいて地理学的に重要な資料として利用されるようになる。

「万国総界図」のヨーロッパにおける受容

ヨーロッパにおいて最初に「万国総界図」の存在を紹介したのは、アイルランド議員のアーサー・ドッブズである。彼は一七四七年の『学士院紀要』の中でベーリング探検隊の報告書に関する考察を発表した。これによると、ベーリング探検隊の航海・測量によってアジアの北東部とアメリカ大陸の間（太平洋地域）に広い空間が存在することが明らかとなった。ドッブズは「そのような広い空間には大きな島あるいは陸地が存在するかもしれない」と言う。そして、「日本で印刷された世界図」には陸地の存在を証明するかのように、アイルランドと同じくらいの大きさの二つの島（これは図1の④「蝦夷島」と⑤「アメリカ北西部の小島」を表す）が配置されている、と紹介している。

次に、一七五二年のロイヤルソサエティーの研究会で、フィリップ・ブアシェは「万国総界図」を写した地図を皆にひろげて見せた。彼はのちに著書の中に「日本あるいはアジアの北東とアメリカの北西の陸地の抄出」という図版を収録している。北極点を中心にしたドリール図法によって描かれたこの地図を見ると、彼がどのように「万国総界図」を利用したかが分かる。図3と図4を見てみよう。図3はブアシェによる図で、図4は「万国総界図」の拡大図である。

両者を比べると、概ね地形に関しては一致する。一見して異なるのは「万国総界図」に記されていない「奥エゾ」と「カムチャツカ」が、点線によって付け加えられている点である。ブアシェの説明によると、この部分はケンペルが日本で見た世界図――「万国総図」――に関する記述を利用して付け加えたものであるという。

この点線で付け加えられたカムチャツカの南には、⑫「キアイタオ Kia-y-tao」と名付けられた島が存在する。これは「万国総界図」において日本の東方に示された「蝦夷島」のピンイン表記（中国語のローマ字表記法）に基づくものである。そして、ブアシェはこの島を「ガマの陸地 Terre de J. de Gama」と考えている。「ガマの陸地」というのは、ポルトガル王室付の地図学者テイセラの「東インド地図」（一六四九年）に示された、「中国から新スペインまで往来した、インド人のジュアン・デ・ガマが見た陸地」というのが初見で、簡潔に言えば太平洋上の、アジアとアメリカの間に配置された島あるいは半島であった。

これは架空の陸地と考えられ、特に第二次ベーリング探検（アジアからアメリカ大陸への航海が行われ、この探検でガマの陸地は発見されなかった）の報告書が世に広まった一七五〇年代以降には、探検に参加した学者たちによってその存在は疑問視されるようになっていた。この「キアイタオ Kia-y-tao」あるいは「ガマの陸

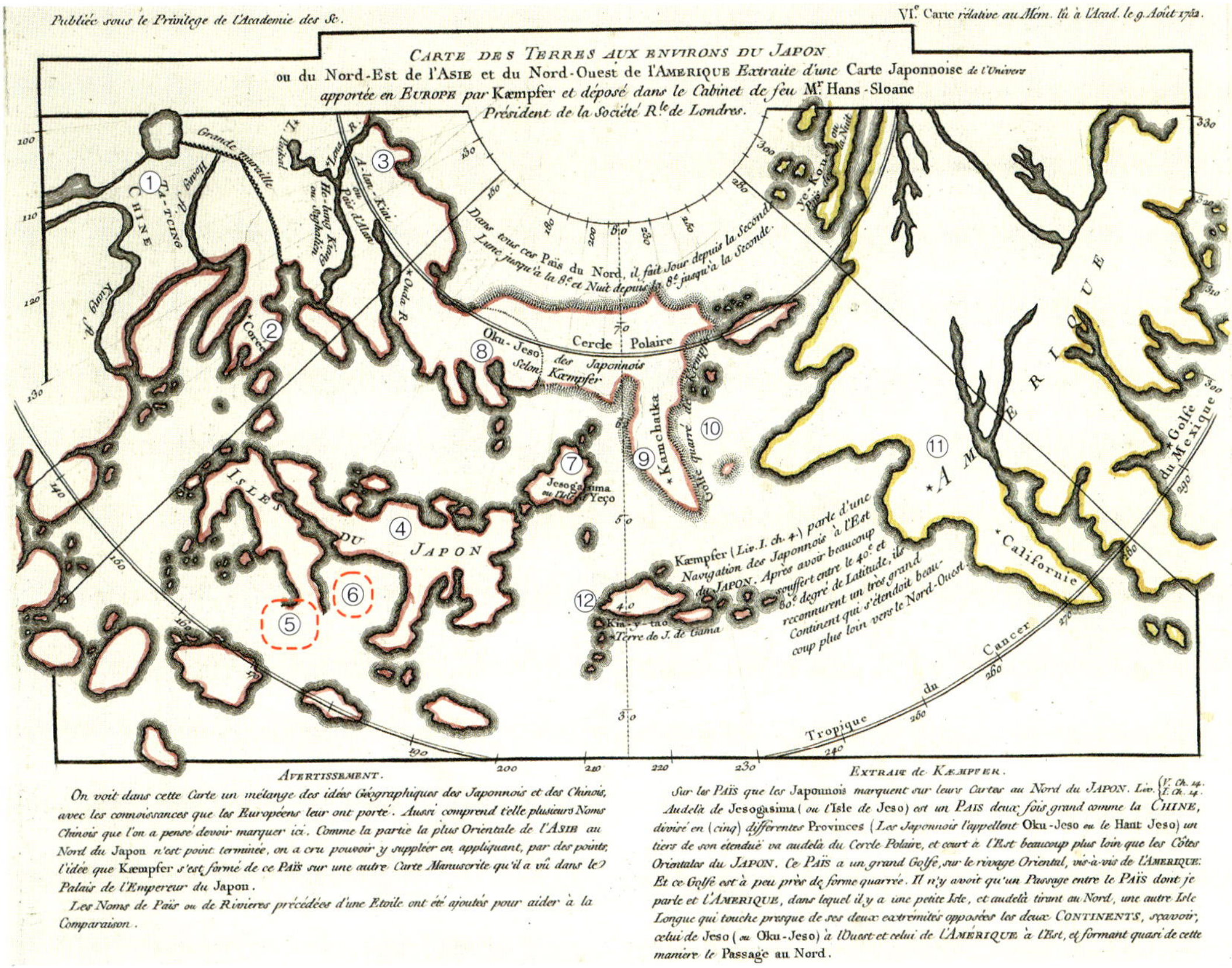

図3　ブアシェ「日本あるいはアジアの北東とアメリカの北西の陸地の抄出」(『俗に南海と言われる大海の北部の新発見に関する地理学的および自然学的考察』1753年，ドイツ，ゲッチンゲン大学附属図書館蔵)

①大清 中国 TA-TCING CHINE
②朝鮮 Corée
③オランカイ A-lan-Kiai
④日本島 ISLES DU JAPON
⑤九州の南部（省略）
⑥四国・淡路（省略）
⑦エゾガシマあるいはエゾの島 Jesogasima ou l'Isle d'Yeço
⑧ケンペルによる，日本語の奥エゾ Oku-Jeso des Japonnois Selon Kaempfer
⑨カムチャツカ Kamchatka
⑩ケンペルの正方形の湾 Golfe quarré de Kaempfer
⑪アメリカ AMERIQUE
⑫キアイタオ Kia-y-tao ガマの陸地 Terre de J. de Gama

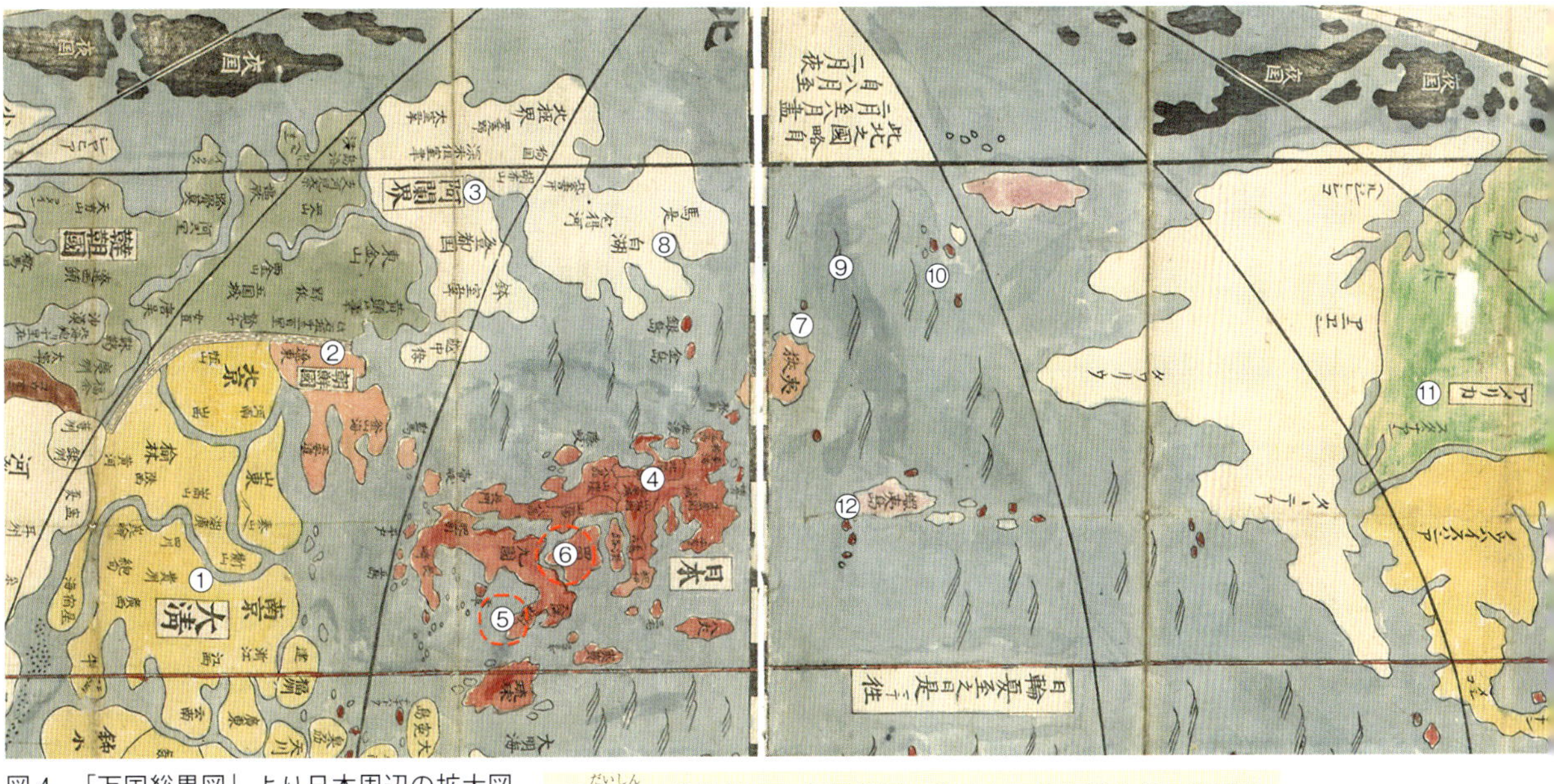

図4　「万国総界図」より日本周辺の拡大図

①大清《だいしん》，②朝鮮国，③阿蘭界，④日本，⑤九州南部，⑥四国・淡路，⑦夷狄，⑧奥エゾ（無し），⑨カムチャツカ（無し），⑩ケンペルの正方形の湾（無し），⑪アメリカ，⑫蝦夷島

地」の東には、『日本誌』（一巻四章）から抄出《しょうしゅつ》された文章が載せられている。和訳すると、

　ケンペル（一巻四章）は日本東方への日本人の航海について言及している。［北緯］四〇度と五〇度の間を大いに難航した後、彼らは遙か北東の方面にのび広がっている、とても大きな大陸を見た。

となる（なお、ブアシェはフランス語版『日本誌』から引用している）。『日本誌』の原文にはこの後に「これはアメリカと思われる」というケンペルの意見が付されているのであるが、ブアシェはこの記述を省略している。つまり、ブアシェは『日本誌』に記された「日本人の航海」と、「万国総界図」に描かれた「蝦夷島」が、「ガマの陸地」の存在を証明するものであるかのように読み解いているのである。

　ベーリング探検隊に参加した学者たちに否定されたにもかかわらず、ブアシェが「ガマの陸地」の存在を主張したのには理由がある。それは、ベーリングたちが「ガマの陸地」を探索した際、カムチャツカから真南に航海がなされなかったということである。ブアシェは、カムチャツカから真南に針路をとりさえすれば「ガマの陸地」に到達するであろうと述べている。改めてKia-y-taoの配置を見てみると、点線によって付け加えられたカムチャツカの真南に描かれていることが分かる。

　ブアシェによる地図は、一七六一年のジョゼフ・ドギーニュ「中国人によるアメリカ沿岸への航海に関する研究」やG・F・ミュラー著、トマス・ジェフリズ訳『アジアからアメリカへの航海』（英語版）、さらにディドロとダランベールが編纂した『百科全書』図版編（一七六二〜七七年）にも引用されるなど、一八世紀を通じて影響力を持ったようである。

ケンペルと「万国総界図」のあいだ

　そもそもケンペル自身は、日本で聞いたアジア―アメリカ間の海域に関する情報について、確実に信頼できるものと考えてはいなかった。日本で見た世界図に関しても、「距離の縮尺や緯度・経度もない」し、「公式の書体である真字（楷書で書かれた漢字）」で記されていないので、その信憑性については疑問視している（『日本誌』一巻四章）。一八世紀初頭までの北太平洋地域はヨーロッパ人にとって未到達の地域であり、ケンペルは日本での「伝聞」や「公式の書体」で記されていない地図をもとに結論を出すことに抵抗を感じていたのであろう。

　一八世紀半ばになると、ベーリング探検隊の報告をもとにして太平洋には未知なる巨大な空間が残されていることが明らかになった。こうした中、ドッブズは「万国総界図」に太平洋上に島が描かれていることを紹介した。さらにブアシェは「万国総界図」を論文の図版として収録し、積極的に利用した。「万国総界図」は、アジア北東部の示し方についてケンペルが見た「万国総図」とは異なる点があった。この点は、「奥エゾ」や「カムチャツカ」を点線で付け加えることによって解決された。そして、ブアシェは「ガマの陸地」の実在説を唱えるために、『日本誌』のケンペ

図５　クラプロート「日本製の世界図」（『アジアに関する紀要』第３巻，1828年，京都大学附属図書館蔵）　ドギーニュやブアシェが所持していた「万国総界図」（写し）の全体図を紹介したもの。原本（図１）と見比べていただきたい。ほぼ正確な写しであるが，所々に細かな違いがあるのにお気づきいただけるだろうか？

ルの記述と「万国総界図」に描かれた「蝦夷島」を都合よく利用したのであった。

「お土産品」から「学術資料」へ

「万国総界図」は一七世紀末、江戸の書店で売られていたお土産品としての地図であった。この地図はケンペルによってヨーロッパに持ち込まれ、彼の死後は大英博物館設立の基となるハンス・スローン卿の収蔵室で保管された。この間、地図の写しが作成され、フランスの学者たちの手に渡った。そして彼らはこの写しを「ケンペルが持ち帰った日本製の世界図」として、様々な学術論文や書籍に引用した。

そもそも日本人の好奇心を満たすために作成された「いい加減」な地図は、一八世紀のヨーロッパにおいては、「ガマの陸地」の存在を実証する貴重な資料として用いられたのであった（なお、ブアシェの説は一九世紀にドイツ人学者ユリウス・ハインリッヒ・クラプロートによって完全に否定されることとなる）。

（古賀慎也「ケンペルが持ち帰った『万国総界図』」（『九州大学総合研究博物館研究報告』第六号、二〇〇八年））。

日本図の変遷とケンペル・伊能・シーボルト

藤井祐介
Fujii Yusuke

日本図の始まり

日本において、地図はいつ頃から作られはじめたのだろうか。その歴史は、いわゆる「大化改新」で有名な、大化年間にまでさかのぼる。地図作製に関わる最古の記録が、大化二（六四六）年八月の詔《みことのり》（天皇の命令）であり、班田収授《はんでんしゅうじゅ》の実行とそれに伴う田図の作製が明記されている。班田収授とは、土地を公有化し、田を民に分け与えて租税を徴収するシステムであり、田図とは、土地を分け与える際に、土地の区分、境界などを明確にする必要性から作製された「田んぼの図」である。

その後、様々な地図が作製されていく中で、日本図の基とも言える「行基図《ぎょうきず》」という古図が現れる。奈良時代に東大寺建立や大仏造営に協力した高僧の行基《ぎょうき》（六六八〜七四九年）によって描かれたと伝えられるものである。ところが、この原図は残っておらず、行基が作製したという証拠もない。ではなぜ、「行基図」と呼ばれるようになったのか。行基は日本諸国を巡歴し、池・堀の開削や橋を修築するなどの土木工事、今で言うところの社会事業を展開したため、そのことにあやかるかたちで作製されたようである。山城国（京都）を中心に、国々が俵を連ねるように重なり、日本全体が丸みを帯びた形が特徴的だ。行基図は中世を通じて見られる唯一の日本全図であり、江戸時代初期まで踏襲された（織田武雄『地図の歴史——日本篇』講談社、一九七四年）。

今回は、江戸時代における日本図とその変遷を見ていく。主に取り扱う日本図は、江戸時代に刊行されたものである。日本図と言えば、伊能忠敬や「伊能図」が想い起こされるかもしれない。しかし、この「伊能図」は基本的には幕府によって秘蔵され、民衆の目に触れることはなかった。また、刊行された日本図は、日本に留まらず、来日した外国人によって海外に持ち出され、外国製日本図までもが作製されるという影響を及ぼしている。海外における日本図についても目を向けることにしよう。

日本図の変遷

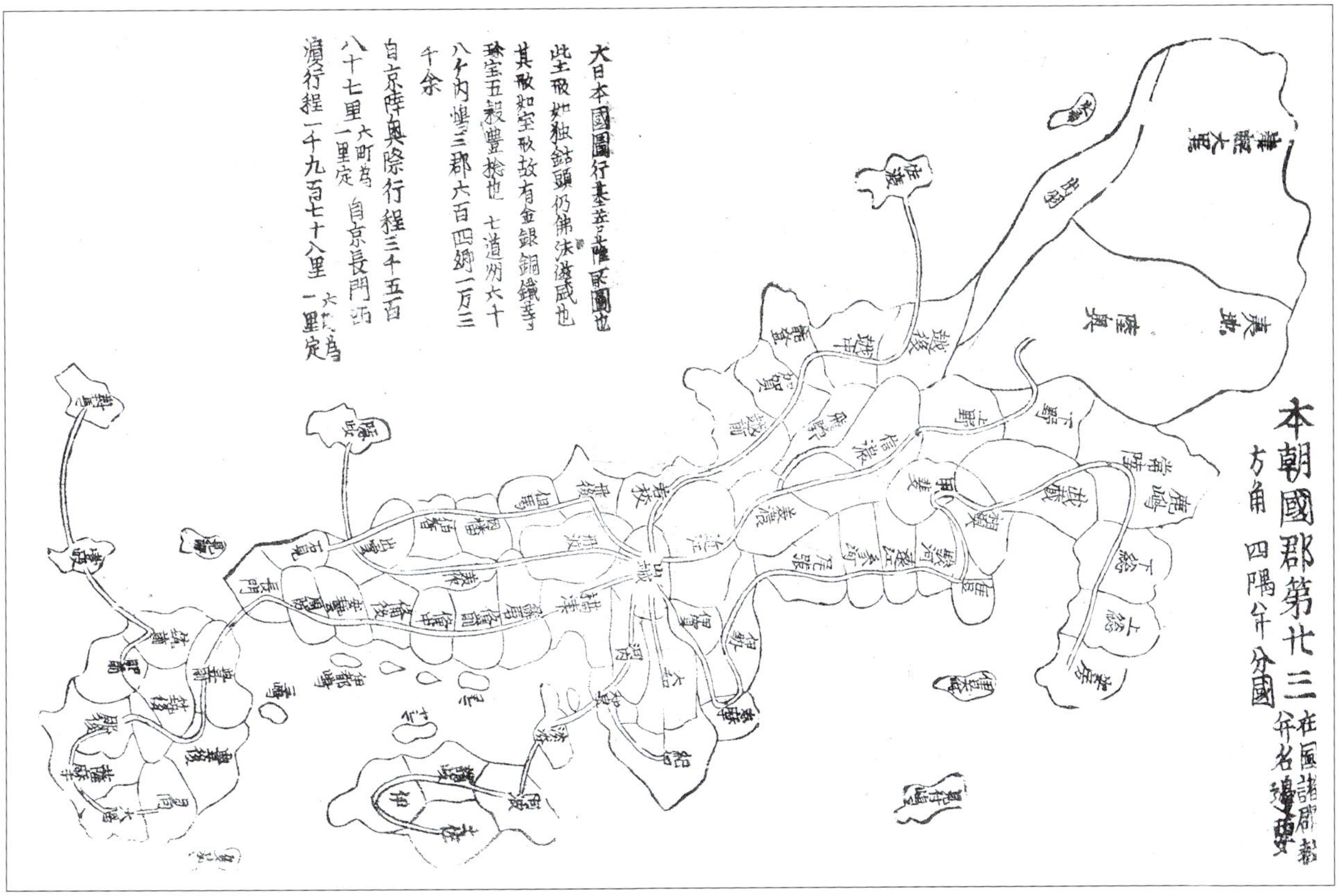

図１　行基図（明暦期刊『新版 拾芥抄』大英図書館蔵）

江戸時代において刊行された日本図は、時代とともに変化を遂げている。行基図の名残があるものから、天文学を導入して距離の正確性を追究したものまで、多種多様である。こうした日本図の移り変わりを見ていくことにしよう。

▽行基図の名残を感じる日本図

延宝年間（一六七三〜八一年、延宝六〔一六七八〕年版と八年版が確認されている）に刊行された「新撰 大日本図鑑」という日本図がある（図２）。この日本図を見て、何か気づくことはないだろうか。それは、現代の日本地図のように、北が上ではない「さかさま」の日本が描かれていることだ。必ずしも「北が上」ではなかったのである。日本の形はいびつであり、国々が俵を連ねるように重なっている行基図を想わせる。

しかし、行基図と異なるのは、図の中に各国の郡数、石高、城主名など多様な情報が盛り込まれている点である。情報の正確さには疑問が残るようだが、「新撰 大日本図鑑」が初めてである（京都大学総合博物館他編『地図出版の四百年』ナカニシヤ出版、二〇〇七年）。例えば、筑前国を見てみよう。城の絵があり、「福岡」と城下の名前が記されている。他に、石高が五五万石、城主（殿様）の名前が松平右衛門（右衛門佐、三代藩主黒田光之）と記され、郡（早良郡、糟屋郡など）が一五あると記されている。

▽美しい流宣図

元禄期になると、浮世絵師が描いた日本図が登場する。石川流《とも》宣《のぶ》の「本朝図鑑綱目《ほんちょうずかんこうもく》」である。石川流宣（一六六一頃〜一七二一年

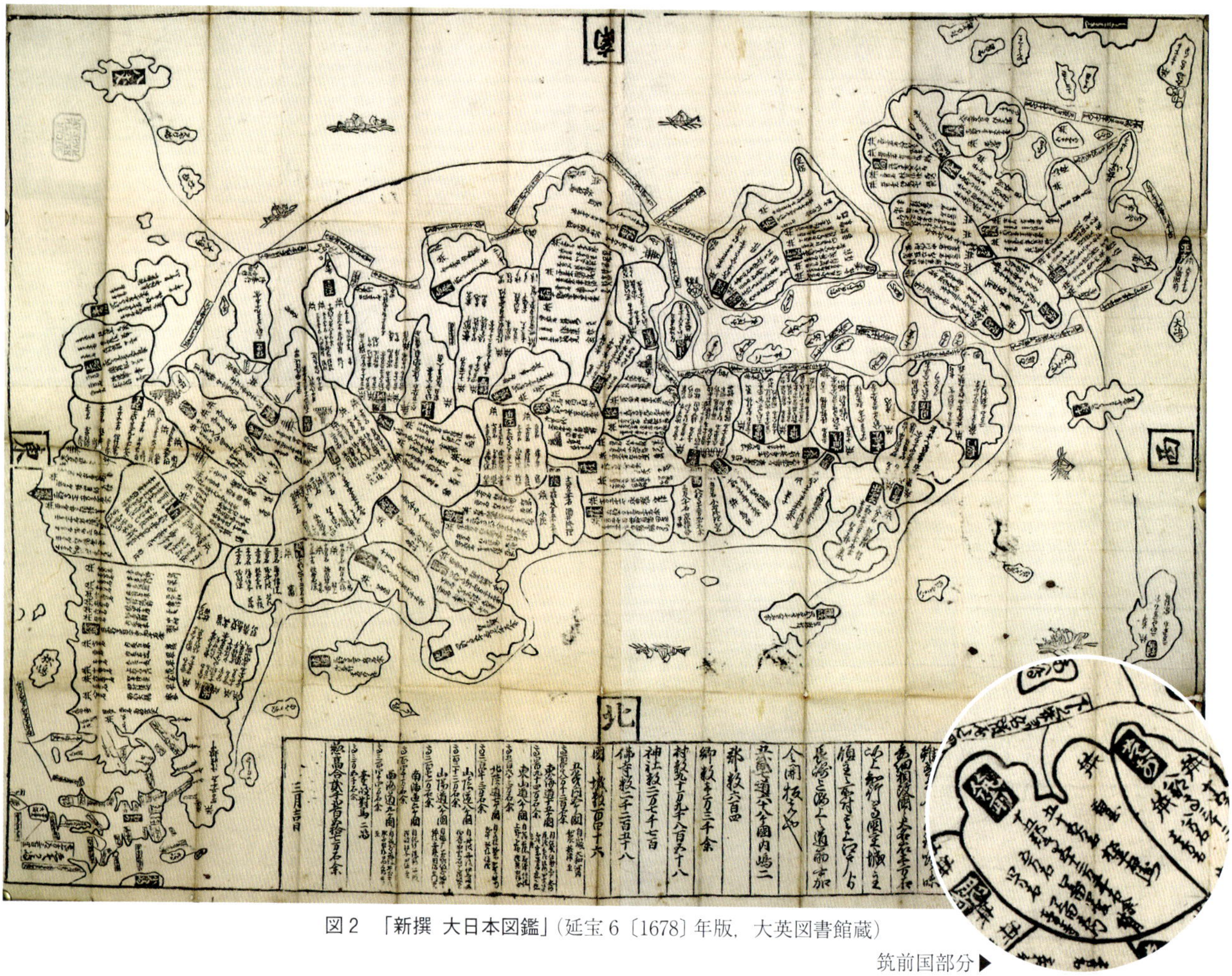

図２　「新撰 大日本図鑑」（延宝６〔1678〕年版，大英図書館蔵）

筑前国部分▶

頃）は「見返り美人図」で有名な菱川師宣の弟子と言われ、浮世絵の木版技術を地図に用いて、彩色された美しい日本図を作製した（『地図の歴史――日本篇』）。

「本朝図鑑綱目」は、貞享四（一六八七）年に刊行され、「流宣《りゅうせん》日本図」と称された。「見るに好適、便利、かつ実用的」と評価されるこの日本図は、図形が絵画的で、色彩が美しい。また、ただ単に美しいだけではなく実用性も兼ね備えているのが特徴だ。城下町や宿場の地名が豊富であり、各国の城主名などを記す点は「新撰 大日本図鑑」の流れを継ぐ。しかし、情報は正確になっており、改版を重ね、最新の情報が盛り込まれていた（『地図出版の四百年』）。

▽正確さを追究した赤水図

江戸時代も、八代将軍徳川吉宗の頃になると、蘭学の奨励などにより、天文学の要素を取り入れた日本図が作製されるようになる。その代表とも言えるのが、安永八（一七七九）年に刊行された長久保《ながくぼ》赤水《せきすい》の「改正日本輿《よ》地《ち》路程全図」である。長久保赤水（一七一七～一八〇一年）は、水戸藩の儒者であり、晩年には『大日本史』地理志編纂に関与している。

この日本図は、「赤水日本図」と称され、「路程」＝道のりが記された日本図である。しかし、道のりが記されたのは赤水日本図が初めてではなく、街道などに関しては流宣日本図にも見られる。赤水日本図の特徴は、日本図の中で初めて縮尺が明示され、経緯線が表現された出版日本図で

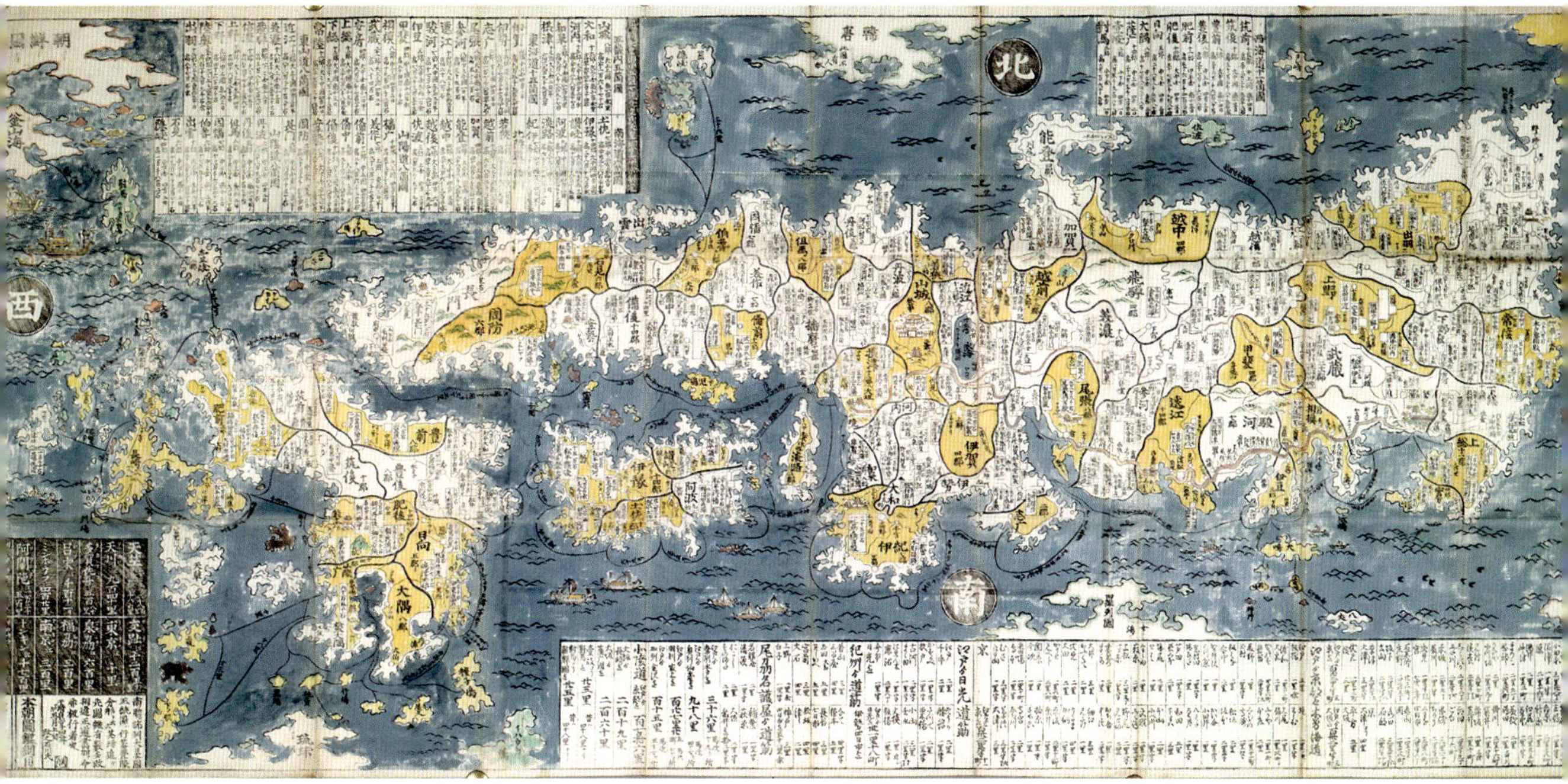

図3　石川流宣「本朝図鑑綱目」（大英図書館蔵）

図4　長久保赤水「改正日本輿地路程全図」（大英図書館蔵）

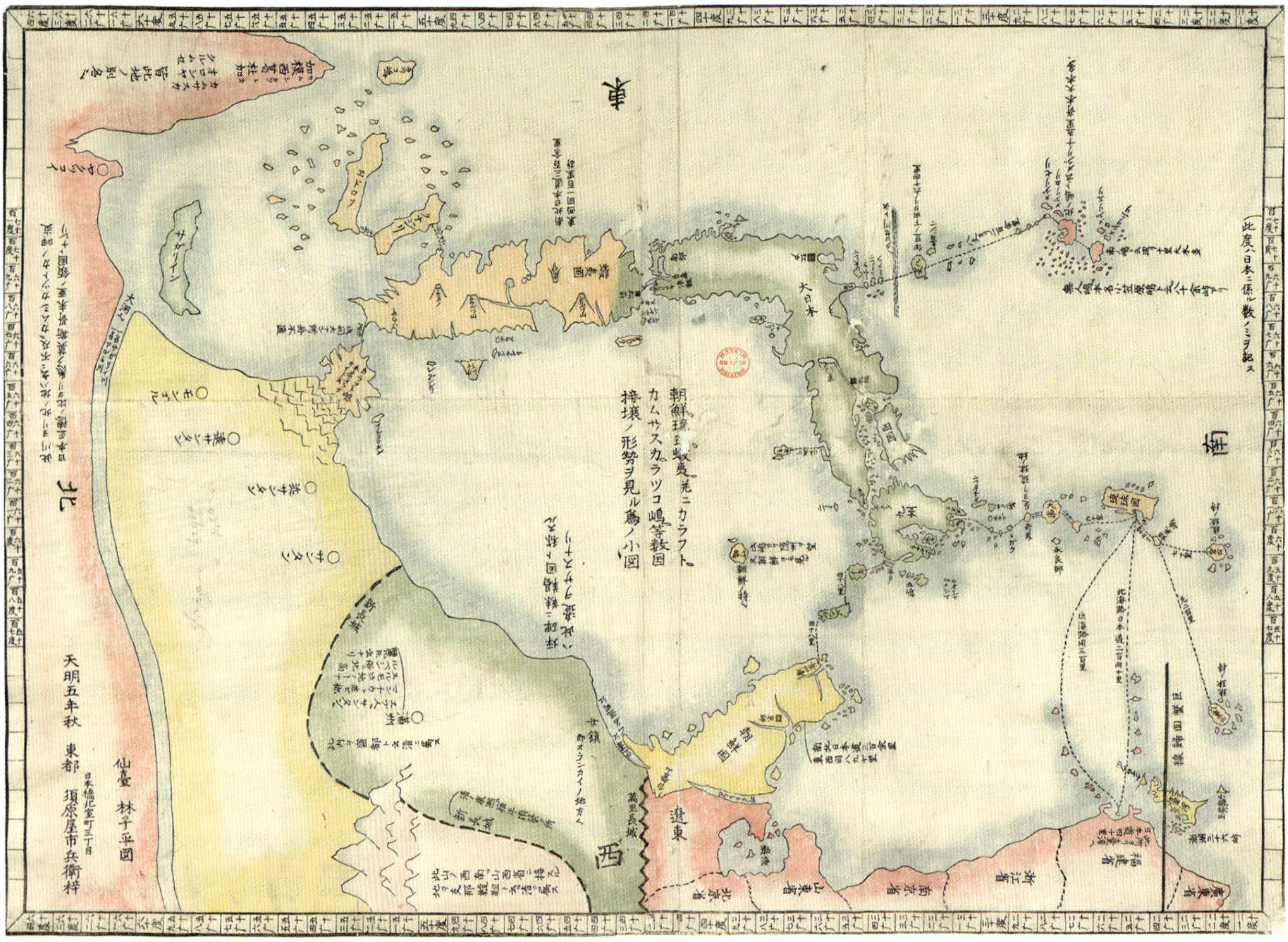

図5　林子平「三国通覧輿地路程全図」（大英図書館蔵）

あるという点にある。縮尺については、「この図、曲尺一寸、道程十五里に準ず」と凡例に示されるように、距離を五里、一〇里などと具体的に記さず、縮尺から判断させている。また、東西線が緯線、南北線が経線の働きをしており、緯度（「北極星の度数」）が付されている。つまり、縮尺にせよ経緯線の挿入にせよ、赤水日本図は距離の正しさを重視したものであった。

しかし、赤水は「改正日本輿地路程全図」を実際に測量を行って作製したわけではない。編纂に二〇年を費やし、様々な資料を参考にしながら描いた。郡名、地名、名所旧跡については、『節用集《せつようしゅう》』という江戸時代の生活百科事典を参考にし、緯度については、幕府初代天文方渋川《しぶかわ》春海《しゅんかい》の「天文瓊統《けいとう》」（元禄一一〔一六九八〕年）や、学者西川如見《にしかわじょけん》の『日本水土考《すいど》』（元禄一三年）という書物を基にしたと言われている（『地図出版の四百年』）。実際の測量を伴った「伊能図」の登場は、文政四（一八二一）年であり、赤水日本図から約四〇年後のことである。ただし、「伊能図」は幕府秘蔵の地図として公開されなかったため、江戸時代後期の日本図は、赤水日本図に代表された。

▽付加される北方

赤水日本図は、出版された日本図の中では最高水準であったため、赤水日本図を基にして、そこに様々な情報が付け加えられるかたちで、新たな日本図が作製されていった。その一つが、林子平《はやししへい》の「三国通覧輿地路程全図」である。林子平（一七三八〜九三年）は仙台藩士であり、海防の必要を説いた『海国兵談』を著すものの、幕府の出版統制に触れ、発禁処分となり、版木没収のうえ蟄居《ちっきょ》を命じられている。

「三国通覧輿地路程全図」は、天明六（一七八六）年に刊行された『三国通覧図説』（寛政四（一七九二）年絶版）の付図として作製されたものである。特徴としては、赤水日本図に、「蝦夷」、「朝鮮」、「琉球」を付加していることが挙げられる。その背景には、工藤平助『赤蝦夷《あかえぞ》風説考』（天明三年）や老中田沼意次による蝦夷地開発計画・調査（天明五、六年）、さらには、田沼の後任である松平定信による蝦夷地調査（寛政三（一七九一）、四年）やラクスマン根室来航（寛政四年）など、「北方」への関心の高まりがあったようだ（『地図出版の四百年』）。

海外の日本図

今まで紹介してきた日本図は、江戸時代に刊行され、広く人々の目に触れるものであった。あえて「広く」と言ったのは、日本人だけではなく、江戸時代に来日していた外国人も、日本図を見て興味を示していたからである。そのことは、日本図が持ち出されて海外へと渡り、外国製の日本図が作られていた事実が物語っている。

▽ケンペルの日本図コレクション

ケンペルは、元禄三（一六九〇）年にオランダ東インド会社医師として日本に派遣され、二年間滞在している。イギリスの大英図書館には、前に紹介した「新撰　大日本図鑑」や「本朝図鑑綱目」などが所蔵されている。これらは、ケンペルが日本から持ち帰ってきた日本図なのだ。そして、ケンペルが日本滞在中に収集した、「新撰　大日本図鑑」や「本朝図鑑綱目」（一七二七年）を基にして、「六八州に区分された日本帝国」と題する日本図が作製される。

ケンペルは、帰国後、持ち帰った日本資料をもとにして

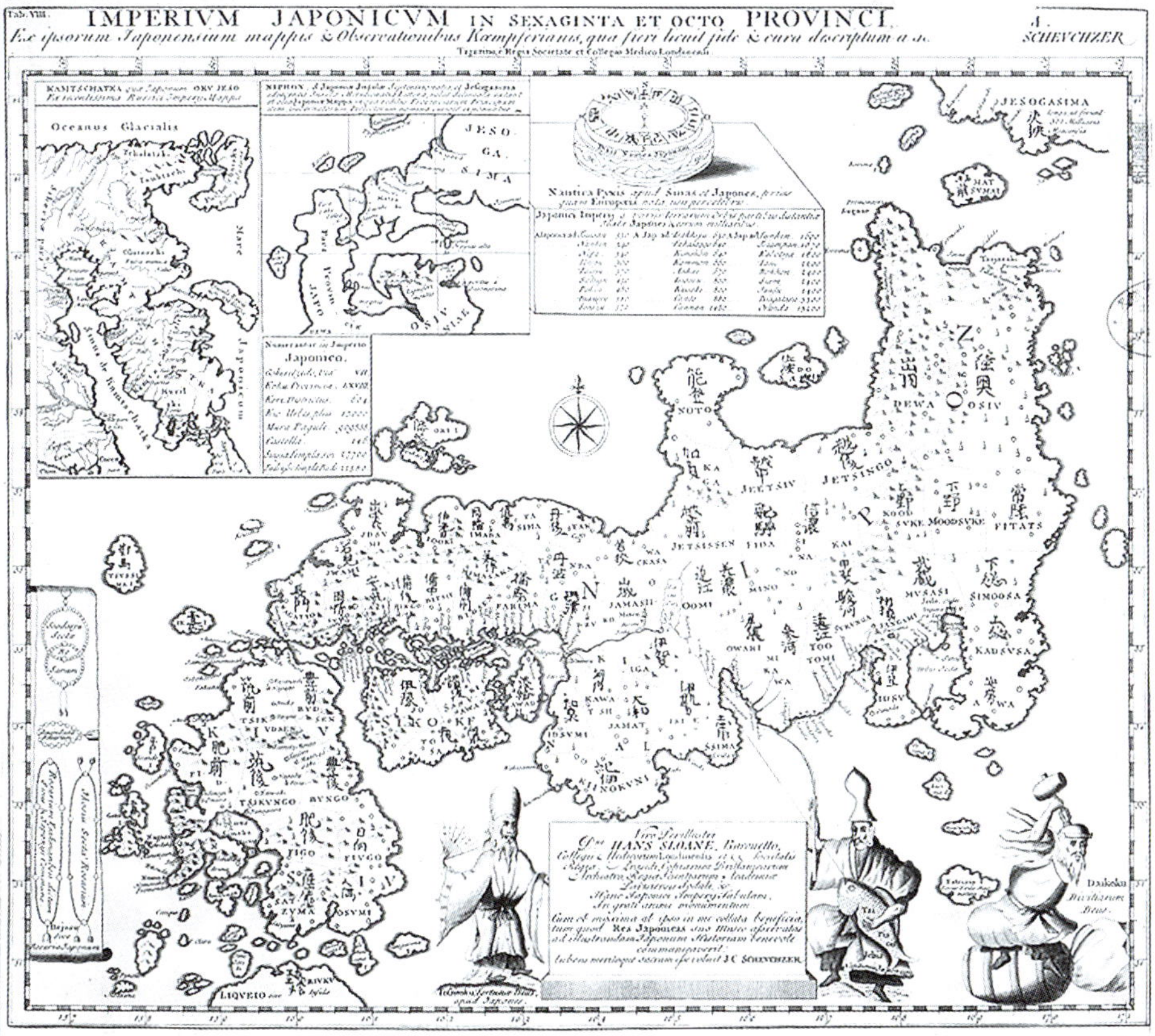

図6　ショイヒツァー「六八州に区分された日本帝国」（九州大学附属図書館蔵）

◀北部九州部分

図7　地名がカタカナで記されている「伊能特別小図」（国立国会図書館ホームページより転載）

著述を始めるが、刊行に至らないまま没する。その遺稿は、大英博物館の基盤を作った、イギリスのスローン卿によって買い取られた。そして、スイス人のショイヒツァーにドイツ語からの英訳を委託することで、一七二七年に『日本誌』と題してロンドンにおいて出版された。その際、ケンペルの資料によってショイヒツァーが作製したのが、この日本図である。

▽シーボルトと日本図

シーボルトと日本図との関係は、「シーボルト事件」を抜きにしては語れないだろう。シーボルト事件とは、簡潔に説明すると、文政一一（一八二八）年、江戸幕府天文方高橋景保《かげやす》が国禁の日本地図をシーボルトに与え、代わりにオランダ製の地図・紀行文などを貰い受けたために、二人共に処罰された事件である。この事件によって、シーボルトが持ち出しに失敗し、幕府に取り返されたといわれるのが、「カナ書き日本図」（「伊能特別小図」と称される）である。この日本図は、「伊能図」を基にして高橋景保が作製したもので、樺太などの北方が描かれていることや、地名はシーボルトが読むことのできたカタカナで全て記されているのが特徴的である。

シーボルトは、この一件によって日本図を持ち帰ることができなかったかと言えば、実はそうではない。没収前に、景保から貰い受けた地図などを模写して、帰国の際に密かに持ち出しているのである。そして、帰国後に模写図などを基にして作製されたのが「日本人の原図および天文観測に基づいての日本国図」（一八四一年）である。他にも、高橋景保が伊能図を基に作製した「日

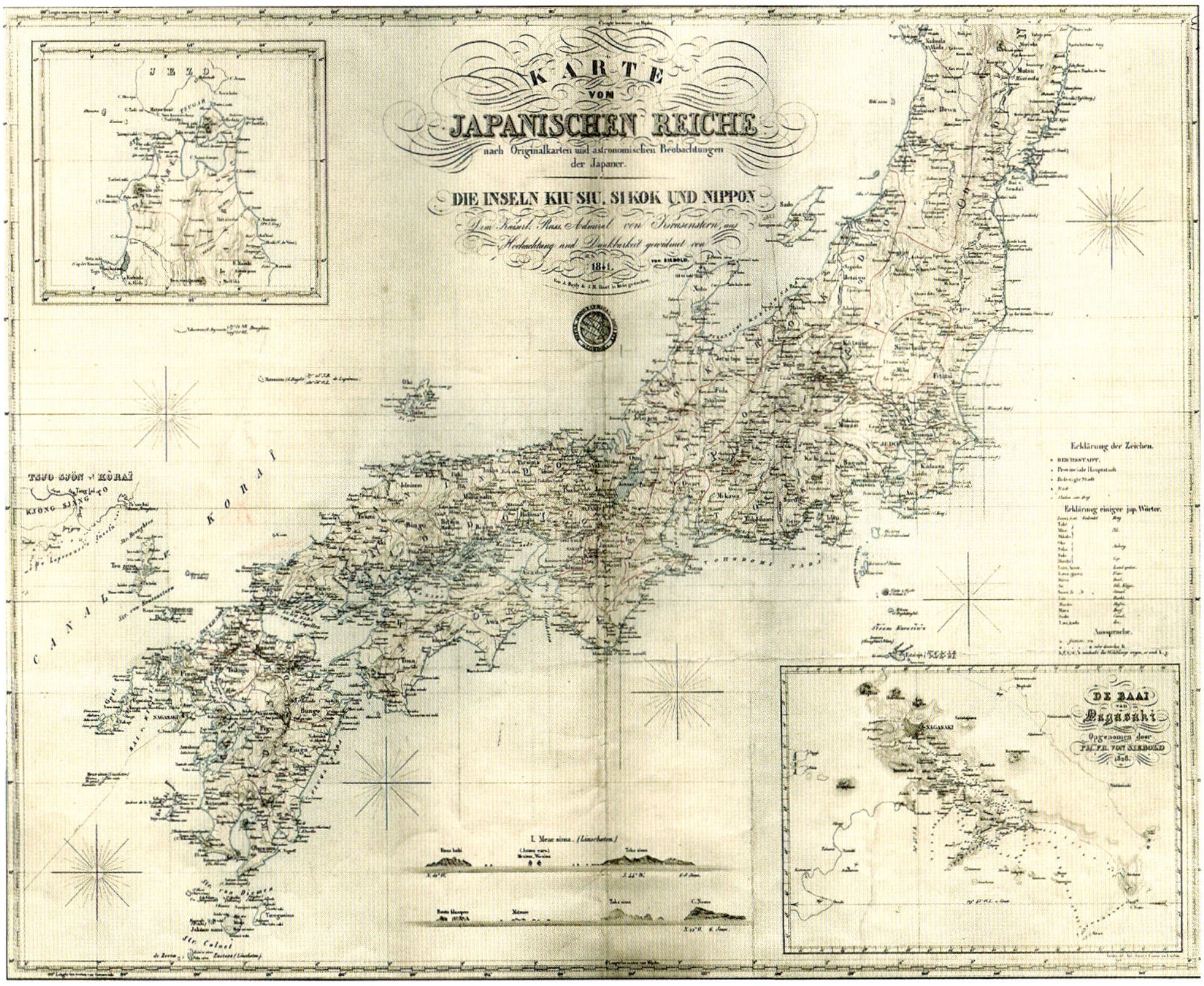

図８　シーボルト「日本人の原図および天文観測に基づいての日本国図」（イギリス，王立地理学協会蔵）

本辺界略図」を『日本』の第一回配本において紹介している。こうしたシーボルトの業績により、「伊能図」を基にした日本図が、世界に紹介されることとなった。

▽イギリス海軍が持ち帰った日本図

文久元（一八六一）年、アクテオン号を主艦とするイギリス海軍の測量船隊が日本に来航し、沿岸測量を行った。この測量は幕府承認の下で始まったが、折しも攘夷の気運が高まっていた頃で、幕府役人が同乗し、日の丸を掲げての航行であった。その作業過程において、幕府役人は、アクテオン号船長などから山岳、岬、港湾名などについて尋ねられても、なかなか答えられなかったという。そこで、幕府軍艦方にあった伊能図を見せて説明することで、解決を図ろうとした。伊能図を見せられた船長は、これまでの測量結果と照合し、伊能図が精密かつ正確であることに驚いたという。その結果、イギリス公使オールコックの仲介によって伊能図を入手し、測量を中止して帰国した（渡辺一郎『英国にあった伊能忠敬の日本全図』日本古地図学会、一九九五年）。

そして、帰国の二年後（一八六三年）に「日本沿海図」と題した日本図が作製される。「Japan is compiled from a Japanese Government Map」（日本政府の地図から編集）と注記され、「日本政府の地図」＝幕府役人から入手した「伊能図」が、地図作製に反映されたことを示している。実は、この八年前（一八五五年）、すでに「日本沿海

図９　イギリス海軍が持ち帰った「伊能図」（イギリス，国立海事博物館蔵）

図」という同名の地図がイギリスで作製されていた。そこには「According To Krusenstern's Chart Of 1827」（一八二七年製クルーゼンシュテルン海図による）とあり、ロシアの探検家クルーゼンシュテルンが作製した海図を基に作られたものであった。この二つの「日本沿海図」には決定的な違いがある。それは、地図の精度だ。実際に、一八五五年製と一八六三年製を見比べてみよう。九州に注目すると、北部沿岸や五島列島、さらには大隅半島の描かれ方など、五五年製に比べて、六三年製のほうが格段に

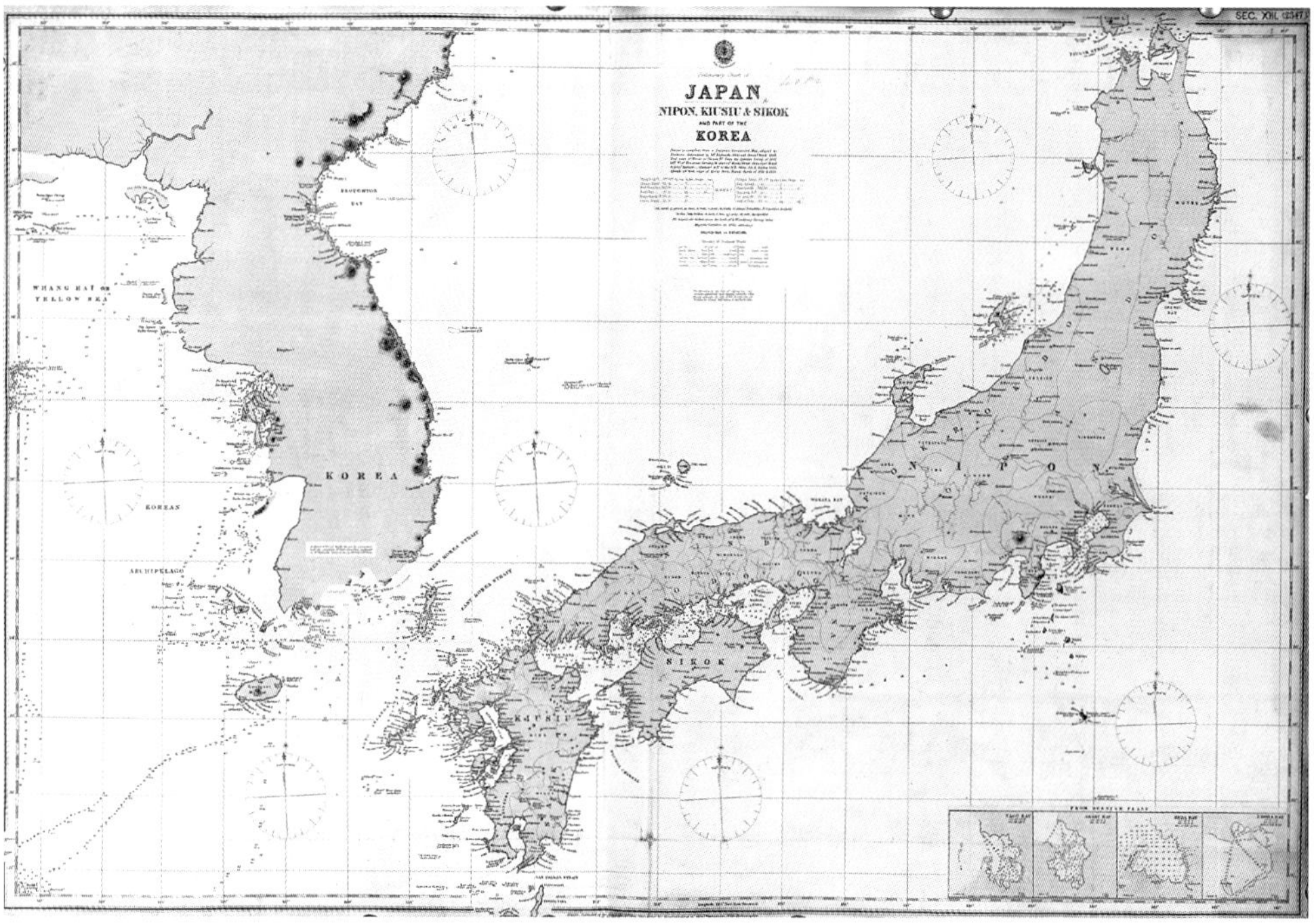

図10　1863年製「日本沿海図」（大英図書館蔵）

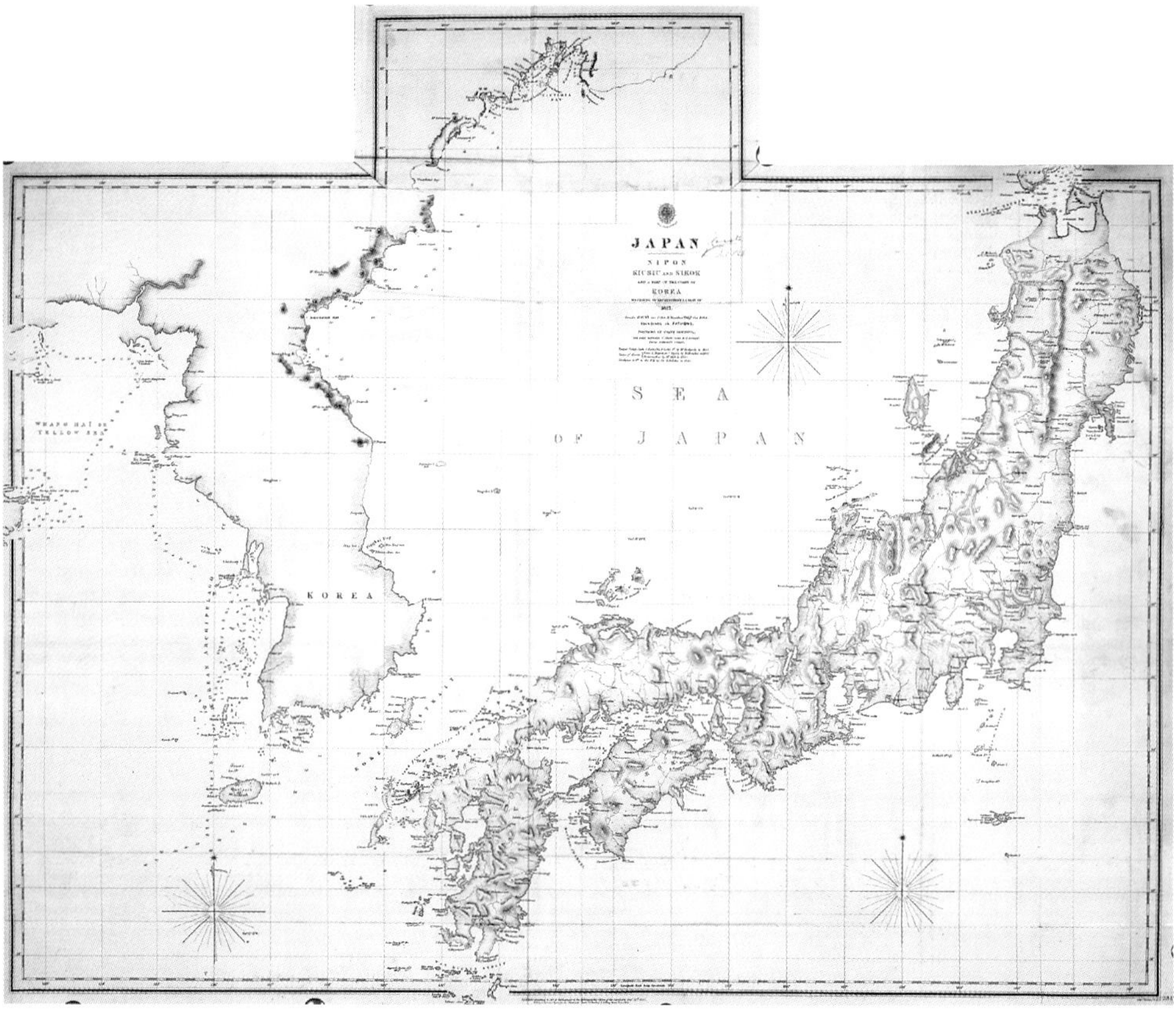

図11　1855年製「日本沿海図」（大英図書館蔵）

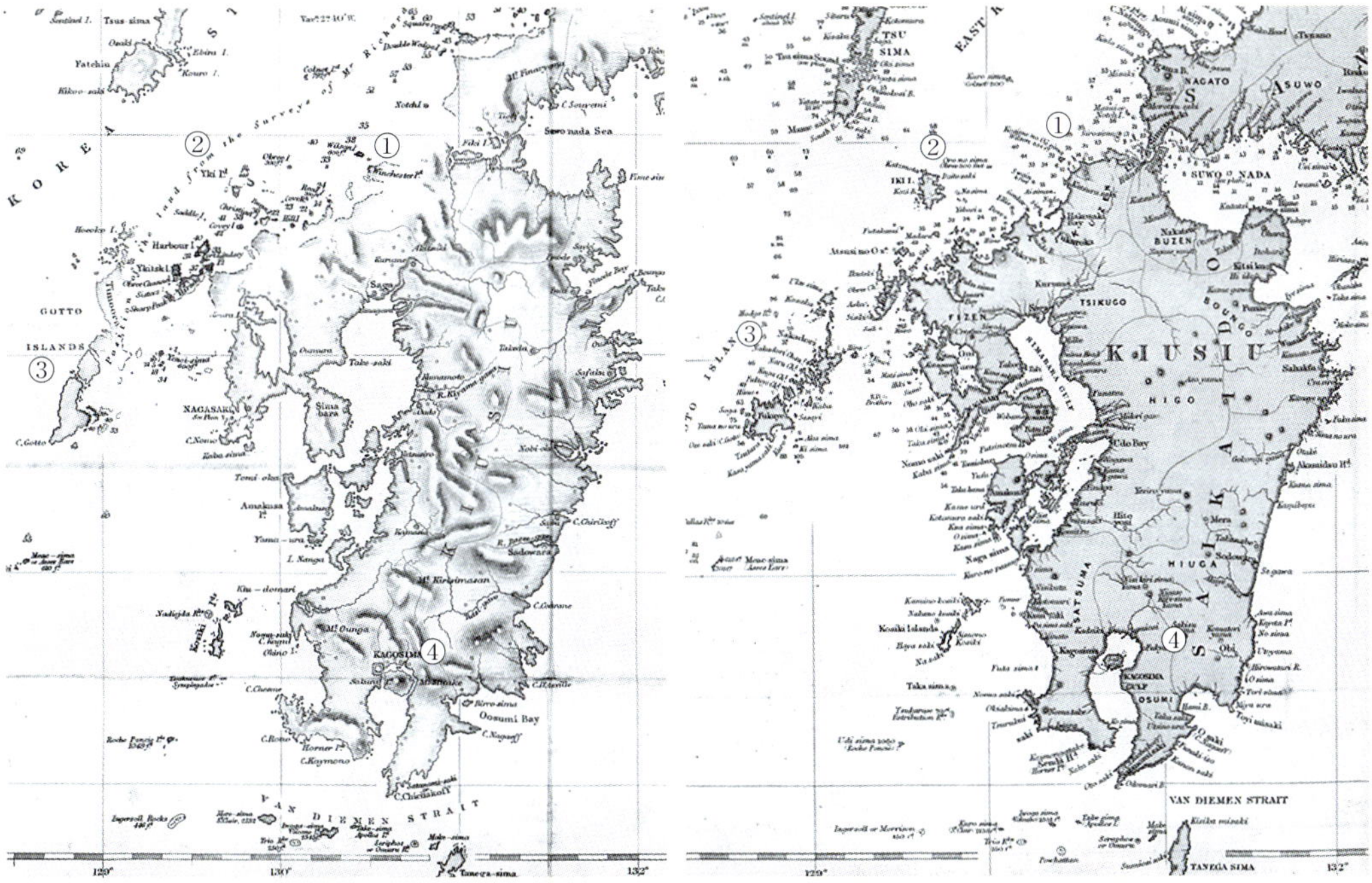

1855年製　　1863年製

図12　「日本沿海図」の九州部分　右の1863年製の方が精度が上っている。①玄界灘海岸線，②壱岐，③五島，④薩摩・大隅

上昇していることが一目で分かる（図12）。外国製日本図の精度を上げたのは、やはりここでも、秘蔵されたはずの「伊能図」であった。

日本図とケンペル・伊能・シーボルト

江戸時代における刊行された日本図は、美術的かつ実用的な「流宣日本図」から、距離の正確さを追究した「赤水日本図」へと変化を遂げた。さらには「赤水日本図」に北方などの「新たな情報」を付加したものが作製され、移り変わっていった。

こうした、刊行されて日本国内で流通していた日本図は、江戸時代に来日した外国人の興味をも惹いた。ケンペルは「新撰 大日本図鑑」や「本朝図鑑綱目」を持ち帰り、その結果、「六八州に区分された日本帝国」と題する日本図を作製する。シーボルトは、高橋景保から「日本辺界略図」を入手し、幕府秘蔵の「伊能図」をも持ち帰ろうとしたが、失敗に終わった。しかし、「伊能図」を模写したものなどを参考に、「日本人の原図および天文観測に基づいての日本国図」と題する日本図を刊行した。

幕末になると、外国船が日本沿岸に押し寄せ、日本付近の地理情報を収集しようと試みた。イギリスは、日本沿岸測量の際に、幕府から「伊能図」を入手した。その成果により「日本沿海図」が作製され、クルーゼンシュテルンの海図を基にした旧「日本沿海図」と比較して、格段に精度が上がっている。

日本図は、海外における日本地図作製に多大な影響を与え、「日本」というものを目に見える形で意識させた。そして、外国製日本図を精度面で劇的に変化させたのは、皮肉にも秘蔵されていたはずの「伊能図」であった。

伊能忠敬、福岡を測る

矢野健太郎
Yano Kentaro

全国測量

伊能忠敬は、今から二〇〇年程前に全国を歩いて測量し、日本初の実測による日本地図（「伊能図」と総称される）を作製した。この時作製された「伊能図」は、部分的ではあるが、一〇八年後の昭和四（一九二九）年まで命脈を保つこととなる。それほど精度に優れていた地図だったのである。

「伊能図」作製における全国測量は、寛政一二（一八〇〇）〜文化一三（一八一六）年の一七年間に、全一〇回にわたって行われた。九州測量は第七、八次測量で行われ、北部九州へは文化八〜一一年にかけての第八次測量で訪れている。忠敬は、文化九年八月四〜七日の四日間で、博多・福岡両市中の測量を行った。

伊能忠敬の測量法

驚くべき精度を誇った「伊能図」を作り出した忠敬の測量法を見てみよう。その測量は特別なものではなく、当時、道や田畑を測量する際に一般的に用いられた道線法《どうせん》（図1）と交会法《こうかいほう》（図2）という方法で行われた。ヨーロッパの測量技術と比べて一〇〇年程後れていたとされている。

忠敬の弟子渡辺慎《しん》が、忠敬の測量法・製図法などをまとめた「量地伝習録」（保柳睦美編『伊能忠敬の科学的業績』古今書院、一九八〇年）には、街道・海辺などを測量する場合は、基準となる杭を打ち、そこから地形に沿って次の地点までの距離を測る。そこに再び杭を打ち、梵天《ぼんてん》（竹の先にはたきのような房を付けたもの）を立てる。その後、小方位盤を二つ使いそれぞれの地点で方位（方角）を測り、距離と方位を記録すると記されている。これを繰り返し、基準点間の距離と基準点での方位を測りながら前進する測量法が道線法である。

一方の交会法とは、基準点で方位を測ると同時に、山や岬、神社や寺院、大木などを共通の目標物として設定し、基準点から目標物への方位を測り、距離の誤りを補正する方法である。例えば、測量距離を誤ったデータで下図（地図の下書き）を作製した場合に、交会法を行っていれば、下図上で目標物への方位線が交差せず、誤差を発見し補正を行うことができるのである。「量地伝習録」にも「絵図仕立テノトキノ第一総括《シメククリ》ニナルモノユヘ、山々縁切レザルヤウニ計リオクベシ」と記されており、非常に重要視されていた。また、この方法は遠方の著名な山などを目標物とすることで、測量結果の確認にも利用された。最も多く目標物とされたのは富士山であった。

　こうした当時の一般的な方法で測量したにもかかわらず、精度の高い地図が生み出されたのはなぜだろうか。忠敬は、精度を上げるために、測量の誤差を最小限にする様々な工夫を行っていたのである。

　距離の測量については、当初、間縄《けんなわ》といわれる縄によって行われていたが、縄は水分による伸縮が大きく、強度も弱いことから、鉄製の鉄鎖《てっさ》が併用されるようになった。

　方位の測定は、その誤差が地図の歪みに与える影響が大きかったため、細心の注意が払われた。測量機器である小方位盤は、文字盤を読みやすいものへ改良し、磁針の軸受けに摩擦を最小限にするため水晶を用いるなど、特注のものを使用した。九州測量の頃には一〇個程所持し、手分けでの測量も可能になったとされる。また、金属が磁針に与える影響を考慮し、方位を測る者は、大刀を持たずに竹光の小刀のみを帯びて測定し、正副二つの小方位盤を用い、その測定値の平均をとった。

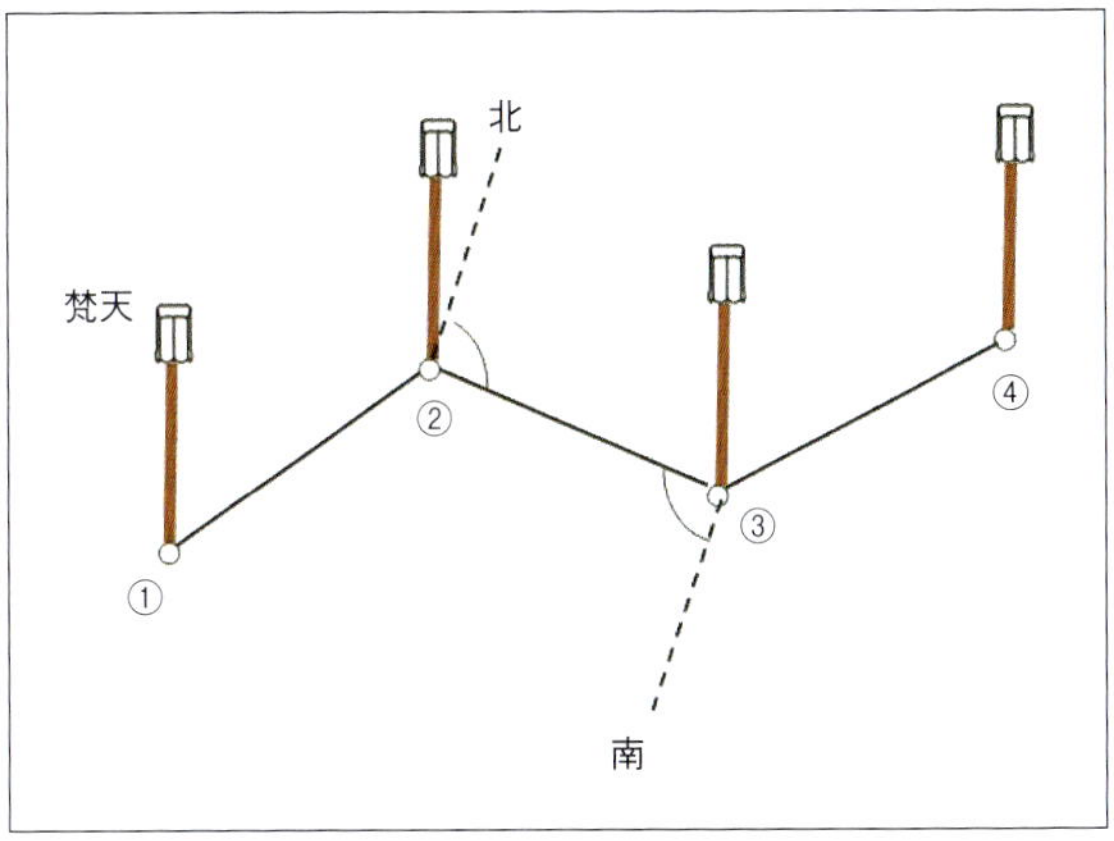

図１　道線法　各点間の距離と，各地点での方位を計測しながら前進する測量法。

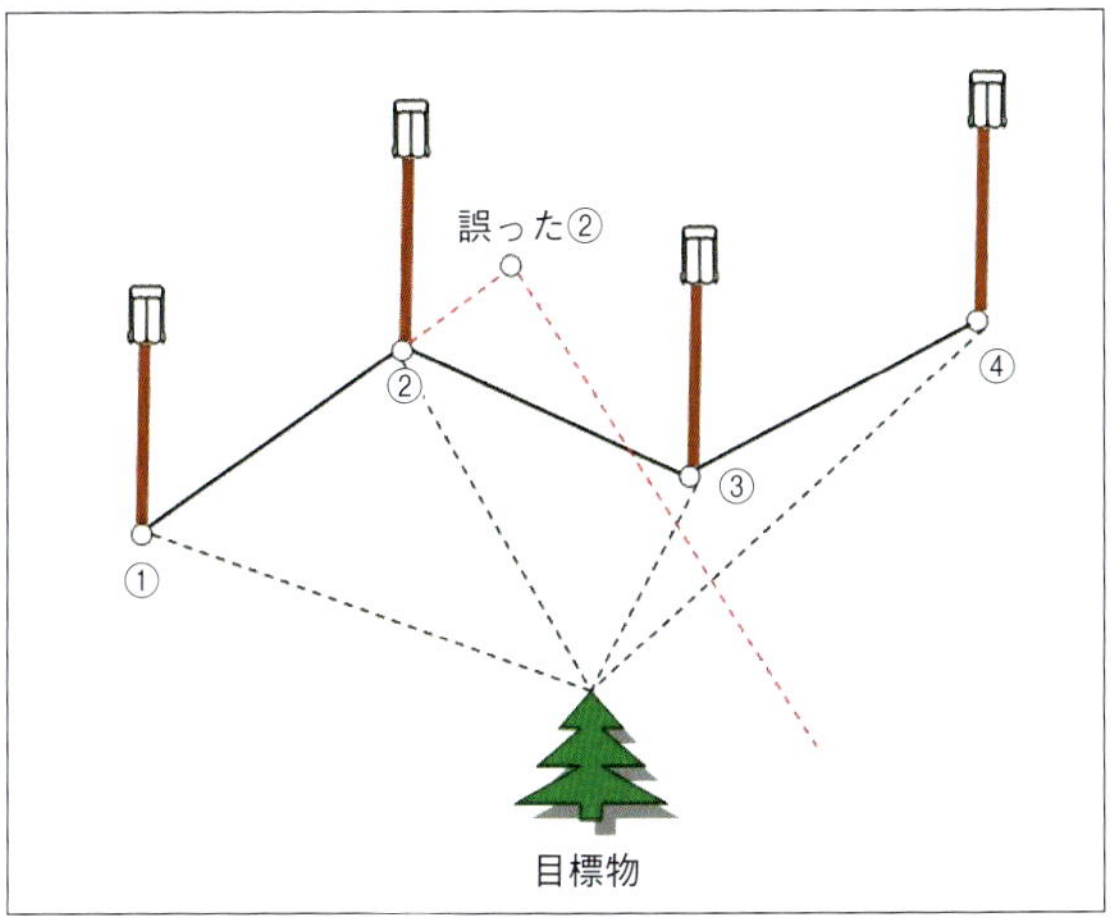

図２　交会法　それぞれの地点からの目標物への方位（角度）を計測する測量法。道線法での測量距離に誤りがあった場合，方位線が交差せず，修正を行うことができる。

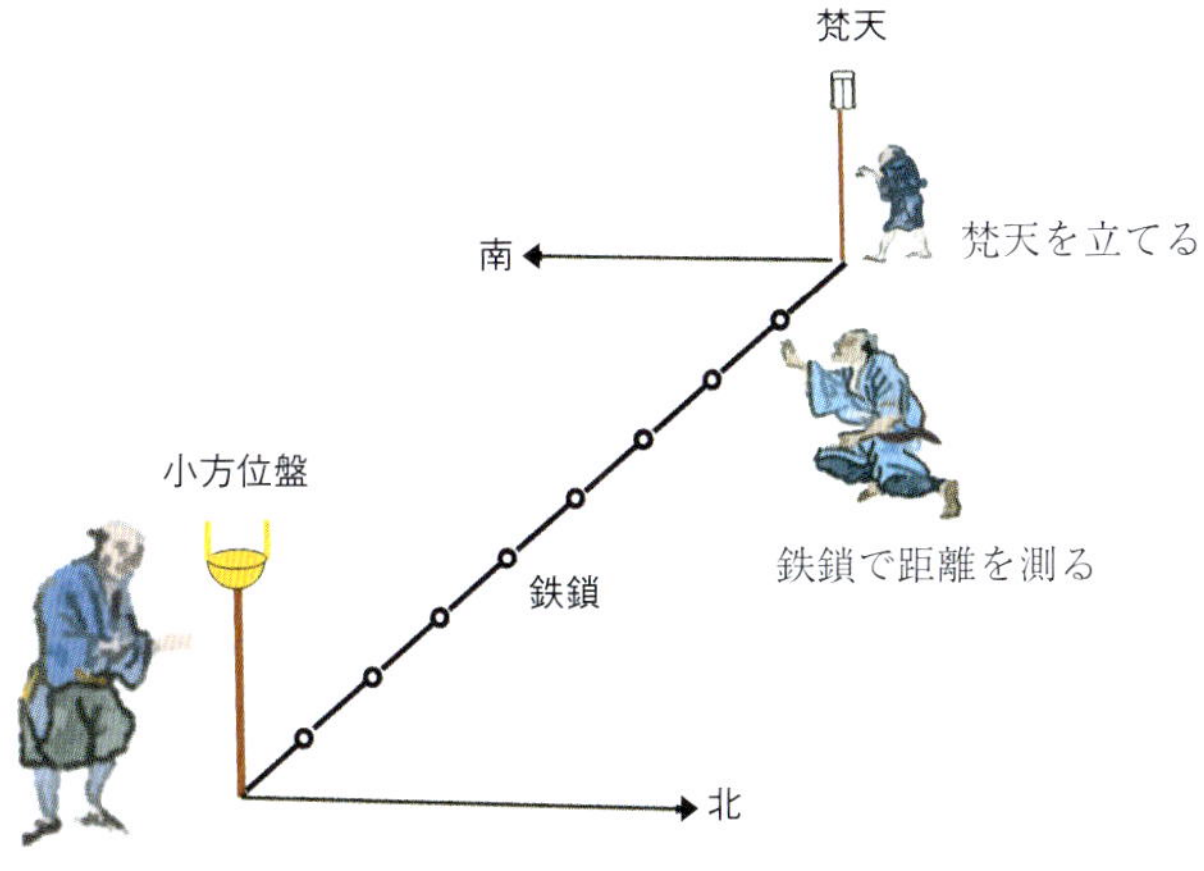

図３　測量風景

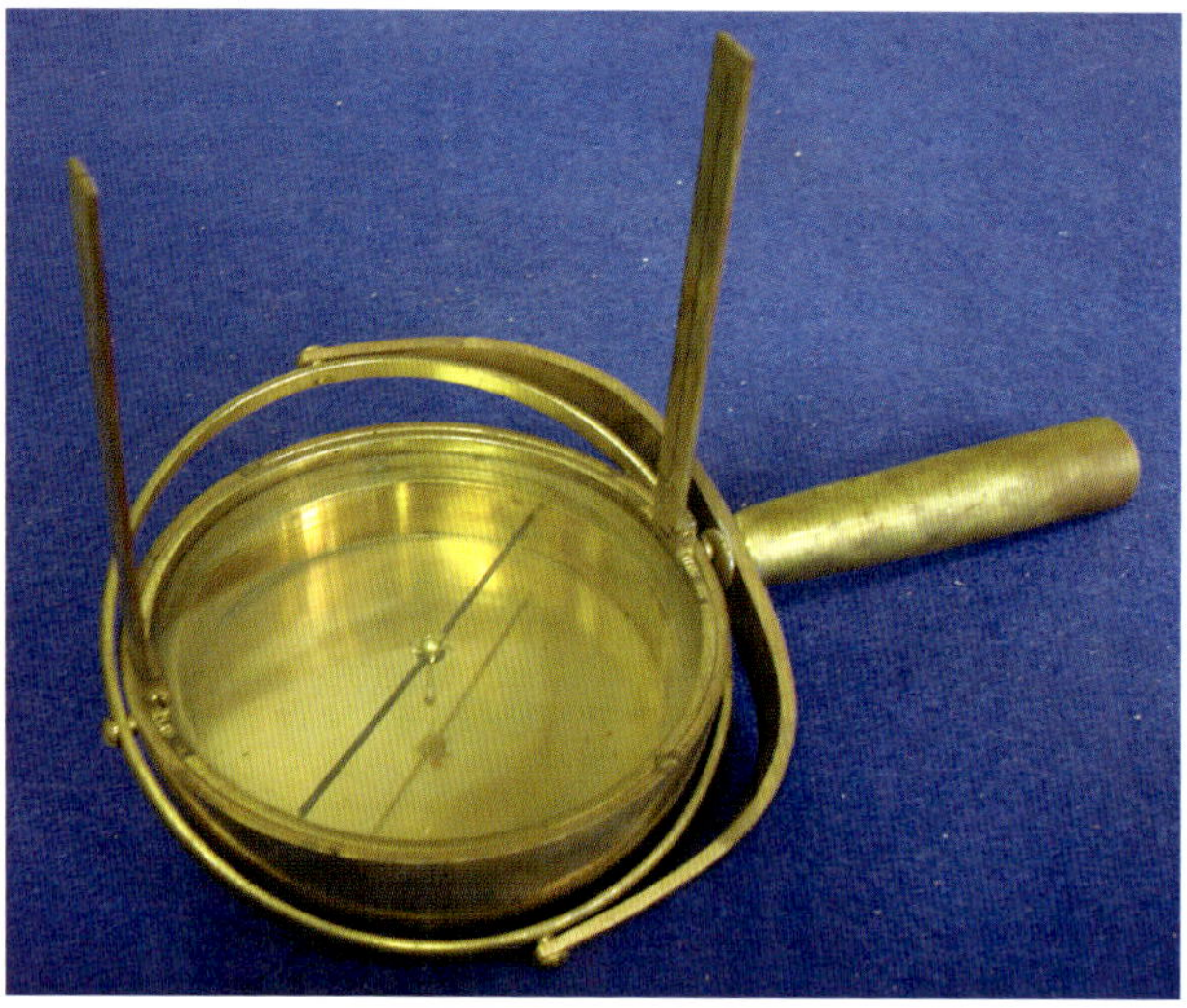

図４　小方位盤（九州大学総合研究博物館蔵）　使用する際は杖などに差して使った。

そして、忠敬の測量において最も特徴的なのは、天体観測によって緯度を測り、修正を行った点である。地図製作の測量において天体観測を用いたのは忠敬が初めてで、実に全測量日程三七五四日のうち一四〇〇日余りも天体観測が行われた。「量地伝習録」にも「天を測らざれば則《すなわ》ち地の理を得ること能《あた》ず」と天体観測の重要性が述べられており、「測天量地」を行う者が真の「量地学」であると記されている。

このように忠敬は、一般的な方法を用いながら、生じる誤差を最小限にとどめ、天体観測などによって補正を加えながら全国測量を行ったのである（渡辺一郎『伊能忠敬測量隊』小学館、二〇〇三年）。

博多・福岡を歩く

忠敬は、博多・福岡両市中をどう歩いたのだろうか。その足跡を「測量日記」（伊藤尾四郎編『福岡県史資料』第一輯、福岡県、一九三二年）からたどってみよう。

八月四日、箱崎宿を出発した忠敬たちは、海岸線を測るために、博多の海岸線沿いの竪《たて》町→浜口町→市小路《いちしょうじ》町→西町→西方寺前《さいほうじまえ》町→対馬小路《つましょうじ》町→鰯《いわし》町を測量した。鰯町からは二方向を測っており、一方は海岸まで、もう一方は、対馬小路町→須崎町→鰯町→中川端へと至った。さらにここから鰯町下→鰯町上→橋口町を通り、唐津街道に出て中島橋手前の制札前までを測量し、この日の測量を終えた。測量距離は約三・二キロで、この日は呉服町に宿泊し、夜には天体観測を行った。

五日、今度は唐津街道を測るために、箱崎まで戻り崇福寺の前を通り、石堂橋から博多へと入った。官内《かんない》町→中石堂町→中間《なかま》町→綱場《つなば》町→掛《かけ》町→麴屋番《こうじやばん》→須崎町→橋口町→中島橋の順で測量し、須崎町では博多織を見物したことが記されている。そして、橋口町→川端町→新川端町下→新川端町上→社家《しゃけ》町までを測り、ここから二方向への測量を行った。一方は博多の町を出て住吉神社まで、もう一方は櫛田宮→社家町→大乗寺前《だいじょうじまえ》町までを測り、約四・七キロの測量を終え、呉服町の宿へもどった。この夜も再び天体観測を行った。日記には住吉神社や櫛田神社の由来についても記している。

六日、呉服町の宿から測量を開始し、小山《おやま》町下→小山町上→奥《おく》ノ堂《どう》町下→奥ノ堂町上→御供所《ごくしょ》町まで測っている。ここで忠敬は隊を二手に分け、忠敬の隊が中島の半周を、別動隊が日田街道を犬飼村から雑餉隈《ざっしょのくま》までを測り、約九キロの測量を行った。この

図５　博多市中測量行程（文化９〔1812〕年写「福岡城下町・博多・近隣古図」九州大学記録資料館九州文化史資料部門蔵）
８月４日の行程を→，５日の行程を→，６日の行程を→で示す。なお，不確定な部分についてはそれぞれ破線で示す。

日の日記には聖福寺《しょうふくじ》についてかなり詳しく記されており、忠敬たちも測量のかたわら聖福寺へ参詣したのかもしれない。この夜も三夜連続となる天体観測を行っており、忠敬が測量において、いかに天体観測を重視していたかがうかがえる。

七日、中島橋から唐津街道の測量を開始し、中島町を通り北門（枡形《ますがた》門）から福岡へと入った。一行は、橋口町→牢屋《ろうやの》町→鍛冶《かじ》町→中名島町→萬《よろず》町→上名島町→呉服町→本町（左に大手門）→大工町（黒田美作屋敷）→簀子《すのこ》町→荒戸通《あらととおり》町→黒門まで福岡市中の測量を行った。黒門から福岡を出て、唐人町から西新町までを測り、西新町から海岸線へ出て、湊《みなと》町までの海岸線とその先の波戸を測った。ちょうどこの時に、長崎警護の役目を終えて戻ってきた福岡藩の船と遭遇している。

湊町から再び福岡市中の海岸

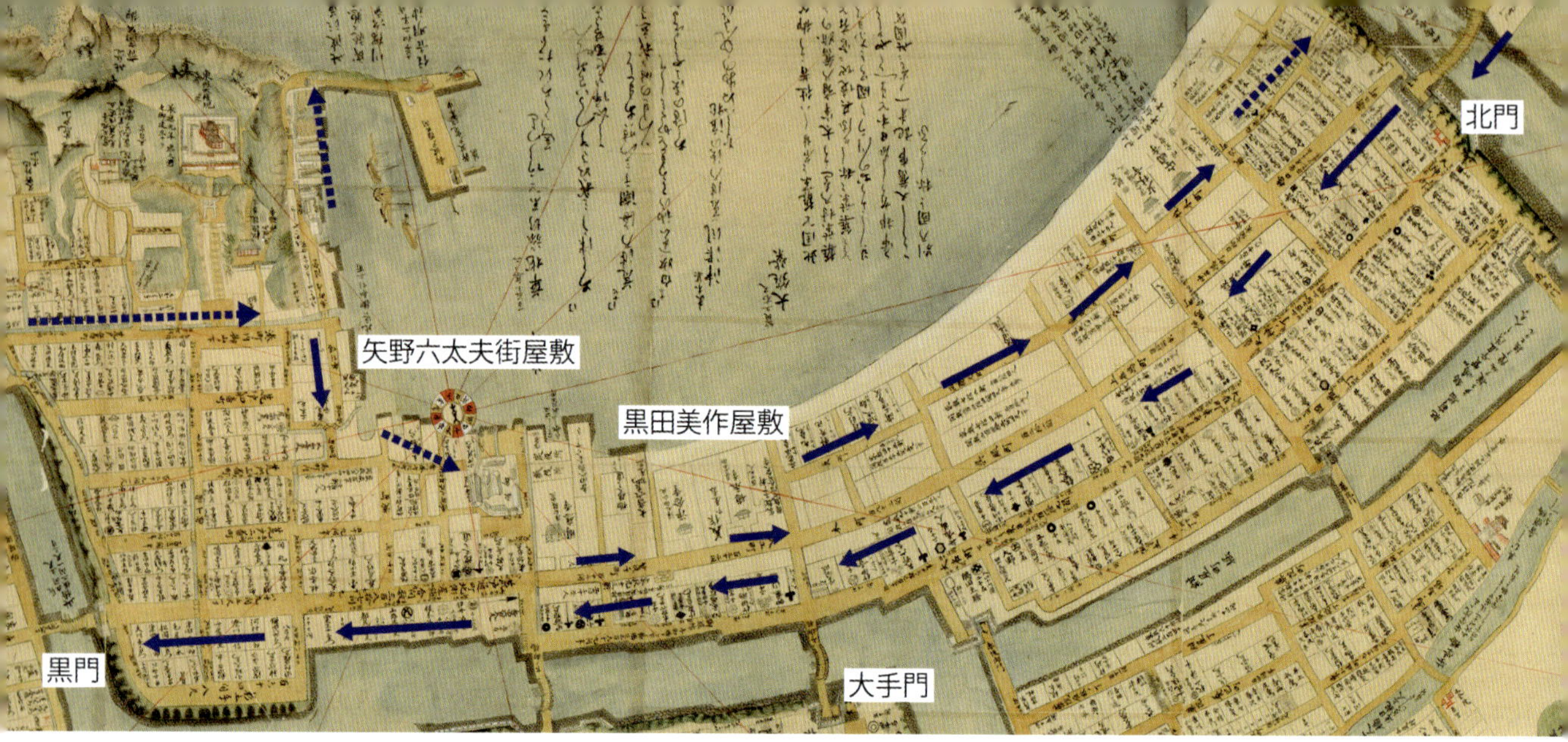

図6　福岡市中測量行程（文化9年写「福岡城下町・博多・近隣古図」九州大学記録資料館九州文化史資料部門蔵）　8月7日の行程を ➡ で示す。不確定な部分については破線で示す。

線測量を、湊町（矢野六太夫浜屋敷）→簀子町（黒田美作浜屋敷・一万八〇〇〇石）→大工町→魚《うおの》町→西職人町→東職人町→船《ふな》町→材木町→鍛冶町→船津《ふなつ》町→船方支配場→中川波戸→博多鰯町の順に行い、この日の作業を終えた。測量距離は約一一・五キロであった。

こうして忠敬たちはおよそ四日間で博多・福岡両市中とその周辺の測量を終えた。総測量距離は約二八・四キロにも及んだ。こうした綿密な測量結果をもとに「伊能図」が製作されることとなった。

「伊能図」の完成

忠敬はすべての測量を終えた二年後の文政元（一八一八）年、「伊能図」の完成を待つことなく七三歳でこの世を去る。忠敬の死後も地図の編集作業は続けられ、文政四年に完成し「大日本沿海輿地全図《だいにほんえんかいよちぜんず》」として、幕府へ提出された。

「大日本沿海輿地全図」は、縮尺によって大図、中図、小図の三種類に分類され、大図二一四枚、中図八枚、小図三枚の全二二五枚から構成されていた。大図には測量線が朱線で描かれており、忠敬たちの測量の足跡が見てとれる。

大図の博多・福岡付近を見ると、中島は測量のとおり半周しか朱線が引かれていない。また、天体観測を行った場所には星印が記され、博多・福岡の両方に星印がある。このように「伊能図」は、綿密な測量結果をもとに作製された地図であったことが分かる。ここに日本初の実測による地図が完成したのである。

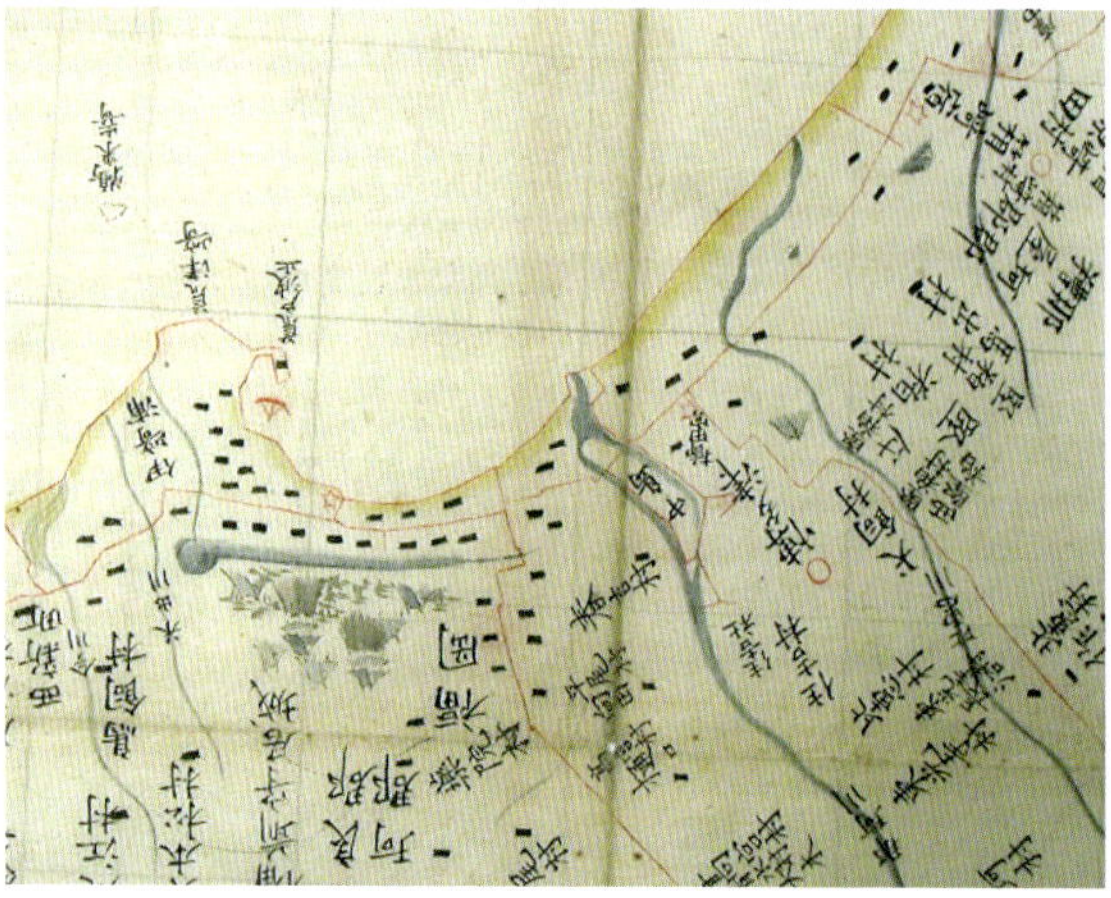
図7「伊能大図」博多・福岡部分（伊能大図写，アメリカ議会図書館蔵）「大日本沿海輿地全図」の正本は皇居火災で焼失し，副本も関東大震災で焼失したといわれる。この写しは，明治期に実用目的で製作されたものである。

【付章】福岡とシーボルト 1

なぜ、福岡県立図書館にシーボルトがあるのか

森田千恵子
Morita Chieko

県立図書館のシーボルト

福岡市天神のソラリア・ビルが建っている所に図書館があったことを知っている人がどれだけいるだろう。大正天皇の即位記念として、大正七（一九一八）年五月一日に開館した福岡県立図書館だ。住所は福岡市渡辺通六丁目（福岡市中央区天神二丁目）。その規模は木造二階建の本館と、レンガ造り三階建の書庫という大正モダニズム様式であった。

残念ながら、創立当時の図書館は、昭和二〇（一九四五）年六月一九日夜の福岡大空襲で全焼した。しかし、戦時中の図書館は貴重資料類を疎開させて被害から守っていた。終戦後回収された蔵書の中には、創立記念として購入した「世界の奇書」と言われるシーボルトの著作物『日本』、『日本植物誌』、『日本動物誌』などが残っている。なぜ、福岡県立図書館にシーボルト？　そこには初代館長の資料収集への情熱と努力があった。

初代館長・伊東尾四郎

福岡県立図書館の設置が決まって間もない大正五（一九一六）年、初代館長に任命された伊東尾四郎《いとうおしろう》は、明治二（一八六九）年生まれの四七歳であった。彼は、福岡中学校を卒業した後、第一高等中学校を経て、明治二五（一八九二）年に帝国大学文科大学（東京大学文学部）国史科に入学。卒業後は維新資料編纂所で研究に従事していたが、健康を害して（脚気《かっけ》）帰郷する。療養後の同三〇年、福岡県豊津尋常中学校の教諭となり、同四〇年には県立小倉中学校の初代校長に抜擢された。その職を辞しての館長就任であった。

彼は、昭和五（一九三〇）年に図書館を退いた後、福岡県史編纂事業に携わり、『福岡県史資料』全一二巻、『福岡県史料叢書』全一〇巻をまとめた。その他『小倉市誌』、『京都《みやこ》郡誌』、『宗像《むなかた》郡誌』など四市三郡の史誌を執筆し、これらの著作物は、その後の郷土史研究に大きな役割を果たしている。昭和二四年に八一歳で死去した。

図1　シーボルトの3部作『日本』,『日本植物誌』,『日本動物誌』(福岡県立図書館蔵)

県立図書館長時代は、創設間もない図書館の発展のため、蔵書の充実や県内の中央図書館として郷土文化の普及と発展に力を注いでいる。その一つが、図書館の創立記念としてのシーボルト著作物の購入である。彼は「黒田侯とシーボルト」と題して「筑紫史談会」の会報『筑紫史談』第三三集(大正一四〔一九二五〕年)に、当時のことを次のように述べている。

福岡県立図書館に十三冊四千円という頗《すこぶ》る高価な書がある。〔略〕丸善に売物に出た時、私はこれを我図書館に備えたくてたまらず、逸早く取寄せてもらったけれども、県費で購入することが出来ず、非常に困ったが、東奔西走の末、終《つい》に安川敬一郎、麻生太吉二氏の厚意によってこれを買収し二氏の寄贈書として永く本館に保存せらるることとなった。

今日でもシーボルトの著作物は数千万円前後で売り出される高価な書である。このように高額な書を彼はなぜ求めたのであろうか。東京大学で国史(日本史)を修めた彼は、福岡県教育会が明治四〇年代から始めた郷土の先覚者顕彰の調査委員として加わっている。その後、大正二(一九一三)年に創設された「筑紫史談会」に所属し、会報『筑紫史談』の編集に関わり、郷土史に詳しかった。また、彼は福岡藩士の家に生まれたこともあって、旧藩主黒田斉清が博物学を通じてシーボルトと交流があったことを伝え聞いていたのであろう。

シーボルトと福岡

江戸時代の福岡藩主黒田家は、佐賀藩主鍋島家と交替で長崎警備を担当していた。藩主は出島に出かけ、オランダ商館長やその他の人々から外国の情報・知識を得、開明的な思想や教養を身につけることもできた。福岡藩主黒田斉清は、幼少の頃より鳥類の生態に興味を示し、当時、東の富山藩主前田利保《としやす》とならぶ西の蘭学大名であった。また、斉清の養子となった斉溥《なりひろ》は、蘭学大名として有名な薩摩藩主島津重豪《しげひで》の九男で、島津斉彬《なりあきら》の大叔父にあたり親譲りの蘭学好きであった。島津重豪は、文政九（一八二六）年、次男で中津藩主の奥平昌高《おくだいらまさたか》とともに、大森の宿（東京都大田区）で参府するシーボルトを出迎えている。

福岡藩主の斉清・斉溥は、出島でシーボルトと鳥類・植物学について意見を交換している。供をした福岡藩の蘭学者安部龍平《りゅうへい》は、その時の質疑内容を「下問雑載《かもんざつさい》」（文政一一年。「福岡県史編纂資料」福岡県立図書館蔵）にまとめた。それによれば斉清は、文政一一（一八二八）年三月五日、斉溥を伴いシーボルトの部屋に半日ばかり滞在し、お互いの知識の交換をしている。翌日シーボルトは、名前が分からない鳥のいくつかを斉清に送って教えを乞うた。それに対して斉清は、一つ一つ解釈を加えて答えている。その後も、両者は世界の動植物について質疑応答を重ねている（「斉清、シーボルトと問答をする」本書一四四ページ参照）。

医者シーボルトの門下生には福岡藩の者もいる。鞍手《くらて》郡の漢方医武谷元立《たけやげんりゅう》は、文政一〇年、同じく鞍手郡の有吉周平《ありよししゅうへい》、宗像郡の百武万里《ひゃくたけばんり》、怡土《いと》郡の原田種彦《たねひこ》とともに長崎へ行き、シーボルトに学んでいる。帰郷後、武谷は天保一二（一八四一）年、百武とともに福岡藩初の人体解剖を行い、これ以来彼らは西洋医学者として名を挙げる。この解剖記録役は、武谷の子祐之《ゆうし》であった。祐之は後に黒田斉溥の侍医となり、明治維新後も仕えている。

シーボルトは、安政六（一八五九）年七月から文久二（一八六二）年三月まで再来日した。この時、彼は長崎の本蓮寺で黒田斉溥を診察し、その診断書は「武谷文庫」に現存している。またこの時期福岡藩の家臣たちは、領内の炭鉱開発についてシーボルトの教示と指導を仰いでいる（呉秀三『シーボルト先生　その生涯及び功業』東洋文庫、一九七二年）。

明治八（一八七五）年、ヨーロッパの植物学者たちは、シーボルトの功績をたたえ、当時のオーストリアのヴュルツブルク（ドイツ）にシーボルト記念塔建設の計画を立てる。これを受けてイタリア公使は、黒田家を訪ね日本で寄付金を集めることについて相談した。黒田長溥《ながひろ》（廃藩置県後、斉溥は長溥に改名）は会長となり、寄付金（一七〇〇〜一八〇〇円）を集め、そのうち一〇〇〇円をオーストリアに送り、残りで長崎亀山公園にシーボルト記念塔を建設した（井上忠「南柯一夢」〔『九州文化史研究所紀要』一〇号、一九六二年〕）。

また、シーボルト生誕一〇〇年を記念して『日本』第二版の出版が計画された。シーボルトの遺児であるアレクサンダーとハインリッヒは存命中のシーボルトの弟子や知人、その子孫に資金協力を求める。当時の黒田家当主長知《ながとも》は多いに貢献し、第二版は明治三〇（一八九七）年に出版された。このように、福岡はシーボルトと深く関わっていた。

シーボルト著作物の情報源

伊東館長の言うシーボルト『日本』などが、丸善から売り出されたことを示す販売目録などが残っているかどうか調べてみた。大正六（一九一七）年の「洋書目録」があるものの（丸善本の図書館蔵）、残念ながら記載はなかった。しかし、丸善のPR誌『学燈』が国立国会図書館にあり、大正六年の『学燈』第二一年第四号の巻末に、次の項目が見られる。

動物学の項に
Siebold.Ph.Fr.v.-Fauna Japonica　一五〇〇・〇〇
植物学の項に
Siebold.Ph.Fr.v.-Flora Japonica　四〇〇・〇〇

図２　シーボルト記念碑（1890年建立，長崎公園内）　顕彰碑建立寄付団体の総裁は黒田長溥。碑文は漢文，高さ２m余り。地元でもあまり知られていない。

『日本動物誌』（Fauna Japonica）が一五〇〇円、『日本植物誌』（Flora Japonica）が四〇〇円となっている。次号の『学燈』には、表紙に『日本』図版の参府旅行図があり、値段として「Preis ― 九五〇 Yen 」と見返しに記されている。

ところで、丸善の福岡支店は大正二年九月、福岡市上西町に開店している（『丸善百年史』一九八一年）。伊東は館長になる前の大正三年、丸善福岡支店から『家庭に於ける貝原益軒』を出版している。シーボルト『日本』が売り出される以前から、伊東は丸善と交流しており、『日本』などの販売情報がもたらされたことは容易に想像できる。

丸善福岡支店から福岡県立図書館に「NIPPON」（本文二冊、付図二冊）、「Fauna Japonica（日本動物誌）」（全四冊）、「Flora Japonica（日本植物誌）」（全一冊）、および「日本書篇」（全三冊）の四種、全一三冊（総額四〇〇〇円）が届けられた。元より図書館に支払いの目処があるわけではなかった。当時、図書館の開設費（建設費、資料購入費）は、三カ年分として一三万円の経費が計上されていたが、四〇〇〇円は年間経費の約一〇%を占めることになって購入は困難であった。丸善は、支払いできないなら早く返却するよう求めてきた。購入しようと伊東館長は金策のために奔走する。

寄付依頼

伊東館長は、大正六年六月二二日付で、『福岡県教育会々報』第二四四号（大正六年七月）の連載記事「図書館より」に、シーボルト著作物を「購入して寄付する篤志家《とくしか》の出ずるを待つ」と題して寄稿した。さらに同年一〇月一一日付「福岡日日新聞」には、「絶版の世界的珍書、シーボルト博士の日本研究著書、福岡県立図書館に購入されむ」との記事がある。しかしこれは購入決定ではなく、「もし同書が県図書館の物とならば寧ろ世界的誇りなるべし」と結んでおり、篤志家の心が動くような記事に仕立てられている。翌月の『福岡県教育会々報』第二四八号（同年一一月）には、丸善から返却要請を受けて、「最後の訣別に人々に見せ置かばやと二三人の人に見せしが縁となり終に此書は東京に還さざることに決しぬ何れ或篤志家の名を以って本館に寄贈せらるる事となるべし」と報告している。この背景には次のような事情があった。

伊東館長は、「筑紫史談会」の会友であり旧福岡藩士から炭鉱業に転じ、後に安川電機工業を興す安川敬一郎《けいいちろう》に見せて相談したと思われる。安川の「日記」（複製本、北九州市立いのちのたび博物館蔵）によれば、伊東は大正六年一一月一日に福岡市にあった安川宅を訪問している。同年一二月に安川は三〇〇〇円を寄付した事実はあるものの、「日記」にこれに関する記述は見受けられない。もう一人の寄付者（一〇〇〇円を寄付）麻生太吉《たきち》に関しては、安川の「日記」に伊東・安川・麻生が何度か会合したことの記述はあるが、『日本』などの購入費寄付についての具体的な記述は見当たらなかった。

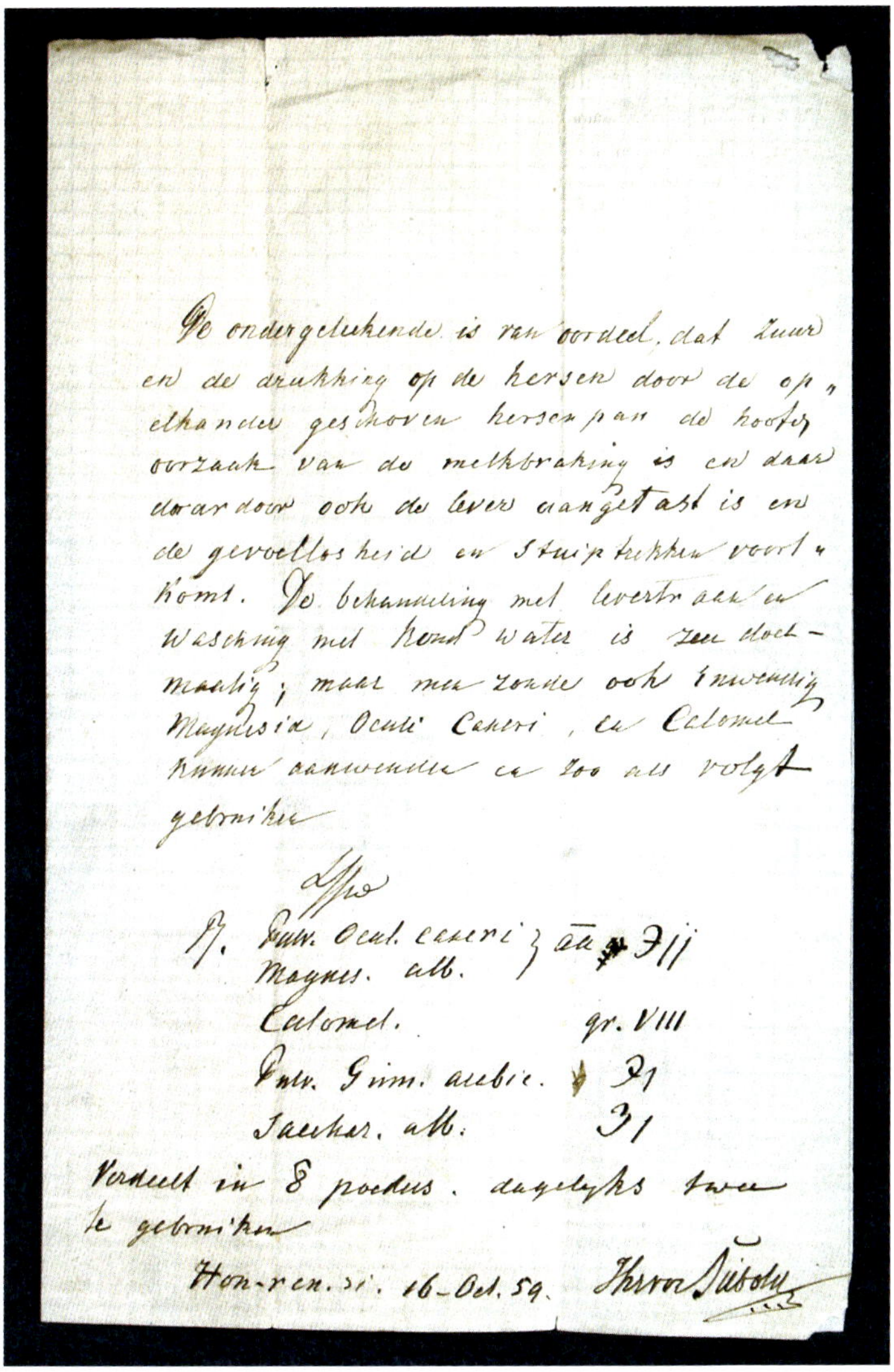
De ondergeteekende is van oordeel, dat Zuur
en de drukking op de hersen door de op„
elkander geschoven hersenpan de hoofd
oorzaak van de melkbraking is en daar
daardoor ook de lever aangetast is en
de gevoelloosheid en Stuiptrekken voort„
komt. De behandeling met levertraan en
Wasching met koud water is zeer doel-
matig; maar men zoude ook inwendig
Magnesia, Oculi Cancri, en Calomel
kunnen aanwenden en zoo als volgt
gebruiken

Recipe
R. Pulv. Ocul. cancri } āā ʒII
Magnes. alb.
Calomel. gr. VIII
Pulv. Gumm. arabic. ʒI
Saccar. alb. ʒI
Verdeelt in 8 poeders. dagelyks twee
te gebruiken
Hon-ren-zi. 16-Oct. 59. Ph. von Siebold

図3　シーボルト処方箋「御病症ハ全ク脳膜水腫ノ肝部閉塞ノ症……」（「武谷文庫」福岡県立図書館寄託）

安川敬一郎は、嘉永二（一八四九）年福岡藩士の末子に生まれ、昭和九（一九三四）年に八六歳で死去。一六歳で安川家の養子となり、藩費留学生として各地で学び、慶應義塾に入学するものの兄たちの死去により退学し、次兄とともに石炭採掘に従事した。経営破綻の危機に直面することもあったが、明治四一（一九〇八）年に明治鉱業を設立し社長となる。事業の発展にともない、技術者養成を目的として、明治四二年私立明治専門学校（九州工業大学）を設立した。その後も事業を拡張し、常に「天恵を私せず、天恵に報ゆ」を社訓とした。安川は、大正六（一九一七）年に福岡市内の小学校への寄付について、関係者と話し合いを重ねていた。伊東館長は、そうした安川に期待したのであろう。

同じく炭鉱業で成功した麻生太吉は、当時貴族院議員であった。彼は安政四（一八五七）年、嘉穂《かほ》郡立岩《たていわ》村（飯塚市）の庄屋の長男に生まれ、昭和八年に七七歳で死去。明治五（一九七二）年から、父とともに石炭採掘を行った。後に「炭鉱王」といわれ、衆議院議員や貴族院議員を歴任し、筑豊石炭鉱業の組合長さらに石炭鉱業連合会の初代会長を務めている。遠賀川の改修工事を始め、学校・病院の建設など各方面への慈善事業や寄付行為を行っている。『麻生太吉翁伝』（麻生太吉翁伝刊行会編、一九三五年）によれば、寄付先として教育関係では福岡教育会館や嘉穂中学・嘉穂農学校、飯塚市や嘉穂郡内の小学校があげられている。ここに県立図書館への寄付の記述は見られないものの、伊東館長は麻生から寄付を受けたと記している。

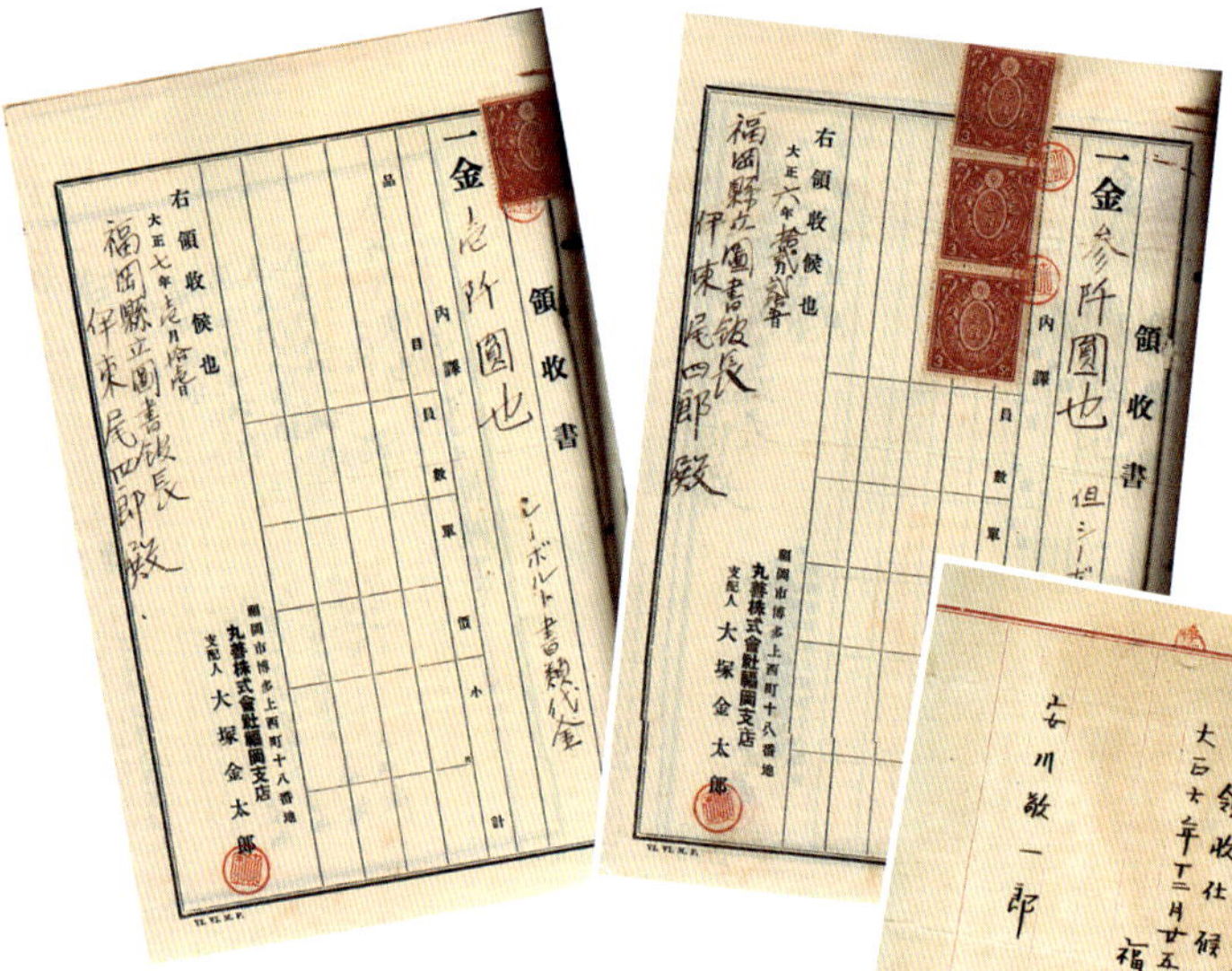

図４　丸善から福岡県立図書館へのシーボルト著作物領収書（福岡県立図書館蔵）

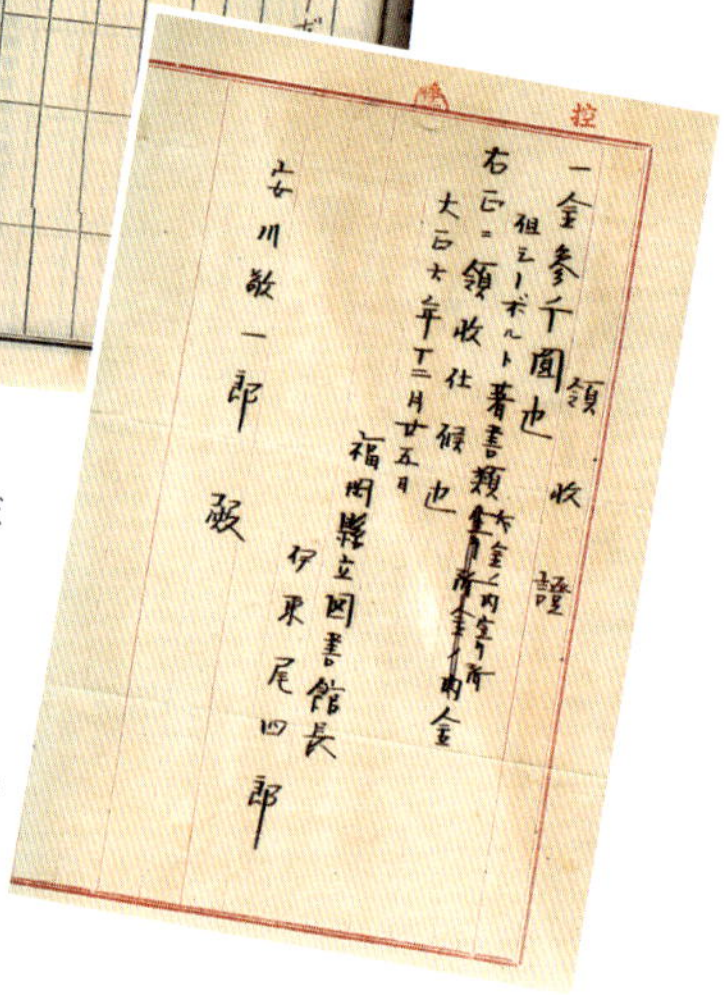

図５　安川敬一郎への領収書控え（福岡県立図書館蔵）

福岡県立図書館には、丸善福岡支店から福岡県立図書館に宛てた領収書二通が残っている。大正六年一二月二五日付（三〇〇〇円）と、大正七年一月七日付（一〇〇〇円）で、二度に分けて合計四〇〇〇円が購入先の丸善に支払われている。最初に支払われた三〇〇〇円は安川敬一郎からの寄付金であったことが領収書の控えから明らかであり、大正六年一二月二五日付で福岡県立図書館長伊東尾四郎から安川敬一郎へ出されている。また麻生太吉にも出されたであろう伊東館長からの領収書控えは、今のところ発見できていない。

【雑感】福岡県立図書館のシーボルト著作物は、一部の職員がその伝来を知る秘蔵書であった。平成一四年八月に行われた九大本『日本』との比較検証は、職員の知る好機となった。どうして福岡県立図書館で「シーボルト」を所蔵しているのか？　その答えは、そのまま福岡県立図書館の歴史でもある。初代館長は、図書館の役目として独自のコレクション構築を目指したと考えられる。現在の公共図書館における集本傾向とは異なるものであり、本来の「あるべき姿」なのではないだろうか。

九州大学が大正一五年に購入した未製本『日本』

宮崎克則
Miyazaki Katsunori

フィリップ・フランツ・フォン・シーボルト（一七九六～一八六六年、第一次来日一八二三～三〇年、第二次来日一八五九～六二年）は、ドイツのヴュルツブルクで誕生した。彼は、文政五（一八二二）年、長崎の出島にあったオランダ商館の医者として来日し、翌年には長崎郊外の鳴滝に塾を設け、実地診療のかたわら高野長英ら数十名の門下生に医学・博物学などを教えた。同時に日本とその周辺地域の調査・研究を行い、ヨーロッパにおいて紹介する。「シーボルト事件」によって、いくつかの地図類は幕府に没収されたが、コレクション全体からみると、さほど支障はなかった（複製を持ち出す）。シーボルトは事件最中の一八二九年二月一二日、オランダ・ライデン国立科学博物館長テミンクへ手紙を出している。それには（酒井恒・ホルサイス『シーボルトと日本動物誌』二五二ページ、学術出版会、一九九〇年）、

私は制限された条件のもとで自然観察や蒐集が日本の学者の伝達や協力という形で進められています。一二〇〇冊以上の日本の書物と、医家や自然愛好家から寄せられた下絵、論文などの寄贈、日本全土にいる私の弟子や友人などから送られた翻訳書・口述の報告など。これらの私の収集品のうちで、地理学に関するもの、暮らしや習慣、自然産物の日本語・中国語の名称などに関するものはすべて特別な価値のあるものです。なお日本国の刻印のあるものはさしあたり隠しておかなければなりません。厳重な注意と検閲のもとで私の原稿は日送り荷の中に付加することができました。来年になれば、日本蒐集物の概観作成のために、適した興味ある対象物についての完全な抜粋をお知らせできるでしょう。

とある。シーボルトは何度にも分けて収集品を発送しており、国外追放が決定した後の一八三〇年一月出帆の「ジャワ号」には、植物標本・種子・鳥・魚・爬虫類・甲殻類の標本一二箱、生きた動物と種子二二箱、生きた動物六箱、他に三九箱の博物資料を積み込んでいる。これより先、彼が一八二九年二月一五日、バタビア総督へ宛てた手紙には「日本政府の要求は僅かしか満足させず、もっとも重要なものは犠牲にせずに守ってきた」とあるように、

重要なコレクションは無事であった（永積洋子「ドイツ人シーボルトとオランダ学界」〔石山禎一他編『新・シーボルト研究』Ⅱ、八坂書房、二〇〇三年〕）。

一八三〇年七月にオランダへ到着したシーボルトは、収集品の整理を行い、二年後の三二年に『日本』、三三年に『日本動物誌』、三五年に『日本植物誌』を刊行し始める。『日本』はドイツ語で書かれており、本文と図版が分冊で配られた（オランダ語版は第一分冊のみ、部分訳のフランス語版・ロシア語版も出る）。日本を主体に朝鮮、琉球など周辺地域の歴史・風俗・社会を紹介した『日本』は、それまでにヨーロッパで出ていた日本関係研究書に比べると、圧倒的に図版が多く、これを購入した人々はいまだ未知の国であった日本を容易にイメージすることができた（九州大学デジタル・アーカイブ http://record.museum.kyushu-u.ac.jp/nippon/top/index-n.html で『日本』図版を公開している）。

九州大学附属図書館医学分館

福岡市東区馬出《まいだし》にある医学分館の三階展示室に『日本』図版の一冊が展示されていた。それには一〇枚程の図版があるだけであり、図書館職員の方の説明では、一冊しかないとのことであったが、「もっとたくさん他にあるはず」と何度か調査を依頼した結果、書庫の隅から残りの図版・本文が多量に再発見された。『日本』は決して良好な保存状態にあったとはいえず、ビニール袋に入れて保管されているにすぎなかった。

平成一四年八月、九大箱崎キャンパスの五〇周年記念講堂にて、『日本』図版を順に並べ替える作業を行った。多量だったため、記念講堂のステージをはみ出すほどであった。並べ替えた後は、今後の混乱を防ぐために、通し番号を付けた和紙を、それぞれ裏に貼り付けた。現在は、分冊ごとに中性紙の箱に入れ、図版一枚ごとに紙を挟んで保管している。カビのある図版もあり、それらを除去する作業もしなければならないが、今後の課題として残っている。

図1　九州大学医学分館展示室の『日本』図版（九州大学附属図書館医学分館蔵）

『日本』に収録された図版は総数三六七枚であるが、九大本は四枚程所在不明となっている。それらは、図版の通し番号も提示すると、次の四点である。

一一三号　京都の全景
一二三号　江戸の全景
三六一号　蝦夷《えぞ》海峡－最上徳内の原図による
三六七号　付図　日本人の作成による原図および天文観測に

基づく日本地図－九州、四国および本州

『日本』の出版と製本

そもそも『日本』はどのように出版されたのだろうか。これまでの研究によって、シーボルトの自費出版であったこと、ライデンのラ・ラウが印刷したこと、第一分冊の刊行が一八三二年であったことは明らかになっていたが、いつ完了したのか、どの順番で配本されたのかなどは充分に明らかでなかった。

それは、全体の目次がなく、通しのページ数もないこと、出版年が第一分冊にのみ書かれていること、最終的に未完であったことなどを原因とする。「未完の大著」、「天下の奇書」と呼ばれている『日本』は、文章が途中で終わっている部分もある。『日本』の日本語訳を担当した斎藤信氏によると、『日本』本文の「アイヌ・琉球」についての記述に「一八五七年」の年号があることから、本文は一八五八～五九年頃までかかったという（齋藤信「シーボルト『日本』の最終刊行年とその全体構想について」〔『シーボルト「日本」』六巻、雄松堂、一九七九年〕）。発行部数は、当初は二〇〇部ほど、最後は六〇部が出されたにすぎなかったと言われている。

図2　2002年8月11日付「西日本新聞」（朝刊）

シーボルト著書「日本」の初版本 九大に図版350枚

江戸時代後期、長崎に滞在したシーボルト（一七九六－一八六六）が日本の文化や地理を欧州に初めて本格的に紹介した著書「日本」の初版本の図版が、福岡市東区の九州大学付属図書館医学分館で見つかった。既に一部は厳重保管されていたが、これで三百六十六枚のうち大半の三百五十枚の所蔵が確認された。

「日本」は一八三二－五一年にオランダのライデンで刊行された。テキスト編と図版編があり、図版編はA3判ほどの厚手の紙に石版印刷され、製本されずに二十分冊で出された。伊能忠敬の測量結果を反映させた日本地図、水深まで記した関門海峡の海図、鉄砲や刀などの武具…、図版には日本と周辺諸国の情報が記されている。長崎洋画派の川原慶賀の絵が基になったという。

九大では第一分冊の十数枚は確認されていた。同大総合研究博物館の宮崎克則助教授が医学分館で古地図を調査していたところ、分館職員が書庫で他の分冊を見つけた。戦前、医学部法医学研究室が購入したとみられる。保存状態は良く、朝鮮の民家など多色刷りの図版も色鮮やか。

宮崎助教授は「シーボルトが動植物だけでなく軍事情報も収集したことがあらためてよく分かった。大学のホームページで紹介したい」と話している。初版本は国会図書

九大で見つかった「日本」の図版
＝福岡市東区の九州大学箱崎地区の記念講堂

当時のヨーロッパにおける出版において、分冊で未製本のまま出されることは珍しくなく、購入者はそれを製本所に持ち込み、自分が気に入った表紙を付けて製本した。シーボルト『日本』の初版本を所蔵するのは、大英図書館、慶應義塾大学、国会図書館をはじめ、近くでは長崎歴史文化博物館、シーボルト記念館などである。しかしそれらはすべて製本されている。それらの『日本』を調査した結果、製本することによって、出版時の情報が大幅に消去されていることが分かってきた。例えば、配本内容を示す目録「INHALT」が配られていたが、これは配本された分冊の内容目次であって、全体の目次・目録でなかったから、製本時に捨てられることが多い。幸い、未製本の九大本には一八三二年の第一回から一八五一年の一三回配本までの「INHALT」がすべて残っている。これによって、配本内容を復元することも可能となった（宮崎克則「復元・シーボルト『NIPPON』の配本」〔『九州大学総合研究博物館研究報告』三号、二〇〇五年〕）。第一回配本では本文の一章と三章の一部、関連する図版一七枚が、第二回配本では本文四・七章の一部と関連する図版一七枚が配られた。つまり、『日本』は第一章から順に配本されたのでなく、シーボルトが整

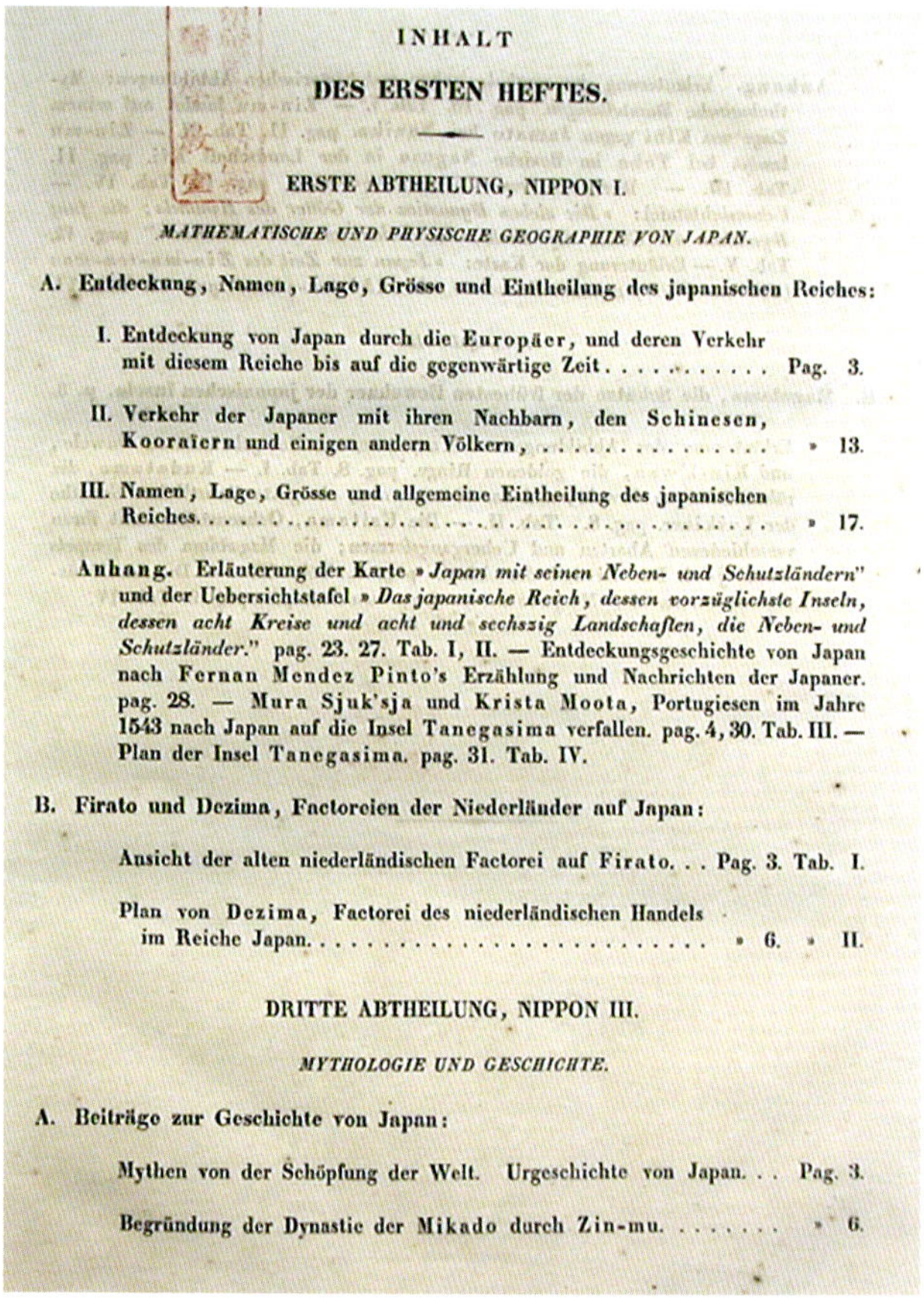
INHALT

DES ERSTEN HEFTES.

ERSTE ABTHEILUNG, NIPPON I.

MATHEMATISCHE UND PHYSISCHE GEOGRAPHIE VON JAPAN.

A. Entdeckung, Namen, Lage, Grösse und Eintheilung des japanischen Reiches:

I. Entdeckung von Japan durch die Europäer, und deren Verkehr mit diesem Reiche bis auf die gegenwärtige Zeit . . . . Pag. 3.

II. Verkehr der Japaner mit ihren Nachbarn, den Schinesen, Kooraïern und einigen andern Völkern, ... » 13.

III. Namen, Lage, Grösse und allgemeine Eintheilung des japanischen Reiches. . . . . » 17.

Anhang. Erläuterung der Karte »*Japan mit seinen Neben- und Schutzländern*" und der Uebersichtstafel »*Das japanische Reich, dessen vorzüglichste Inseln, dessen acht Kreise und acht und sechszig Landschaften, die Neben- und Schutzländer.*" pag. 23. 27. Tab. I, II. — Entdeckungsgeschichte von Japan nach Fernan Mendez Pinto's Erzählung und Nachrichten der Japaner. pag. 28. — Mura Sjuk'sja und Krista Moota, Portugiesen im Jahre 1543 nach Japan auf die Insel Tanegasima verfallen. pag. 4, 30. Tab. III. — Plan der Insel Tanegasima. pag. 31. Tab. IV.

B. Firato und Dezima, Factoreien der Niederländer auf Japan:

Ansicht der alten niederländischen Factorei auf Firato. . . Pag. 3. Tab. I.

Plan von Dezima, Factorei des niederländischen Handels im Reiche Japan. . . . . » 6. » II.

DRITTE ABTHEILUNG, NIPPON III.

MYTHOLOGIE UND GESCHICHTE.

A. Beiträge zur Geschichte von Japan:

Mythen von der Schöpfung der Welt. Urgeschichte von Japan. . . Pag. 3.

Begründung der Dynastie der Mikado durch Zin-mu. . . . . . . » 6.

図3 「INHALT」第1目録（九州大学附属図書館医学分館蔵）

理できた部分から適宜出されたのである。しかもしだいに本文と図版の関連は崩れていった。七回配本の本文は朝鮮について、配られた図版は日本の軍事訓練と花瓶《かびん》についてであった。この頃から、本文と関係のない図版が配られだし、配本の時期も不定期になっていく。こうした状態であったから、当然ながら購入者は困惑した。一三回配本の「INHALT」には、シーボルトによるお詫び文が載せられている。それには、翌年に二冊を配本して完了することを、その時に本文と図版の間に「系統的な秩序」を付けるとしていたが、実現することはなかった。

『日本』図版は石版《せきばん》で印刷されており、これには手彩色の豪華版と色なしの廉価版があった（本文はともに同じ）。豪華版の価格は三〇八ターラー、廉価版は一八七ターラー。当時の平均的な労働者の年収は一二〇〜一六〇ターラーであったから（ヨーゼフ・クライナー「三人のシーボルト」（同編『黄昏のトクガワ・ジャパン』NHKブックス、一九九八年）、超高価な本であった。『日本』を購入した人々がどのような階層であったか、容易に想像できよう。彼らはほぼバラバラに近い状態で、二〇年以上にわたって配本された『日本』を書架に並べるために製本する。その時、『日本』の本文・図版ともに通しのページ数が印刷されていなかったから、それぞれに並べ方は異なることとなった。現存する製本された『日本』に一つとして同じものはないと言われる所以《ゆえん》である。

九大本の可能性

九大本『日本』が大正一五年に三〇〇〇円（現在の物価では約一〇〇〇万円）で購入されたことは受入台帳に記されているが、どこから誰が購入したかは不明である。「九州帝国大学医学部法医学教室」の所蔵印が押されているから、法医学教室が購入したことは判明している。国内にある『日本』を見ると、多くが丸善などの書店を介して購入されており、小さなスタンプが押されている。九大本にそのようなスタンプはなく、直接に海外から購入した可能性が高い。ドイツなどに留学していた法医学関係者が購入したのであろうか。それにしても、もともとの『日本』購入者はなぜ製本しなかったのであろうか。九大本は一八五一年の一三回配本までであり、その後の一八五八〜五九年頃に配られたと考えられている「アイヌ・琉球」についての本文を含んでいない。原購入者は一八五一年の一三回配本で配られた「INHALT」に

図４　豪華版『日本』の将軍の御台所（手彩色。九州大学附属図書館医学分館蔵）

図５　廉価版『日本』の将軍の御台所（色なし。シーボルト記念館蔵）

あるシーボルトの記述を信じて、次の配本を待ち続けていたのかもしれない。現在、未製本の『日本』は近畿大学図書館や杏雨書《きょううしょ》屋《おく》（武田科学振興財団）にもあるが、それらは多くの図版・本文を欠いている。

『日本』の出版について、混乱をもたらす原因は初版本と同じ物がイギリスの古書店クォリッチ社から販売されたことにもある（宮崎克則「シーボルト『NIPPON』の色つき図版」〔『九州大学総合研究博物館研究報告』五号、二〇〇七年〕）。一八六六年に七〇歳で死去したシーボルトは、多数の在庫を抱えていた。彼の未亡人は『日本』、『日本植物誌』、『日本動物誌』の在庫を古本屋に売却、それがロンドンで古書店を営んでいたクォリッチに渡り、販売された。クォリッチは新たに一八五二年の年号を内表紙に付けて販売したから、これを所蔵する機関の目録では一八五二年刊『日本』とされている。年号はクォリッチが独断で付したものであり、誤りである。明治六（一八七三）年、ドイツ語圏の人々に日本を紹介することを目的に、在日ドイツ人たちが「ドイツ東洋文化協会」（OAG）を設立した。OAGは現在も東京の赤坂に事務所があり、設立時にクォリッチ社から『日本』を購入している。それには一八五二年の内表紙が付いており、同じ『日本』は東洋文庫、東大総合図書館、福岡県立図書館などにもある。

『日本』がどのように作成され、配本されたのかを明らかにするための情報が、初版・未製本の九大本には秘められている。今後、『日本』に使用された紙質や透かし（ウォーターマーク）の分析、彩色の比較など書誌学的検討を行い、これらの問題を解決していかねばならない。

執筆者紹介

氏名（よみ）生年、生地／主要著書・論文／現職・所属名／在住地

宮崎克則（みやざき・かつのり）一九五九年、佐賀県唐津市生まれ／『逃げる百姓・追う大名』（中公新書、二〇〇二年）、『古地図の中の福岡・博多』（編著、海鳥社、二〇〇五年）、『九州の一揆・打ちこわし』（海鳥社、二〇〇九年）、「シーボルト『NIPPON』のフランス語版」（『九州大学総合研究博物館研究報告』6号、二〇〇八年）／九州大学（総合研究博物館）准教授、文学博士（現在、西南学院大学教授）／福岡市在住

福岡アーカイブ研究会

五〇音順

板橋皓世（いたはし・ひろよ）一九四七年、和歌山県生まれ／「近世参考資料Ⅰ・Ⅱ・Ⅲ」（『宗像市史 通史編 第二巻』一九九九年）、『陵厳寺区有文書目録』（二〇〇一年）、「許斐山と山をとりまく村の歴史」（『風と森との物語 私たちの許斐山』二〇〇三年）、「外交僧 景轍玄蘇と規白玄方――国書改ざん事件をめぐる二僧の軌跡」（『西日本文化』第435号）／山口市歴史民俗史料館学芸員（嘱託）／宗像市在住

宇野道子（うの・みちこ）一九七六年、山口県下関市生まれ／海鳥社／福岡市在住

海老原温子（えびはら・あつこ）一九四六年、福岡県北九州市生まれ／「村の年貢と検地」（『福間町史 通史編』二〇〇〇年）／福岡地方史研究会会員／宗像市在住

桑田和明（くわた・かずあき）一九五三年、福岡県福津市生まれ／『中世筑前国宗像氏と宗像社』（岩田書院、二〇〇三年）、「戦国時代における筑前国宗像氏貞の中納言申請について」（『福岡県地域史研究』22号、二〇〇五年）、「立花城督立花鑑載と立花親続についての一考察」（『海路』3号、二〇〇六年）／宗像市立城山中学校教諭、文学博士／福津市在住

古賀慎也（こが・しんや）一九八四年、福岡県北九州市生まれ／「筑前唐泊孫七漂流記『華夷九年録』の書誌学的検討」（『東アジアと日本』4号、二〇〇七年）、「マテオ・リッチ系南北半球図に関する一考察」（ウォルフガング・ミヒェル編『史料と人物（1）』、二〇〇八年）／住友電気工業（株）／兵庫県在住

鷺山智英（さぎやま・ともひで）一九五七年、福岡県筑紫野市生まれ／「筑前における真宗教団の展開――東西分立前後の動きを中心に」（兵庫大学附属総合学科研究所『研究所報』第9号、二〇〇五年）、「幕末維新期における福岡藩の軍事と真宗」（『福岡地方史研究』第34号、一九九六年）／明福寺住職、福岡地方史研究会幹事／筑紫野市在住

酒見辰三郎（さけみ・たつさぶろう）一九二八年、福岡県うきは市生まれ／「河川と地名」（『小郡市史 第三巻 通史編』一九九八年）、『古地図の中の福岡・博多』（編著、海鳥社、二〇〇五年）／小郡市郷土史研究会会長／小郡市在住

竹森健二郎（たけもり・けんじろう）一九五四年、福岡県豊前市生れ／「福岡藩における非人の実相――『博多津要録』『福岡藩御用帳』から」（『部落解放史・ふくおか』114号、二〇〇四年）、「『松原革会所文書』にみる、幕末期福岡藩の皮革――大坂との関係を中心に」（『部落解放研究くまもと』53号、二〇〇七年）、「戦後福岡における部落解放委員会の活動」（『ひょうご部落解放』128号、二〇〇八年）／（社）福岡県人権研究所主任研究員／福岡市在住

原三枝子（はら・みえこ）一九四二年、山口県下関市生まれ／「光之期 福岡藩の上方借銀と家臣への貸付け」（『福岡地方史研究』第34号）、「延宝三年度 福岡藩財政に関する一考察」（『福岡地方史研究』第35号）、「福岡藩中老吉田家に見る『簡略』について」（『福岡地方史研究』第40号）、『古地図の中の福岡・博多』（編著、海鳥社、二〇〇五年）／福岡地方史研究会会員／福岡市在住

藤井祐介（ふじい・ゆうすけ）一九八二年、福岡市生まれ／「神祇伯白川家の神社管掌と武家伝奏・職事」（『近世の天皇・朝廷研究』第2号、二〇〇九年）／九州大学大学院博士後期課程／福岡市在住

松本正子（まつもと・まさこ）一九四四年、福岡県門司市生まれ／「筑後の国境石について」

（『故郷の花』第29号、小郡市郷土史研究会、二〇〇三年）、『古地図の中の福岡・博多』（編著、海鳥社、二〇〇五年）／小郡市郷土史研究会会員／小郡市在住

森田千恵子（もりた・ちえこ）　一九四四年、福岡県朝倉市生まれ／『京築地区神楽関係史料調査』（福岡県、二〇〇六年）／福岡市在住

森　弘子（もり・ひろこ）　一九四三年、福岡県久留米市生まれ／「太養院覚書」（『筑前福岡藩史料雑纂』二〇〇六年）、「江戸時代の絵巻に見る西海捕鯨」（『松廬国』163〜169号、二〇〇六年）、「西海捕鯨絵巻の特徴――紀州との比較から」（『立教大学日本学研究年俸』No.７、二〇〇八年）／九州大学科目等履修生／福岡市在住

八百昭子（やお・あきこ）　一九六四年、神奈川県厚木市生まれ／「愛生館と宗教団体」（青山学院大学史学科『史友』22号、一九九〇年）、「高松凌雲関係史料」（『小郡市史　第五巻　資料編』一九九九年）、「天保期以降の福岡藩」（『福間町史　通史編』二〇〇〇年）、「高松凌雲」（『小郡市史　第二巻　通史編』二〇〇三年）／宗像市在住

矢野健太郎（やの・けんたろう）　一九七五年、宮崎県延岡市生まれ／「幕末維新期における萩藩の『勘場』と『勘場役人』――小郡宰判を事例として」（『九州史学』137・138合併号、二〇〇三年）、「明治初期山口県地域財政の再編」（『地方史研究』319号、二〇〇六年）／太宰府市市史資料室嘱託員／福岡市在住

【付記】

本書は『古地図の中の福岡・博多』（海鳥社，2005年）に続く第２弾である。「福岡アーカイブ研究会」は，福岡県立図書館で開催された古文書講座を始まりとしており，主婦や退職された方，また現役の方々をメンバーに活動している。今回は新たに九州大学の大学院生も加わり，大学生と地域研究者による「コラボ」である。

2008年12月17日，最後の校正作業を終了した。これまで数々の便宜を図っていただいた福岡県立図書館郷土資料室の中野里恵さん（現企画協力課）に感謝するとともに，難しい課題に応えて何度もの発表を重ね，努力を惜しまれなかった福岡アーカイブ研究会の方々，および九大院生の皆さんにお礼を申し上げます。

2008年12月17日，九大箱崎キャンパスにて。各自の原稿を手に

ケンペルやシーボルトたちが見《み》た

九州《きゅうしゅう》，そしてニッポン

■

2009年 8 月 5 日　第 1 刷発行

2023年 7 月20日　第 2 刷発行

■

編者　宮崎克則・福岡アーカイブ研究会

発行者　杉本雅子

発行所　有限会社海鳥社

〒812-0023 福岡市博多区奈良屋町13番 4 号

電話 092(272)0120　FAX 092(272)0121

http://www.kaichosha-f.co.jp

印刷・製本　大村印刷株式会社

ISBN978-4-87415-727-5

［定価は表紙カバーに表示］

シーボルト『日本』の口絵
（九州大学附属図書館医学分館蔵）